浙江省普通本科高校"十四五"重点立项建设教材

COMMUNICATION AND WRITING TUTORIAL

沟通与写作教程

主　编　吴智斌
副主编　姚晓萍　崔　霞　毋　丹

浙江大学出版社

·杭州·

图书在版编目（CIP）数据

沟通与写作教程/吴智斌主编.--杭州：浙江大学出版社，2024.12--ISBN 978-7-308-25208-9

I.C912.11;H152.3

中国国家版本馆CIP数据核字第20256Q3L80号

沟通与写作教程

GOUTONG YU XIEZUO JIAOCHENG

吴智斌　主　编

策划编辑	葛　娟
责任编辑	葛　娟
责任校对	朱　辉
封面设计	春天书装
出版发行	浙江大学出版社
	（杭州市天目山路148号　邮政编码　310007）
	（网址：http://www.zjupress.com）
排　　版	杭州林智广告有限公司
印　　刷	杭州宏雅印刷有限公司
开　　本	787mm×1092mm　1/16
印　　张	16.25
字　　数	356千
版 印 次	2024年12月第1版　2024年12月第1次印刷
书　　号	ISBN 978-7-308-25208-9
定　　价	55.00元

版权所有　侵权必究　　印装差错　负责调换

浙江大学出版社市场运营中心联系方式：0571-88925591；http://zjdxcbs.tmall.com

浙江财经大学重点教材建设项目资助

PREFACE 前言

"沟通与写作"能力是求职与生存的基本技能,其核心能力内涵指向逻辑思维、沟通表达与说理写作。从高校相关课程教与学的实情来看,课程内容多来自教师们的主体经验累积,而非逻辑建构的科学性知识体系,学生很难借助推理、逻辑思考等手段将知识体系化。因此,教师在授课中常常脱离沟通与写作实景,以空驭空,理论大于实践,甚至脱离实践;学生在课堂上难以接触到实务工作,缺乏感性认识,理解并掌握沟通与写作的相关知识存在较大困难。

本教材的编写,源起于编写组教师们在"沟通与写作"类课程教学中,试图寻找一本合适的教材,却发现所能找到的相关教材普遍存在着"三脱节"问题,即教与学脱节、教与用脱节、知与行脱节。一些"沟通与写作"类教材内容偏于理论阐述,论述枯燥,缺少场景、案例和实训,学生难以产生阅读与学习兴趣,更无法将课堂所学用于实践。这样"三脱节"的教材,对教师与学生的引领、帮助或指导性不够,教学的效果又过于倚赖教师的教学能力与技巧,从而给教学造成一定的冒险性。为了解决这三方面的难题,我们致力于编写一部具备以下特性的教材:

1. 真正具有持续指导性的"工具书"。立足实践,以真实的工作情景为导向,以确切的工作需要为目的;确保落实,以供学生随时可查阅、学习、参考为目标。本教材带有很强的指导性,能够对症下药,以保证学生开启职业生涯后可以真正激活它们。

2. 融理论与实践为一体的教材。普通本科院校的"沟通与写作"类教材长于理论,知识体系完整严谨;高职类院校教材则偏向实训,具有高还原度和高实用性。本教材尝试取二者之长,致力于打造理论与实训兼顾、符合教学规律的本科院校适用教材。

3. 能够与全课程微课及数字资源相配套的新形态教材。基于相关教学理念的教与学,针对教学领域智能化,以及"00后"学生的学习习惯与学习规律,采用翻转课堂作为辅助手段。本教材将建设成一部配套有全程微课的线上线下教学结合的新形态教材,以此增强课程的吸引力,同时于课堂内外带动学生自学,增强学生学习的积极性和主动性。

从内容框架来看,本教材简要而清晰地介绍沟通与写作的知识与技能,第一至三章立足于综合性沟通任务,将沟通场景还原到日常现实当中,沟通写作与实践实训融为一体;第四至六章针对沟通性写作场景,介绍日常事务与公务活动中高使用频率的常用文体的写作知识，并以"场景驱动—任务解析—与该场景完全匹配的例文—必备知识—沟通或写作技巧模型—高仿真实训/实战"为编排体例，层层推演，步步向实，力求将课堂讲授和书面知识还原为工作情景及其实施过程，从而更加有效地引导学生掌握相关技能；第七章立足学生学术论文写作与课题、项目申报等高阶形态能力的培养，助益其思维能力、论证能力与解决实际问题能力的提升。学生通过完成各个沟通与写作"项目""任务"，展开对各类文体的写作训练，从而掌握沟通与写作的规律和方法，熟悉常用文体的结构模式，把握行文规范，培养常用文体的写作能力。

教材在编写目标、实训任务、教学方法等方面具有以下特点：

1. 编写目标之"三有"。本教材通过沟通基础、演讲实践、求职面试、调研实践、事务沟通、公务沟通、学术实践七大模块内容，将沟通与写作课堂理论之"法"与日常实践之"术"结合，授之有方。通过实战帮助学生掌握应用文书写作与场景沟通交际技巧，使方法凝结成真正可实操的技能，学之有用。教材不仅追求课堂教学时的使用价值，也致力于为未来走上职业道路的学生提供相关文书、沟通技巧的参考，使学生的学习与成长不止于校园，行之有恒。

2. 实训任务之"三化"。本教材模拟还原现实场景，构建仿真任务体系，以教材倒推教学实训过程，从而达到实战化效果。教材高度重视教学过程中的理论与实践统一、模拟与现实结合、练习与实战融汇，不仅专注于沟通能力、专业知识、写作技巧的训练，也重视培养学生"听、说、读、写"四大方面的综合能力。在实训项目和课程实战设计上，注重团体协作、小组演练，将无领导小组面试、主题研学、分组演讲稿互批互改、优秀作品展示等融入课堂教学实践设计，帮助教师组织学生进行群体合作，真正达到团队化协作的目的。

3. 实战过程之"四真"。本教材的实训任务、实战过程编写安排，全过程倡导"真听、真说、真写、真对话"的实训场景。在设计上，要求学生真枪实弹地学习演练，通过沟通实景、拜访与接待、介绍与解说、即兴演讲、求职模拟、即时文案、话题辩论等提升口才与沟通能力；同时，重视学生应用写作能力的锤炼，在精准地选择核心文种的基础上，通过"场景→实践→写作"的任务程序串联各个文种的学习，使整个课程教学显得非常连贯、紧凑，学生们有学习的压力与动力。对于课堂的沟通与写作实训，教师评改和学生自改、互改、互评相结合，教师的讲评有的放矢，帮助学生总结沟通与写作经验，使其实际受益。

本教材由吴智斌担任主编，姚晓萍、崔霞、毋丹担任副主编。吴智斌负责设计编写大纲，统稿并编写第二、三、四、六章，姚晓萍负责编写第五章；崔霞负责编写第一章，毋丹负责编写第七章。

编者
2024 年 2 月

CONTENTS 目录

第一章 沟通认知与能力素养 　1
实训一 沟通基础 　1
　　任务1　了解什么是沟通 　3
　　任务2　有效沟通的方式与技巧 　14
实训二 沟通素养 　18
　　任务1　倾听能力与技巧训练 　18
　　任务2　沟通能力测试 　21

第二章 语言表达与演讲实践 　25
实训一 演讲稿的写作 　27
　　任务1　了解演讲的过程与要素 　27
　　任务2　演讲稿写作准备 　31
　　任务3　如何完成一篇演讲稿的写作 　35
实训二 演讲实践 　42
　　任务1　有声语言及态势语言运用 　42
　　任务2　如何完成一场演讲实战 　46

第三章 简历制作与求职面试 　51
实训一 简历制作 　53
　　任务1　求职目标与岗位职责 　53
　　任务2　如何制作一份高质量的求职简历 　55
实训二 求职面试 　58
　　任务1　面试沟通技巧 　58
　　任务2　无领导小组面试实践 　63

第四章 调研实践与报告撰写 　73
实训一 调研实践 　75
　　任务1　调研报告的问题思维及选题分解 　75
　　任务2　实施方案与研究设计 　80
　　任务3　调研方法及调研问卷制作 　83
　　任务4　如何展开调研 　90

实训二	调研报告撰写		91
	任务1	学会调查数据统计与分析	91
	任务2	如何撰写一份有质量的调研报告	96

第五章　事务沟通与文书呈现　109

实训一	事务沟通		111
	任务1	事务场景及沟通需求	111
	任务2	场景再现与文种选择	114
实训二	文书呈现		116
	任务1	计划类文书	116
	任务2	总结类文书	124
	任务3	新闻类文书	133

第六章　公务沟通与文种写作　149

实训一	公务沟通		151
	任务1	公务场景及沟通需求	151
	任务2	公文的规范格式认知	154
实训二	公文写作		158
	任务1	通知的写作	158
	任务2	报告的写作	167
	任务3	请示的写作	180
	任务4	批复的写作	184
	任务5	函的写作	187

第七章　学术实践与科创文书　195

实训一	学术实践		197
	任务1	毕业论文的问题意识与选题技巧	197
	任务2	如何编写毕业论文写作大纲	200
	任务3	毕业论文的结构与论述技巧	205
实训二	科创文书		210
	任务1	科创项目申请选题与技巧	210
	任务2	如何设计一份科创项目申请书	214

附录1　党政机关公文处理工作条例　227

附录2　党政机关公文格式　234

第一章

沟通认知与能力素养

沟通是指借助符号和媒介等交流信息、传递思想以达成某种目的的活动，其本质为信息处理过程。不同的沟通场景，不同的沟通诉求，会形成不同的信息处理方式、不同的沟通能力，产生不同的信息处理结果。沟通是多项能力与策略协调运用的综合艺术，是一门需要用耳听、用眼观、用嘴问、用脑思、用心感受等才能达成有效沟通的学问。良好的沟通能力与沟通素养可使人形成良性人际关系而获得存在感，建构良好工作环境而获得成就感，建立良好的生活环境而获得幸福感，是人们必须具备的一种能力。

实训一　沟通基础

任务1　了解什么是沟通

一、场景驱动

某公司部门经理赵青手下有一个工作小组最近人员流动比较频繁，客户满意度有所下降，赵青想找组长夏河说说这个事情。

组长夏河表示：现在的年轻人承受力差，说不了重话；客户满意度的事情可能是销售那边的货有问题；人员变化应该和专业素质有关，应该加强培训；等等。同时，夏组长还申明自己工作非常用心，没有浪费时间，并建议多招点人，最好实行淘汰制，可以形成激励性竞争。而且这些问题她都已经在着手解决，情况正在改善之中。

赵青听了夏河的话，感觉这位新组长说话语无伦次，抓不住重点，总没说在点子上，于是赵青试图提醒夏河没有回答自己的问题，并强调："我是要你谈谈对人员流失问题的看法，并且把客户满意度下降的事分析分析。"夏河微笑着表示："我是这样想的，服务质量是企业的命脉，要抓。一定要有所改善，我觉得把他们分一分、教教就好了。人的事您请放心，其实我觉得最好是调整一下，鼓励一下，您看是吧？我在处理客户王先生的单子时，就对大家说，要把握客户就得先听……"赵青拧着眉毛挥挥手："好了，好了。小夏呀，我不是要你说自己具体做了什么，是让你说说你的管理思路，怎么解决现在面临的这个问题。"夏河无奈地睁大眼睛："哦，经理，这就是我的思路呀！"

赵青一时无语。夏河离开后，他走进董事长办公室，叹着气说："我真服了小夏，怎么她说话永远不在点上呢？什么事让她说就叨叨半天，毫无条理，说的根本不是你要听的。"董事长严肃的脸上滑过一丝微笑："谁刚带队伍都是一个新起点，做专业工作时，可能表达得非常好，做管理时与上下级的交流相处就不一样了。所以，你得教他们，要善于引导，我教你几个办法吧……"

二、任务解析

在此场景中，需解决的主要问题如下：

1.进行诊断，明确症结所在。这是一场怎样的沟通？碰到一个不善于沟通的人该怎么办？出现了哪些沟通障碍？怎么寻找合适的沟通技巧？可以采取怎样的解决方法使双方取得理想的沟通效果？

2. 实施救治，方便对症下药。 按照上下级沟通的要求，调整心态，双管齐下找原因，明确造成沟通障碍的主要原因与下级的逻辑混乱、汇报不得法和上级的不耐心倾听、未能有效引导都有关系。双方应积极进行自我反省，相互配合，达成共识，扫除沟通障碍，在理解的基础上予以有针对性的调整改善，让沟通顺畅展开。

3. 积极配合，夯实沟通效果。 如何才能做到有效沟通？董事长的做法值得借鉴。争取建立并保持理想的上下级关系，双方均需注意倾听和说话的艺术，并贯穿沟通过程始终。领导要运用管理智慧，认真倾听，积极回应，有效引导下属的思路，并给下属学习提升的时间和空间；下属应锤炼汇报技巧，分清主次，控制情绪，主动改进，努力纠偏，规避可能出现的沟通障碍，实现有效沟通。遇到沟通障碍时，应双方合力，积极应对，推动沟通良性进行并适时巩固成效。

三、必备知识

（一）沟通的内涵

人是被抛入这个世界的。人一出生即无可避免地置身于沟通环境之中。那么，什么是沟通？中外辞书中对于沟通的学术定义已逾百种，包括共享说、交流说、影响说、符号说等，具体阐述不一，但核心意思大致相同。综合而言，所谓沟通即指人们在社会交往中，为了某个特定的目标，通过语言、文字、图像、符号系统或其他表现形式，在个人或群体之间传递和交换信息、知识、思想、情感等，并达成共同协议的过程。"沟"是"通"的手段和途径，"通"是"沟"的方向和目的。人们需要通过沟通分享信息、交流思想、传达情感、达成意愿、协调关系等。在人际关系中，人与人之间、人与群体之间的相互认知、共同吸引、彼此影响等往往都是通过沟通来进行，所以沟通是无处不在、无处不有的。

（二）沟通过程

沟通是一种双向互动的信息共享行为，信息发出者（即信源）和信息接收者（即信宿）之间往往借助传递信息的渠道（即信道）将传递的内容（即信息）进行循环反复的交流。

在沟通过程中，信息发出者将信息编码好，传递给信息接收者。待其收到信息进行解码并反馈后，最终从对方那里得到自己预期的相应效果。一般而言，沟通行为的流程如图 1-1 所示。

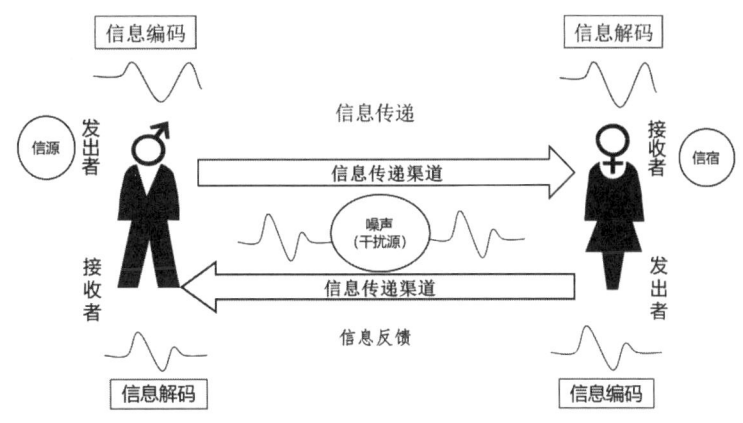

图 1-1　沟通行为流程

编码与解码

在此过程中，需了解的主要因素有以下几点。

1. 发出者和接收者

信息发出者和接收者是信息沟通的施受双方，发出者是沟通的信息初始源，需在明确自己想要沟通的信息内容后将其进行编码，创造信息并发送出去，让接收者获取相关信息并了解自己的需求；而信息接收者则需在收到信息后进行解码，了解和研究接收到的信息内涵，准确领会和解读。接收者对信息的解读准确与否会直接影响到沟通行为的成败。

2. 编码与解码

沟通过程中，信息需经由编码后方能予以传递与理解。信息内容经过发出者编码为信源符号，如语言、文字、声音、手势、神情、图片等，通过信息渠道传递给接收者，进入解码环节。解码过程与编码过程相对应，接收者通过一定的方法将接收到的符号或代码还原、理解、阐释成内容信息，以便做出回应与沟通。

3. 信道与反馈

信道是指沟通通道或路径，即传递信息的具体渠道、媒介和途径，包括面谈、电话、开会、写信、发文等。简单的信息传递可以只用一种渠道和途径，而复杂的信息传递往往会综合运用两种或两种以上渠道。反馈也需通过信道进行，是信息接收者获取并理解信息后，将自己领会到的意思进行整合梳理，再反向传递给信息发出者，以实现信息的互动交流。

4. 噪声与干扰

沟通过程中会出现各种主观或客观的影响因素，噪声几乎存在于沟通过程的任一环节，通常会给信息沟通带来一定负面影响，形成沟通障碍，造成信息损耗或误读等，在沟通过程中应尽量避开干扰源。

(三)沟通类型

沟通无处不在,我们的生活交际中会出现多种沟通形式。按照不同标准,沟通可以分不同类型。具体而言,有以下几种。

1. 正式沟通与非正式沟通

根据具体结构的组织程度分类,沟通可分为正式沟通与非正式沟通。

正式沟通是指通过组织机构规定的途径进行的沟通,如政府领导之间的正式会晤、企业单位召开的工作会议、部门组织的集体座谈、上下级之间的定期工作交流、团队组织的市场调研等。一般而言,正式沟通效果较好,约束力强,保密性高,具有一定权威性,社会影响力比较大,多用于重要信息的传达、组织部门的决策、媒体机构的发布;等等。平时的新闻发布会、记者招待会、政府宣传会等都是正式沟通的重要形式。

非正式沟通是指除正式渠道之外的其他沟通活动,不受组织监督和管制,自由度较高,具有一定偶然性和随机性。非正式沟通是正式沟通的有机补充,非正式沟通多在私人领域或场合展开,如工作休息之余、漫步闲谈之时、聚会寒暄之际等,沟通的达成多依赖于沟通双方之间的默契和主动。非正式沟通具有一定风险性,信息不完整、被曲解或失误失真的可能性较大,且往往无从查证,会带来困扰。但非正式沟通是不可或缺的,因为在非正式沟通中,沟通双方多处于平等位置,环境宽松、感觉自在,更有利于情感的真实传递和在心理上达成共识。

在我们日常生活和工作中,正式沟通和非正式沟通常齐头并行,相互补充,二者配合使用方能实现效果最优化。

2. 语言沟通与非语言沟通

日常生活与工作中,沟通通过多元复合的符号系统得以进行。根据沟通使用的符号系统不同,可将沟通分为不同类型。以语言符号的使用与否为标准,沟通可分成语言沟通和非语言沟通两大类,其基本构成要素如图1-2所示。

语言沟通与非语言沟通

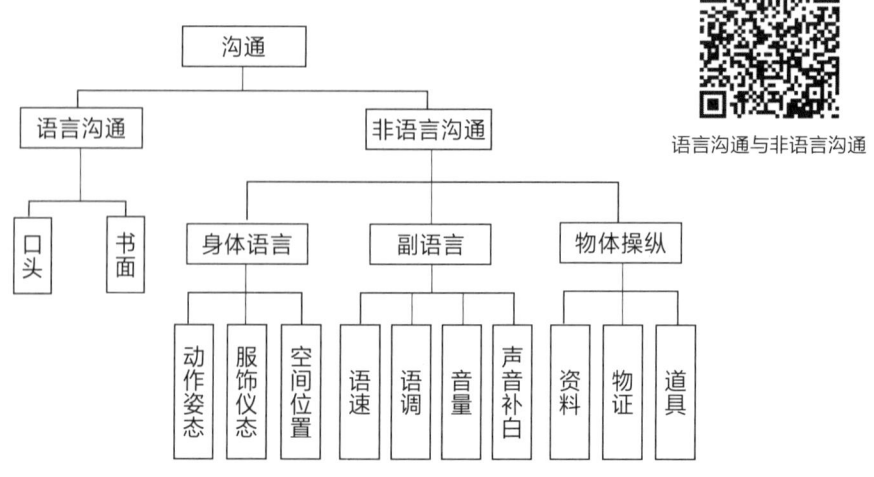

图1-2 语言沟通和非语言沟通基本构成要素

语言沟通是指以语言、文字、符号等作为载体实现的沟通，包括口头语言沟通（如面谈、演讲、电话访谈、视频会议等）和书面语言沟通（如文件、便笺、信件、日记、文学创作等）。语言沟通最为直接简单，成效最为突出显著，运用也最为广泛。在进行语言沟通时，应力求做到言辞简洁到位、贴切生动，使信息传递清晰明确、完整无误，并能感染人和吸引人。

非语言沟通的内涵非常丰富，目前人们常用的有身体语言沟通、副语言沟通和物体的操纵等。其中身体语言沟通又称"肢体语言"，是一种通过手、足、头、肩等肢体运动或动作等来代替或辅助声音、口头言语以及其他交流方式进行信息传递的方式，形式丰富多样，在沟通中常常发挥着举足轻重的作用。身体语言具体包括身体动作姿态（如走姿、立姿、坐姿、手势、头部运动、面部神情等）、服饰仪态（如着装、配饰、礼仪方式等）和空间位置（环境、布局、位置、排列、远或近）等。身体语言在沟通实践中是不可或缺的存在，要想实现良好的沟通，必须切实掌握好这种沟通方式。

副语言沟通是指人们在交流过程中，通过非语词的声音，如说话时轻重音的转化、声调语气的变动、语速的快慢，以及哭、笑、停顿的调节等来实现的沟通。心理学家将这种非语词的声音信号统称为副语言。副语言在沟通过程中作为有声语言的一种辅助技巧，常常在传递信息、表达情感、摆明态度时不动声色地提示人们注意其中的弦外之音，也会左右沟通过程的发展方向，其作用不容忽视。

物体的操纵是指人们借助物体的运用或环境布置等手段进行的非言语沟通。有时候在感情的传递和反馈过程中，如果能够利用一些外在的物体来暗示或强化自己的表达意愿，会取得更好的沟通效果。如：教师上课时借某些教具辅助教学，主人会客时端起茶杯不喝暗示送客时间到了，领导利用办公桌的宽大厚实和饰品的庄重布置传递威严，茶室将窗帘、桌布、音乐等和谐搭配让人舒缓心情；等等，都属于沟通中的物体操纵。物体操纵利用得宜，会促进沟通良性发展，反之也会给沟通带来负面影响。

我们在日常生活与工作中，想要进行有效的沟通，自然需要语言沟通和非语言沟通配合使用，互补互助，提升效果。

3. 口头沟通与书面沟通

口头沟通是指借助口头语言实现的信息交流，是日常生活中最常见的沟通形式，主要包括口头汇报、座谈讨论、大会发言、演讲辩论、电话联系、双方会谈等。口头沟通最大的优点是有主观性和亲切感，可以借助表情、语调等增加沟通的效果，能适时获知对方的反应，马上得到回馈，并有机会进行举例阐述或补充说明。口头沟通有利于建立共识并引发共鸣，具备双向沟通的好处，在改善人际关系方面成效显著。但由于沟通是口头进行，也必然存在口说无凭或翻脸不认账的弊端，还会出现效率过低、无法同时与多人沟通、情绪控制不当则易口不择言或言多必失等不足。

书面沟通也是日常沟通中的主要途径之一，是以文字、图片、符号等为媒介，利用

书面的形式与他人进行信息的交流、思想的传达、情况的公布等，其形式有文件、报告、信函、报刊、合同、公告、标语和各种纸质的辅助出版物，包括时事通讯、各种手册说明和有关专业书籍等。书面沟通因为经济实惠有保障、耗时可长可短、成本较低、表达充分又不受场地等限制，所以被人们广泛采用。当然，书面沟通也会因沟通者的表达能力不同、传递时长有弹性而发生理解失误或信息变更、时机不当导致误读或被忽略等状况。

所以，实际沟通过程中，是选择口头沟通还是书面沟通，要根据实际情况而定。如果传递的信息需要当即得到回复或交流，口头沟通显然更适合。如你需要将工作任务布置给下属知悉，便可以使用口头沟通直接通知具体事宜。但如果信息比较复杂，需要交代清楚细节，尤其是涉及某些数据或证明材料之类，或需要存档备案供日后查看的，则书面沟通更为妥当，且更显必要。我们需要理性地选择最适合自己、最利于解决问题的沟通方式。

4. 面对面沟通与电话、网络沟通

面对面沟通即不借助其他媒介，沟通双方当面锣对面鼓，近距离地进行信息的交换等。面谈可以是沟通者和沟通对象之间一对一进行，也可以是一对多的口头沟通形式进行。面对面沟通中，至少有一方是有目的和有计划的，属于主导方，而另一方则处于被动状态，会受一定控制，在进行过程中，双方互有听和说的交流沟通。这种沟通方式较书面沟通而言，有更高的技巧性要求。电话、网络沟通，顾名思义，即通过电话或网络技术等实行沟通行为，不太受时空限制。在科技发达的网络时代，远程沟通方式的使用率正迅速增长，且呈现出一定优势。

但客观地从沟通效果来看，面对面沟通有着其他任何一种沟通方式都无法具备的显著优势，如沟通更全面深入、了解状况更真实到位、可以随机解决很多突发性问题；等等。市场营销活动中，销售人员为了提高销量，卖出产品，就需要与客户进行大量面对面的深入沟通。面对面沟通的方式，往往表示出更多诚意和相互尊重的态度，通过缩短双方距离增强亲近感，提高沟通成效。而且面对面所营造的正式感和约束力，也无形中提高了相互沟通的层次，并有机会获取更多新信息和各种尝试的可能，从而推进交流的深度与广度，使沟通更加充分、及时和顺畅，从而达成沟通目标。电话和网络沟通一般是在沟通双方存在空间障碍的前提下使用得较多，需要借助电话和网络作为媒介，进行信息互传。虽然有距离的阻隔，但电话和网络不受时空的局限，更有其方便快捷等优势，但一定程度上也存在诚意不够、缺乏约束、偏于随意、沟通片面单一、信任度不够、信息可能被误读等情况。

除上述沟通类型外，沟通还可以根据实际情况进行多种划分。如根据沟通信息的传递方向不同，沟通可分为上行沟通、平行沟通和下行沟通三种。上行沟通是指向上级汇报工作或者反映情况。下行沟通是指把上级的政策、制度、指示等向下级传达。平行沟

通是指同级别成员或没有上下级关系的部门之间的沟通。另外，斜向沟通即非上下级、平级之间的沟通，带有一定的协商性。根据沟通信息有无反馈的不同，可分为单向沟通和双向沟通。单向沟通中，一方是传递者，另一方则是接收者。如演讲、培训、报告即是单向沟通；而双向沟通即指双方互为信息的传递者和接收者，主要有谈判、讨论、谈话等。根据对沟通媒介的依赖程度不同，可分为直接沟通和间接沟通。如讲座、辩论、上课等形式属于直接沟通，不需要太多的媒介支持；而利用信件、电话或第三者传话等形式进行的沟通则属于间接沟通。

当然，上述分类方法并不绝对，只是为方便大家了解而稍加规定。在沟通实践中，沟通类型往往会交叉综合出现。如一次现场的演讲活动，既属于语言沟通、直接沟通，同时也是口头沟通、面对面沟通、正式沟通和双向沟通等。我们在进行具体沟通时，要因时因地因势因需求而决定采用哪种沟通方式为宜（见表1-1）。

表1-1 部分沟通方式及其适用情境

沟通方式	沟通情境
面对面沟通	需要进行比较正式的沟通，如处理重要事务、解决重大分歧，想获得群体性、一致性决定，或需要通过正式渠道发布消息等
电话沟通	无法见面、需要快速发布或搜集信息，非语言沟通不那么重要时
微信语音	希望留下重要信息或传递日常状态，接收者方便回复反馈
传真、电邮	存在一定时空障碍，需要书面记录作重要凭证，以完备、迅捷、准确传达信息
视频会议或电话会议	需要群体意见而沟通数方分散各地
便函信笺	需要组织书面记录解释政策、讨论程序、收集信息时，与外地机构、部门或他人沟通需要书面资料往来
第三方传话	不便直接和信息接收者联系，为加深了解或缓冲矛盾需要，以促进问题的解决

（四）人际沟通的空间美学

所有沟通活动都在一定时空中发生，我们对时间的使用方式和长短的安排均会影响到沟通的效果。时间和语言一样，是会说话、会表达意思的，只是不像有声语言那般宣之于众，而常常在无形之中传递着某些信号。空间亦如是，也会默默地进行部分信息的传达，导致人们的沟通过程和效果发生变化。所以要提高沟通能力与技巧，必须要讲究人际沟通中的空间艺术，这也是必备的沟通技巧之一。

众所周知，人与人之间的距离包括心理距离和空间距离。一般而言，在人际交往中，心理距离越近，沟通时的空间距离也会越近。反之，心理距离越远，沟通的空间距离也就越远。人际空间距离由此显示出人与人之间关系的亲疏远近程度。真正与人沟通时，第一个要把握好的尺度大概就是空间距离。在社交场合中，人际距离是无声的静态的，但却能发挥强大作用的非语言符号信息。对于不同国家不同文化背景的人而言，空间距离有着不同的意义，同时地位差异、性别不同和个人喜好等也会影响到个体空间距离。所以，在日常沟通环境中，人们会遵守相应的空间使用准则，沟通者也习惯于根据自己对空间的舒适感设定一个距离底线。我们将人们在人际互动中如何使用空间和距离的有关研究称为空间关系学（Proxemics），爱德华·霍尔（Edward Hull）就明确提出将人际空间距离分为4种：亲密距离、个人距离、社会距离和公众距离。

亲密距离：0～1.5英尺（0～0.46米），这一空间距离通常属于亲爱的人、家庭成员和最好的朋友。在此区域内，允许有身体接触，如拥抱、亲吻、爱抚等。话语私人情感浓厚，一般排斥第三方的加入。

个人距离：1.5～4英尺（0.46～1.2米），这一空间距离属于同学、同事、邻居、一般性的朋友等。这一距离并不算远，说话要求音量适中，不宜高声。

社会距离：4～12英尺（1.2～3.6米），这一空间距离属于彼此相识但并不十分熟悉，多为君子之交型，进退自如，既可进一步发展加深友谊，也可闲聊寒暄，客气应付。

公众距离：12～25英尺（3.6～7.6米），这一空间距离内，很难单独交往，主要用于公共活动，如演讲、作报告、听音乐会、候机；等等。

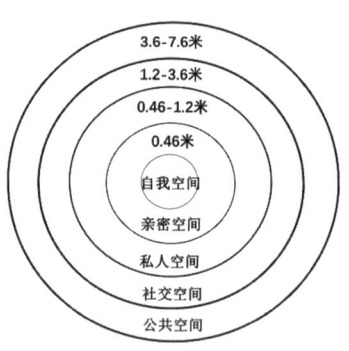

沟通中的空间要素

图1-3 人际沟通中的空间距离关系

需要指出的是，人际空间距离并非一成不变，每个人心中都有一个自己界定的心理空间距离，但这个空间距离会因人、因时而变，随着人与人之间的交往程度、交情深浅发生变化，空间距离也会随之相应改变，在现实生活中，社会地位悬殊的人之间的沟通空间距离一般都较远；两个陌生人交际时的空间距离比两个熟人之间的空间距离大；关系一般的人之间比朋友之间的沟通空间距离大；如果两个人谈话融洽，往往会站在一起；如果双方兴趣不同或意见相左，则常常会相对而立。所以沟通时，我们要善于利用好空间距离，改善彼此之间的关系，也可以巧妙借助空间距离的变动，使沟通行为变得更富有人情味和亲近感。

（五）沟通障碍

沟通障碍是指人与人之间、团体与团体之间交流意见、传递信息时所存在的困难和阻隔等。

沟通是无处不在的、自然而然的、普遍存在的社会现象，人人都需要对话，几乎人类所有的需求都会关涉到沟通。由于每个人对社会有不同的认知，每个人的沟通意愿和技巧等存在差异，所以，在沟通过程中，经常会出现问题或障碍，有良好的成功的有效沟通，也有无效的甚至是产生负面效果的沟通。据统计，在日常生活中，几乎有70%的时间用于各种沟通活动，而生活中70%的问题是由于沟通障碍引起的。

1. 常见沟通障碍

（1）语言障碍

首先，语言是我们交流思想的工具，是一种符号系统，而非思想本身，很难被精准把握。其次，人们用语言表达思想的能力水平各异，用语言表达思想、交流信息时，难免出现误差。最后，不同国家的语言本就千差万别，同一国家也有各种不同的方言，在沟通实践中，来自五湖四海的人说着不同的语言，势必会造成信息无法对等交换，如果语言不通，想要相互理解也无从谈起。

（2）组织障碍

与组织有关的沟通障碍包括组织结构障碍和组织角色障碍。组织结构障碍包括地位障碍、空间障碍及机构障碍。其中，地位障碍往往是由于同一组织中存在若干上下级关系，在高位的掌权者和低位的被领导者之间沟通会产生信息上的不对等和心理上的不平衡等，造成沟通不畅，而机构障碍往往是由于机构设置不合理，规模臃肿，层次过多，高低层之间的信息流动要经过太多的程序，容易造成信息走样和失去时效性，不利于问题的解决。组织角色障碍主要涉及不同部门各人承担的角色和所处地位不同，同样会带来沟通受阻或不全面，无法避免意见沟通中的角色冲突。

（3）心理障碍

由于社会经历不同、个性气质不同、感情体验不同，人们看待事物的态度和观点也必然会存在差异，交流信息时出现困难也在所难免。

（4）倾听障碍

沟通中，听和说相当于鸟之双翼，缺一不可。但现实生活中，由于人们对事物或问题的理解程度、认同程度不一，交际时经常会出现倾听障碍。一般而言，倾听过程包括四个阶段：接收信息、对它们予以注意、赋予信息含义和记住它们，而倾听障碍即发生在此过程中，某一环节做得不够到位或是存在缺失，都会导致倾听障碍。常见的倾听障碍有：一是完全不听。对他人所言置若罔闻，完全不予接收，这是最糟糕的一种听。二是假装在听。看上去打开了耳朵，实则没有用心投入，属于左耳进、右耳出的状态。别人的谈话如同耳边风，并不在意倾听效果，貌似认真，实际上心不在焉。三是选择性听。有先入为主的观念，自以为是，只听自己想听的部分，只接受合自己心意或口味的信息，与自己想法相左的部分则自动过滤掉。上述三种倾听方式都不是良好的倾听，由此造成的倾听障碍在现实生活中大量存在。

造成沟通障碍的因素很多，除了人的因素之外，还有物的因素，以及其他一些障碍，譬如文化差异、时间观念不同、环境因素、利益追求各异等等。

2. 沟通障碍的主要来源

在人们的社会交往过程中，沟通障碍主要来自三方面：发送者（即信息传递方）的障碍、接收者（即信息接收方）的障碍和信息传播通道（即传递管道）的障碍，具体如图1-4所示。

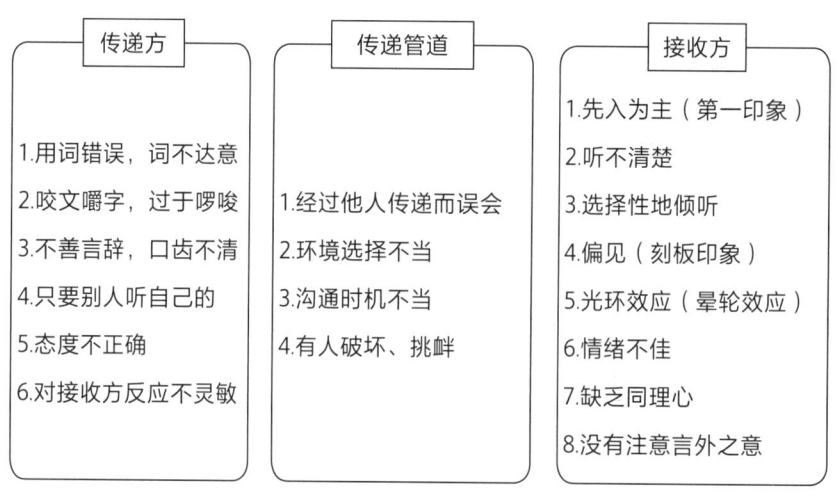

图 1-4　沟通障碍的主要来源

具体而言，在沟通过程中，信息发送者的个人情绪、性格倾向、心理感受、表达力和判断力等都会影响信息的传递效果。沟通中可能出现的障碍主要包括表达能力欠佳、信息传递不全、传递延误或搁置、知识受限、经验不足等，而从信息接收者的角度看，影响信息沟通的因素主要有信息解码有误、信息筛选不全、信息承受力不足、心理上有困扰、情绪控制不佳等。信息传递管道也会影响到沟通的效果，这方面的障碍主要有沟通媒介不对、沟通渠道过长、环境选择不当、沟通时机不妥、外部干扰太多等方面。

3. 沟通漏斗效应

沟通漏斗，是指人际交往中出现的沟通信息逐层流失，呈现由上而下的衰减趋势，导致沟通效率下降的一种现象。沟通漏斗原理中信息流失及信息效度减弱的过程如图1-5所示。

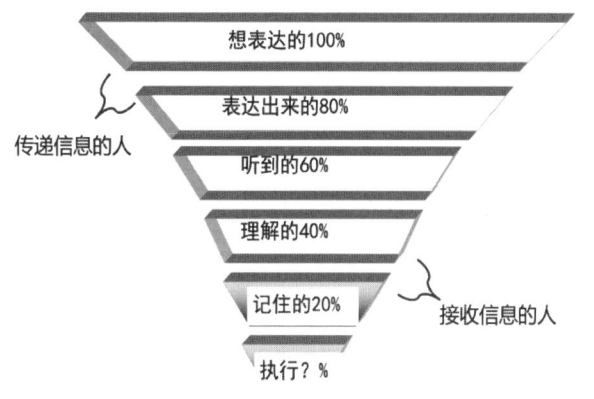

图 1-5 沟通信息流失漏斗示意

沟通中的信息流失

沟通漏斗理论告诉我们，对沟通者而言，假设将其计划沟通的信息总量定义为100%，在沟通过程中，因为表达的场景因素及表达能力的影响等，往往会发生信息流失，原本预想要沟通的信息漏掉了20%，真正实现传递的只余下80%。当这80%的信息进入接收者的耳朵时，由于文化水平、知识背景、理解程度等关系，信息再次发生流失现象，可能只有60%得到了有效传递。研究结果表明，这部分中真正被接收者理解并消化、吸收进大脑中的信息量大概只有40%。思与行、言与行之间的转化差异，使这40%信息量在真正要付诸行动时，仅剩下20%了，以至于最终得以实现的沟通效果，会是一个更小的信息数量。如此步步流失，层层缺漏，造成我们的沟通信息就像一个上大下小的漏斗，最后信息究竟还有多少得以沟通难以预料。因此，加强沟通技巧训练，加大沟通频次，减少信息流失量，以实现沟通的最大化效果，是有效沟通的必经之道。

四、沟通实景

沟通场景： 课堂游戏环节——信息传递

设计目的： 让学生体会到沟通中信息流失的过程与影响

随机邀请 6 名同学，分别编号为 1、2、3、4、5、6，并指定另一同学录音。

教师事先准备一段叙事性较强的故事，包含时间、地点、人物、事件等重要信息，但不公布，实验时直接给 1 号同学。如：

1 对 2：明晚大约 8 点钟，哈雷彗星将可能在这个地区被看到，这种彗星隔 76 年才能看见一次。命令所有士兵着野战服在操场集合，我将向他们解释这一罕见的现象。如果下雨的话，就在礼堂集合，我为他们放一部有关彗星的影片。

参加游戏者按照 1—2—3—4—5—6 的顺序一个一个传递下去，全程轻声或塞住耳朵，以其他同学听不到为宜。最终第 6 位同学把听到的信息陈述出来，请同学们找找与原文的差距。

任务 2　有效沟通的方式与技巧

一、有效沟通方式

有效沟通的方式和技巧

工欲善其事，必先利其器。家庭之间，朋友之间，人与人之间，无不需要经常性的沟通、经常性的交流。倘若没有沟通，我们的团队组织就不会有凝聚力和向心力；没有沟通，人与人之间就不会有合作，不会有发展，不会有成功。沟通是联络感情的纽带，是通向合作的桥梁，是事业成功的基础。为了能与他人有良好的沟通，平时我们需要培养自己的沟通意识、掌握必备的沟通技巧并勤于实践练习，切实提高自身的沟通素养。要实现这一目标，可从以下几方面着手。

（一）遵循沟通中的三思而后行定律

采取沟通行动之前，要进行自问自答的"三思"阶段，即展开三个层面的思考。

第一，关于"为何沟通"三问，主要包括：

（1）我为什么要进行这一沟通？

（2）我沟通的目标是什么？

（3）我希望沟通达成怎样的效果？

第二，关于"怎么沟通"三问，主要包括：

（1）谁是我的沟通对象？

（2）这次的沟通对象是怎样的人？

（3）他们对需要沟通的内容了解多少？

第三，关于"沟通什么"三问，主要包括：

（1）我想要表达什么？

（2）我必须说什么？

（3）我需要说到什么程度？

把上述问题提前考虑清楚了，即可进行下一步——化心动为行动，明确好沟通对象，选择好沟通方式，计划好沟通信息的内容，罗列要点，分类整合，安排顺序，打好腹稿，实施沟通。

（二）有效沟通要义

在语言沟通中，首要的是能够将信息准确无误地传递给对方，令其明白掌握相关信息，并能给予正确反馈。为此，必须掌握语言沟通五要点。

1. 信息过滤

把要表达的资料进行梳理，分解出有用信息和无用信息，进行过滤，将有用信息集中概括，浓缩成几个要点。

2. 一次一个

信息传递过程中注意不贪多求全，而是一次表达一个想法、信息，讲完一个，解决好相关问题后，再讲第二个。

3. 合理措辞

信息的获取建立在相互理解的基础之上，所以沟通时应采用双方都能了解的惯用语言，避免造成误解，要慎用一些特定字眼和别有用意的暗语等。

4. 长话短说

意思表达力求简明，不啰唆，观点中肯，不偏颇，一次性说话适量适度，不要过于冗长，也不宜太精简。

5. 需要确认

信息传递是否到位，需要及时进行确认，以保证对方确实了解你真正的意图和想法，实现有效沟通。

沟通的最终目的是说服他人采取积极正确的行动。为达成此目的，最好能建立一套自我适用、成功概率高的说服法。

可以借助以下方式来提高自己话语的论证力度，如举出具体的实例，提出有力的证据，借助数据来说明问题，运用专家或证人的供词加强信服力，诉诸对方的视、听、触、嗅、味五种感觉等，而且最好能够通过反复模仿和示范练习来磨砺自己的说服技能。

具体沟通时，要注意"几多几少原则"，即沟通时要多说些正面赞美别人的话，注意用语恰当得体；要少讲讥笑的话，多讲赞美的话；少讲批评的话，多讲鼓励的话；少讲带情绪性的话，多讲就事论事的话；少讲模棱两可的话，多讲语意明确的话；少讲破坏性的话，多讲建设性的话。

二、有效沟通技巧

有效沟通是沟通双方思想趋向一致、达成共识、减少摩擦争执与意见分歧的沟通形式，是一种具有高度现场检测度的智慧行为。有效的沟通能产生顺畅的结果，是沟通中最理想的形态，它需要掌握一些必要技巧。

（一）学会说话

1. 说话艺术

沟通中，首先要学会说话。有人认为，说话即沟通，会说话即会沟通，这是极大的误解。同样的事，不同的人去沟通，会产生不同甚至截然相反的效果；同样的沟通障碍，有人沟通产生良好效果化解沟通冰山，有人沟通产生更大僵局更大鸿沟。因此，沟通中，说话是一门艺术，说什么，怎么说，什么时候可以说，什么情形下不应该说，都需要讲究。沟通中的说话，是一种需要建立策略的沟通手段，需要看场合、看对象、看时机，也要注意方式方法，才可达到有效沟通。

2. 沟通案例

晏子谏杀烛邹
《晏子春秋（外篇）》

春秋时，齐景公很爱打猎，养了很多的猎鹰猎犬。一次，负责喂鹰的烛邹不小心放跑了一只鹰。景公闻知大发雷霆，下令要将烛邹推出去立即斩首。相国晏婴打算去劝阻，但见景公怒气冲天，一定听不进他的劝告，必须用巧妙的方法才行。于是他走上前去，对景公说："且慢，烛邹有三大罪状，不可轻易将其杀了，待我把他的罪状公布于众再行处决吧！"景公表示同意。

晏子就指着烛邹的鼻子开始数落："烛邹你真的有罪啊！第一，你放跑了给大王养的鹰，虽不是故意，但违反了大王的私法；第二，你使得大王为一只小小的鸟而用上杀人的酷刑，坏了大王仁慈的名声；第三，把你杀了，使得天下的诸侯都认为大王重鸟而轻人，说大王不是贤君。你有这三大罪状，真是死有余辜！现在罪状公布完毕，请大王下令杀了他吧！"晏婴一席话，说得景公满脸通红，只好讪讪地说："放了他吧，我听懂你的意思了。"

> 晏子沟通前先对事实情况进行全面了解，了然于心，做到了有的放矢。
>
> 审时度势，沟通有技巧意识。
>
> 不直接出击，声东击西，巧妙地让沟通对象感到自己与他站在同一立场。语言艺术高超，使用"事实+性质+后果"的有效沟通技巧，达到沟通目的。

总评： 晏子沟通技巧高明，讲究对症下药，言语间选择与景公处于同一站位，劝诫时注意趋利避害，避其锋芒，事半功倍，巧妙解决了问题。

（二）学会肯定

1. "肯定效应"

沟通中对沟通对象进行由衷的肯定和赞美，是建立良性沟通的便利之门。善于发现沟通对象的闪光点，真诚赞美对方的行为，是沟通中最为有效的手段之一，能生成产生有效沟通结果的"肯定效应"。人们得到肯定或赞美的时候，更容易产生接纳的心理和正向的情绪，使沟通变得顺畅。有关研究表明，称赞别人，会使你要别人改变观点的难度降低；当遇到分歧时，赞美会使不一致信息的处理更加容易，而当被沟通方得到正面肯定时，其拒绝事实或观点的冲动会减弱。因此，沟通中要重视"肯定效应"。

2. 肯定效应下的沟通模式

既然沟通中存在"肯定效应",就很有必要建立一种匹配的沟通模式。简而言之,肯定效应下的沟通模式有四个环节:

（1）有情有理,真诚称赞对方,进入肯定效应;

（2）适时提出需要沟通解决的争议问题;

（3）对方辩解或拒绝承认事实的冲动减弱;

（4）妥善有效地解决问题。

有人将肯定效应下的沟通模式总结为"建设性反馈四步骤和语言模式",具体流程如图 1-6 所示。

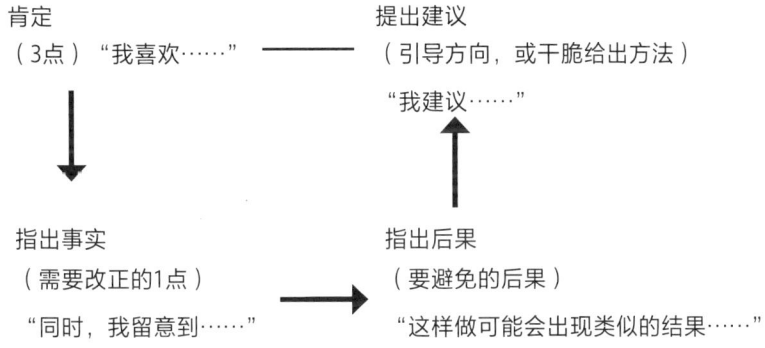

图 1-6　建设性反馈四步骤和语言模式

（三）事实无敌

1. 事实先行

在沟通中,必须处理好事实与评判的关系,事实先行,尽量客观。美国著名的心理学家马歇尔·卢森堡博士创立了"非暴力沟通"理论,并通过它指导我们转变谈话和聆听的方式。非暴力沟通的四个要素是观察、感受、需要、请求,强调不条件反射式地反应,而是去明了自己的观察、感受和愿望,有意识地使用语言进行沟通,使人们既诚实、清晰地表达自己,又尊重与倾听他人。

2. 案例解析

名称:《一次极端失败的沟通》

（1）案例背景

案例来自于真人上阵节目《赢在中国蓝天碧水间》,一共有 12 位知名企业家参与,旨在通过商业实战赢取千万公益基金,用于支持大气污染防治与水源地保护项目。实战中,12 人分成蓝天、碧水两个战队,每队 6 人。每期节目由其中一位企业家担任评委,为蓝天、碧水两队发布任务,最后进行评判。

（2）案例分析

节目第6期内容，是蓝天队队员韩小红（慈铭体检CEO）发布任务：两队比拼销售慈铭体检卡。两队队员各显神通后，都有了不错的业绩。评比环节韩小红动用了一票否决权，判销售金额比对方高的碧水队输，引起了碧水队成员的不满。而销售金额虽然不如对方的蓝天队，因为采用了微信摇一摇方式建立了潜在客户群，开拓了新的销售模式，获得了韩小红的首肯。但在PK间宣布胜负的前后，韩小红并没有关于两队销售方式优劣的点评，从而为碧水队的不服埋下了更深的情绪种子，沟通障碍进一步扩大。

按照规则，比赛结束后，胜方蓝天队到咖啡厅享受轻松一刻，负方碧水队则进入密室进行总结、反思。反思阶段，韩小红需向碧水队分析其失利原因，然而她的表述却更加引发了碧水队的集体不满，这让韩小红难以抵抗，低头沉默不敢发表意见。沟通彻底陷入僵局，碧水队成员全部愤而离席，只留下韩小红一个人尴尬地坐在那里。可以说，这是一次极端失利的沟通。

三、沟通实训

现场模拟沟通：教师事先布置同学们观看该期视频。课堂上，全班同学分为N个组，针对上文案例，为韩小红想一段有效沟通的说辞，要求各组经过讨论后形成一套有效的沟通方案，并且推选一名同学作为代表发言，陈述各自为韩小红建议的沟通说辞。

要求：

（1）导向一种良性的有效沟通结果；

（2）不是分析韩小红可以怎么做的方案，而是完成一段直接可以由韩小红表述的说辞。

实训二　沟通素养

任务1　倾听能力与技巧训练

沟通能力与自我突破

沟通中的倾听是一个积极的听觉活动，是一个沟通者感知能力全方位协调的结果，包括用耳听、用眼观察、用嘴提问、用脑思考、用心灵感受等。通常来说，一场以倾听为起点的沟通，比一场以输出为起点的沟通更容易获得良好效果。

一、倾听的重要性

英国管理学家L.韦尔德说："人际沟通始于聆听，终于回答。"人生是一个不断沟通的过程，随时随地都在进行沟通。最让人愉快的沟通，不是谈判和说教，也不是单方面的指挥和发泄等，而是平等的双向交流，是你在努力听懂我说的话，我也在试图充分理解你。最好的沟通效果是能充分表达出你想要表达的意思，还让双方愉悦，使沟通有效、有利又有趣。要想获得好的沟通技巧，需要不断学习和调整，其中贯穿着听、说、读、写四种能力的综合运用。在沟通中，倾听一直处于被忽视地位，而事实上，学会倾听对于沟通尤其重要。

有研究表明，在工作中，一般人花在人际沟通上的时间占总工作时间的比例接近75%。在这75%的时间里，又有50%的时间是在听。平均每个人接收并保持的信息只占听到的50%～65%，记忆的水平也很低，只能保持几分钟。两天之后，关于讨论了哪些细节，只能记得25%了。研究数据表明，沟通中积极的倾听者听和说的比例通常是3∶2。因此，在沟通中，倾听尤其重要。美国明尼苏达大学Nichols和Stevens教授认为听说读写四种能力在沟通中发挥的作用如图1-7所示。

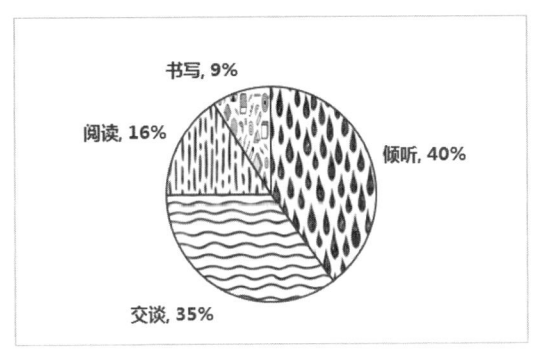

图1-7　听说读写沟通效用比

倾听比说话更重要

没有积极的倾听，就没有有效的沟通。倾听和读写一样，都属于心智活动，不只是靠耳朵或眼睛的感官运动。除了存在听力障碍的人以外，我们每个人都具备倾听的能力，但在实际沟通中，越来越多的人因为心浮气躁或者其他外界条件限制而越来越少会专注地用心倾听。所以，我们身边经常会存在听而不闻、假装聆听、选择性倾听等情况。严格说来，倾听可分有效倾听和无效倾听两大类。

二、倾听的效度

1. 无效倾听

日常交流中，听似乎是最容易掌握的技术，但要做到专业和专注却并不简单。无效倾听有各种表现，如妄自猜测（不相信别人所言，自己揣度臆断他人心思）、主动过滤（只听取部分信息，对其他信息充耳不闻）、先入为主（提前做出判断并施之于交流过程中，带着观点试图印证自己想法，甚而歪曲事实）、心不在焉（不专注不投入，似听非听，不能很好地抓取对方提供的信息）；等等。无效倾听在我们的日常交流过程中很容易形成习惯，大大影响沟通效果。

2. 有效倾听

一般而言，有效倾听表现为倾听者对说话者积极予以配合，有一定的参与度和适时的反馈行为，具体包括言语性的参与（如鼓励式回应和积极性反馈）和非言语性的参与（如目光注视、微笑点头、身体前倾，关注讲话者反应）。有效倾听是一个积极的听觉活动，是沟通者最重要的沟通素养之一。

3. 有效倾听四步法则

那么，我们应该怎样训练自己倾听的能力，真正实现有效倾听呢？这个问题可以通过四个步骤，也即"有效倾听四步法则"来达到改变和提升（见图1-8）。

（1）调整心态，做好倾听准备。倾听者和说话者是沟通过程中的两大主体对象，听不应该是被动的，要端正态度，交流沟通之前做好心理建设，准备充分，建立一个积极倾听的心态。

（2）表示兴趣，发出倾听信号。设身处地考虑说话者的需求，集中注意力并维持对话题的兴趣，使沟通能够顺畅进行。

（3）积极参与，有选择地听。倾听的过程中，积极投入，认真参与。要注意捕捉有用信息，进行审读和分析，要能够听出重点，区分主次，对重点信息进行抓取和及时做出判断，避免分心。

（4）及时回应，让倾听实现良好互动。如果有必要，可以在倾听时将你觉得重要和有必要的信息记录下来，并密切关注说话者的反应，及时做出相应的反馈。

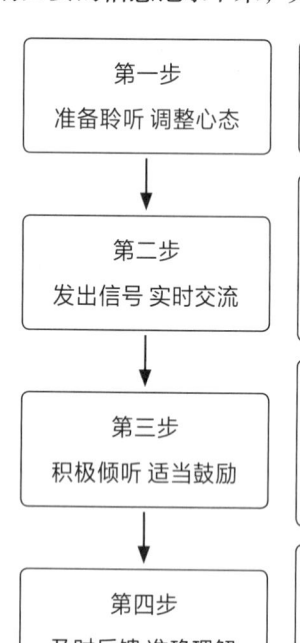

图1-8　有效倾听四步法则

三、倾听技能实训

现场沟通实训： 以 2 人为一组，以某一话题或主题分两个阶段展开沟通与讨论，并进行信息反馈。

第一阶段： 双方交替进行"说—听"发言与复述活动。具体过程为：一方就所选话题进行发言，另一方复述对方所说的事实、感受和意图等，直到对方满意为止，然后换另一方进行同样流程沟通，全过程持续 5 分钟。

第二阶段： 双方就同一话题或另外话题进行沟通与交流，并各自按以下《专注倾听记录表》所列要素记录沟通过程相关情况。

附：专注倾听记录表

我交谈的对象：

谈论的事情：

他或她说道（概述）：

说话的语气：

面部表情：

肢体语言：

他或她的需求及担忧是：

我说（概述）：

说话的语气：

面部表情：

肢体语言：

我的需求及担忧是：

我的情绪反应是：

我的情绪告知我的是：

总结阶段： 讨论结束之后，选择部分组员分享这个实训项目的难点部分，以及其对有效倾听能力训练的帮助。

任务 2　沟通能力测试

下面是部分沟通能力测试，根据布置的任务或所给话题，展开实战训练，进行角色扮演，做好情绪管理，实现有效沟通。

一、自我测试练习：身体语言你知否？

回答下面问题，参照后面答案，测试一下你对身体语言的了解程度。

1.当一个人试图撒谎时，他会尽力避免与你进行视线接触。（对　错）

2.眉毛是传达一个人的感情状态的关键线索之一。（对　错）

3.所有的运动和非语言行为都有其含义。（对　错）

4.大多数非语言沟通是无意识行动的结果，因而是个人心理活动的最真实流露。（对　错）

5.别人对你的反应取决于你通过沟通留给他们的印象。（对　错）

6.在下面哪种情况下，一个人最可能采用非语言沟通方式？

A.面向15—30个人发表演讲　　　　B.与另一个人进行面谈

7.当一位母亲严厉斥责她的孩子而又面带微笑时，孩子可能会：

A.相信语言信息　　　　　　　　　B.相信非语言信息

C.同时相信两种信息　　　　　　　D.两种信息都不相信

E.变得迷惑不解

8.如果你坐在如下图所示位置1的时候，另一个人坐在哪个位置能够最充分显示出合作姿态，并最利于非语言沟通？

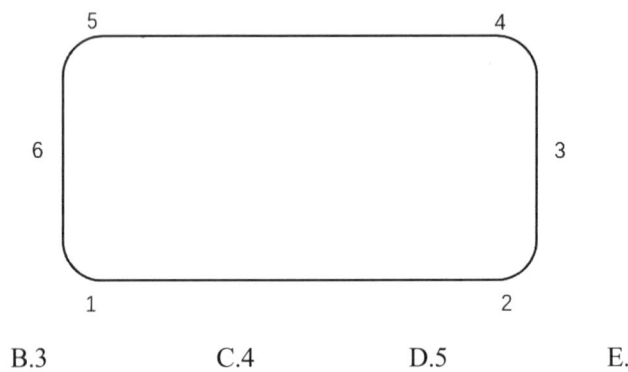

A.2　　　　B.3　　　　C.4　　　　D.5　　　　E.6

9.下面哪些举动能使你给人留下更好的印象？

A.谈话中不使用手势　　　　　　　B.避免较长时间的视线接触

C.仅偶尔露出微笑　　　　　　　　D.上述所有动作

E.不包括上述任何动作

10.如果你想离开某处，将会采用怎样的动作？写下来。

评判参考：

1.错　2.对　3.对　4.对　5.对　6.A　7.E　8.E　9.E

10.仅供参考：可以有意无意用眼睛扫一下自己的手表，慢慢站起来活动一下手脚，再慢慢挪向门附近或是靠在门框上等。

二、角色扮演与情绪管理

根据下面情景设定进行角色扮演，注意此过程中非语言沟通方式的运用，认真分析其效果，并自行设计下一步的交谈方式和内容，展开一场结识新朋友的沟通活动。

A在商店购买东西，看见B迎面走来。A觉得B英俊帅气，B觉得A漂亮迷人。当B

走近时，A与B的目光接触了几秒钟，然后A转过头，并微笑而略显羞涩地走过去。当他们擦肩而过后，A转过头往后看了看，以确定B是否在注意自己。B正好也侧身抬眼看向A，露出灿烂的笑容，并停下脚步和A进行交谈。

三、沟通障碍处理

阅读下面的寓言，找出沟通障碍产生的关键节点，并就如何处理沟通障碍进行分析。

古时东瓯（今浙江东南沿海一带）人住的是茅屋，经常发生火灾，人们为此痛苦不已。有个东瓯商人到晋国去，听说晋国有个叫冯妇的人善于搏虎，凡是他出现之处，就无虎。东瓯商人回去后把这个消息告诉了国君。由于东瓯话"火"和"虎"的读音毫无区别，国君误以为冯妇善于"扑火"，便以隆重的礼节从晋国请来了冯妇。第二天市场上失火了，大家跑去告诉冯妇，冯妇捋起袖子跟着众人跑出去，却找不到虎。大火烧到王宫，大家推着冯妇往火里冲，冯妇被活活烧死。那个商人也因此而获罪。（据《郁离子·冯妇》改编）

四、有效沟通的语言技巧

假如你是钱总，在某次车展活动中，有人把你介绍给小方："小方，这是×××公司系统设计部的钱总，还是我们车友会的会长。"小方有意抓住机会，就系统设计方面和你进行交流，下面哪种说法会让你感觉更有冲击力，从而更愿意接纳他呢？为什么？

A."您好，钱总，我也是搞系统设计的，能介绍我参加你们的车友会吗？"

B."您好，钱总，我新买了一辆××，我能参加你们的车友会吗？"

C."您好，钱会长，我也是个车迷。听说您的车友会现在有上百位××的会员了，哪天有活动的话，能否也让我见识一下这种壮观场面呢？"

请就上述情境，尝试提供一种你认为更好的说法或做法。

五、非语言沟通技巧

体验非语言沟通的过程和效果，进行"心有灵犀一点通"活动演绎，让学生仔细观察、准确理解、清晰表达，进行融洽沟通，完成团体合作。活动要注意避免各组之间相互影响，信息传递过程中不准发出声音，只允许前后两个人之间发生联系，不能集体参与交流。

活动步骤：将全班分为若干个组，要求每组6人以上，按序排队，反向站好。将写有不同文字的纸条分别展示给每组的第一个人看，然后请其通过非语言沟通的方式把信息传给后面一个人，依次复制传送，最后一人将其接收到的信息用语言公之于众，再与原文进行对照。全班交流分析此过程中的沟通效果、影响沟通的因素以及破除障碍的方法技巧等。

第二章

语言表达与演讲实践

演讲是一种公众表达的手段，是指在有一定数目观众的场合，针对某一具体问题，以有声语言为主要手段，以体态语言为辅助手段进行演说或讲演，是一种一对多的、目的性很强的沟通行为，旨在传递观念、引起共鸣、达成共识、取得认可。因为演讲主要是以言语沟通的方式来进行沟通，接受者多是一种被动沟通状态，对演讲者的欢迎度、包容度相对较低，需要演讲者以独特的思想、真诚的情感、新颖的表述、富于热情的鼓动性语调及肢体动作等去打动听众，以解除听众的怀疑，建立起信任的纽带，从而获得良好的沟通效果。演讲是一项综合性活动，是利用语言表达手段，综合文字写作与口头演讲两种类型的沟通方式。

实训一　演讲稿的写作

任务1　了解演讲的过程与要素

一、场景驱动

××大学为弘扬师德传统、表彰在教书育人过程中做出重要贡献的教师，同时也为每一年度毕业生留下大学学习期间的美好记忆，决定从当年开始设立一项专门由毕业生来参与完成的"我心目中的好老师"评选活动，由各学院推荐热爱教书育人事业、有良好师德师风的1名候选人参评，现场投票评委由校领导、各学院分管学生工作的副书记及各学院30位当年度毕业生代表组成。该校人文学院教师张××老师被推荐参评这一荣誉评选活动，并需要在评选大会上发表一场时长6分钟的演讲。

二、任务解析

1.张老师要完成的是一场有主题可准备的演讲；

2.从这一主题演讲的流程来看，需要分演讲稿写作与现场演讲两个步骤来完成；

3.这次演讲强调以打动学生评委并为其投票为目的；

4.演讲是一种特别重视临场效果的行为，应该有合适的着装、手势、姿势与控场能力；

5.这次演讲的受众是即将毕业的大学生，以情动人、寄予希望、带着祝福是这场演讲所需要把握的情感节奏。

三、参考例文

××大学"我心目中的好老师"6分钟竞选演讲稿

各位领导、老师和同学们：

　　大家下午好！

　　非常感谢大家给我这6分钟自我告白的机会。此刻，我心里非常激动。就在我踏上这个演讲台的前一刻，一个穿越时空的想象性场景一次一次在我脑海里浮现：我在想象，如果是在二十年后、三十年后，已经白发苍苍的我，不管是精神矍铄也好，颤颤巍巍也好，当我走向这样一个光荣的讲台，被同学们认为是一名"心目中的好老师"，坦然地接受一束鲜花和一阵热烈的掌声时，那我该有多么的激动与狂喜！

到底什么样的老师会成为学生心目中的好老师？当学院通知我被毕业生推举为首届××大学好老师候选人的时候，我就一直在思考这个问题。

我想，好老师一定是无私地爱着学生的。我个人对这方面的情感需求特别强烈，每次一到这个校园，一看到学生，就不由自主地笑容满面，随时等候着问候和被问候。对于我来说，这是一种发自内心的情感。我曾经多次跟学生们说过一种不怎么严密但有真情实感的话，我说，在我们的一生中，师生感情是仅次于父母亲情的一种感情；在无私奉献这一点上，真正的好老师一定是可以和父母亲人媲美的，每一位教师都希望自己的学生越优秀越好，没有哪一位好老师会在面对学生时产生保留自己的知识以防学生超过自己的心态。

我也想，好老师一定是对学生有责任感的。我今天中午在食堂里跟我们专业的几个老师边吃饭边聊天，一位年轻女老师的一番话，让我感触非常深。她说，我深感这个学期对不起××课程的学生们。因为这是一门涵盖面非常广的新课，尽管她已经非常用功了，可还是达不到自己的要求。她说，我一个人站在讲台上，以同学们觉察不到的方式在羞愧：脸红、全身冒汗。我听了她这番话，非常感动，也对她产生了由衷的敬意，我想这样的老师没有理由不成为一名好老师。这样的心路历程，我完完全全地经历过。最初站上讲台的那些日子，我经常在悲喜交加中度过。当我把一堂课上得神采飞扬，当学生们被我对作品的精彩解读吸引而目不转睛地盯着我时，我一天甚至很多天都是快乐的；当我感觉到自己把一堂课上砸了的时候，我羞愧得不好意思抬着头在校园里走动，觉得自己对不起整个世界。带着这种要教好课的强烈责任感和压力感，我一天天地锤炼自己，力求上好每一堂课。

我还想，好老师一定是不仅仅教知识，而且也教情怀的。好老师一定是宽容的、谦逊的、平和的。在今天这样一个人类文化已经丰厚到我们很难轻易估量的时代，知识越多应该越让人惶恐，因为不再无知无畏，所以一个真正有知识的好老师不会是骄傲自大的，对于文学老师尤其是这样。我经常跟我的学生们说：文学是一种奢侈品，文学不是文学专业的，文学是大家的。生命的本质跟文学相通，当我们把人生的一些硬件建设好之后，我们都将回到文学上来。因为文学就是我们的生活、我们的情感、我们的精神世界、我们的喜怒哀乐。我常常在课堂上追问我的学生们关于人生价值的问题，我说判断你目前人生价值是否健康的一个重要标准就是，这种价值目标延伸到四十岁之后它还管不管用？如果管用，那是有益的；如果你觉得到四十岁之后它不管用了，那你需要修正。一个人，在四十岁之后还要来重新树立人生的价值标准，好像前几十年白活了一样，是一件很可怕的事。虽然作为一位专业性非常强的×大校园里的文学老师，我曾多次在课上课后被学生追问文学到底有什么用，面对这样一个"天问"，我从不尴尬。每当这时候，我都很坦然地告诉他们：我不想像庄子那样告诉你们说，"无用之用方为大用。"我只想告诉你们，我从小酷爱文学，读大学却学了历史，后来执著地自考读回了中文系。如今的我，将兴趣、生活与谋生紧密地结合在一起，大多数人要拼命赚钱来消费文学一般的生活，而我们学文学的，直接用文学消费文学，连弯都不用转，这是多么幸福的一件事啊！所以我经常跟文学班的同学说，同学们，你们要耐得下性子，好好修炼自己的文学功力，我们的文学是可以直接置换成别人需要用钱来消费的生活质量的。我常骄傲地说，我的生活多姿多彩，我白天工作时说着的话，晚上回到家里依然可以用来与家人交流，睡前依然可以说着这些话而不会太别扭。爱好文学的人有独特的记录生命的方式，不是一个干巴巴的年份，也可能不是一些照片，而会以一些独特的方式记载，这种方式多是感觉，但这些感觉可能因为最忠实于你的内心而经年不忘。如，什么时候你成年了？或许你可以用一个客观年份或年纪标注，但文学会告诉你一种体察自己的方式：以往年年春天开花，你看着它们都觉无比娇艳，但在你生命中的某个春天，你像杜丽娘一样对着满园春色突生伤感："原来姹紫嫣红开遍，似这般都付与断井颓垣，良辰美景奈何天，赏心乐事谁家院。""如花美眷，似水流年"，这样的生命体察方式，用这样的方式记录的人生足迹，我想对每个人都是有诱惑力的。

也是在获知自己成为首届×大好老师的候选人后，我有意识地问自己，我是不是学生心目中的好老师？这个问题，今天是要由在座的各位同学们来投票决定的。但我想先回顾从教以来的难忘经历做一个自我判断：我想起某个圣诞节接到了相聚在一起的8个当年毕业生的祝福电话，电话那头，他们齐声向我问好，让电话这头的我热泪盈眶；我想起收到一位毕业生发来的一封长达4000字的邮件，信中追忆了他在学校求学时我给他的帮助和影响；我想起了那些以选修或旁听的方式听完了我承担的所有课程的外专业学生；我想起了那位在听完我的一门文学课程后去旅游的同学，带回一套我在课堂上提到过的想拥有的书，托人送给我，可无论是我还是受托带书给我的人，都不知道他（她）的姓名；我想起一位毕业生这样评价我："您知识渊博，才华横溢，口若悬河，写得一手龙飞凤舞的好字，完全是我想象中完美的文学老师的样子。"各种迹象表明，我是得到了学生们的认可的。

选择成为一名高校教师，让我的人生有了一种神奇的生命刻度：它以四年为期，一拨一拨可爱的学生少年来青春走，长成了自己期待的模样。世间唯有这种离别，是一种欢愉的离别，因为它是奔着蓬勃的未来而去的。此刻，我想告诉你们：你们即将告别，即将离开，但请一定记得有空时回来看看，这里有一群像我一样天性爱学生的教师们在随时欢迎你们回来。

谢谢大家！

四、必备知识

（一）演讲稿概说

演讲稿，又称演说词，是一种应用文书，是进行命题或话题演讲中事先准备的文稿。写出高质量的演讲稿是演讲获得成功的基本保证。演讲稿有独特的文种特性，它以书面文字来传递口头性质的故事、观点、思想与情感等，听众主要是通过对演讲者语言、声音、手势、肢体动作等耳听、眼观、心感来接受和理解的。因此，演讲稿是结合口头语与书面语双重性质、诉诸多种感官感知效果的独特文本。一篇成功的演讲稿，至少需要重视以下三个问题。

1. 现场感

演讲是演讲者和听众在特定场合产生信息交互而发生的一种活动，具有高度的现场感，这是由其特定时空语境所决定的。对于演讲稿的写作者来说，需要对演讲活动的临场性及观众的不可预设性有充分预想。因此，演讲稿的写作中，需要考虑到本场演讲的时间（如上午、下午还是晚上等）、地点（公共的还是内部的、对于听众来说是熟悉的还是陌生的等）、听众（群体属性、知识水平、多元化人群构成还是相对单一群体等）、主题（严肃主题适当考虑活跃气氛的技巧、轻松的话题考虑如何适当地增加引人思考的内容等）等各种因素。只有根据演讲情况考虑了相关各项因素的合理匹配，才可能写好一份演讲稿，完成一场出色的演讲。

2. 交互性

演讲是一种现场信息交流活动，是演讲者与观众之间具有高度交互性的信息传输行为。但演讲的交互性具有区别于其他交流活动的特性，即观众是以表情、神态、肢体语言等与演讲者进行互动的。因此，撰写演讲稿时，应当有意识地把演讲者的信息传导方式和听众的信息反馈方式对应和联系起来，通过独特的语言设计、副语言技巧、手势动作和表达运用，在演讲中适当使用设问、呼告、变称和换位等表述技巧，增强演讲行为的交流性，以强化听众的现场体验和情绪呼应。

演讲过程中的精神交互

3. 口语化

演讲是一种口语交际活动，使用的是介于日常口语与书面话语之间的语言表达方式。成功的演讲需要运用口头语言来传递思想、情感与观点、主张，同时还要与观众形成具有良好接受度的互动。因此，演讲语言通常比日常口语表达要多一些思想力与逻辑力，比书面语又要多一些灵动力与感染力。故撰写演讲稿时，要突出语言表达的口语化特点，少使用长句，多选择双音节词和短句，多使用现实生活中具有鲜活感和生命力的口语词汇，适当使用当时的热点话语，将演讲中的思想传递与相对简明的口语相结合，以增加其形象性和通俗性，用简洁明快、通俗生动的演讲语言，对听众产生强烈的感召力和感染力。

（二）主要演讲类别

通常来说，根据演讲者对主题的明确度、演讲场合、演讲意图等，可将演讲分为话题演讲、命题演讲、即兴演讲等常见类型。

1. 话题演讲。话题演讲是指演讲者根据演讲活动中较为宽泛的意义引导，自行选取角度，提炼观点或题目，事先准备好演讲稿并实施演讲的口头沟通活动。

2. 命题演讲。命题演讲是指根据指定的题目或限定的主题，事先写好演讲稿，并配合性地选择语言技巧、设计演讲态势语言而进行的口头沟通活动。

3. 即兴演讲。即兴演讲是指在事先无准备的情况下进行的一种当众讲话的口头沟通活动。

任务2　演讲稿写作准备

一、"四个一"工具/原料

进行演讲稿写作前，有必要对演讲命题进行预设计，包含听众的基本情况、演讲场所、主办方的意义诉求、演讲是否需要达成明确意图（如竞选演讲、评奖演讲等即有明确的价值目的和意义诉求）等。因此，动手准备写作前，很有必要预备一些必备材料。这里以一个2～3分钟左右的演讲为例，来说明写作演讲稿需要准备的材料，一般建议准备以下"四个一"工具/原料。

1. 一个主题：一个关键词、一个题目或一个话题名称；
2. 一篇故事/事例：亲身经历的故事，他处见闻，或与话题、观点匹配的事例；
3. 一组诗句/名言：长短适宜，贴合主题，或者由自己根据演讲意图打造的与主题相符的一个"金句"；
4. 一段排比：包含三小句以上的排比句。

二、演讲中的故事

（一）演讲中的故事美学

演讲中为什么要讲故事？这里先分享一个故事：很久以前，一间建在村庄僻静角落的老房子里，住着一个叫道理的人，他冷峻、理性、不苟言笑、深居简出，村子里的人都很怕跟他交往，他一个人孤独地生活了不知道多少年。有一年春天来临，到处鲜花盛开，百鸟和鸣，一个叫寓言的小姑娘跟着自己的手工艺人爸爸来到了村子里。他们打算在村子里住一段时间，为村民们做一些修修补补的手艺活儿。寓言开朗活泼，很快和小孩子们打成一片，村子里几乎天天能听到她银铃般的笑声，她还把一路跟着爸爸走街串巷听来的和有时爸爸为了安抚又困又饿的她而编的故事分享给小伙伴们听。有一天，她和小伙伴来到了道理住的老房子外，虽然是大白天，可因为老房子年久失修又爬满了藤蔓，孩子们还是不由自主地感到一阵害怕，想拉着寓言赶紧走开。可寓言的好奇心盖过了恐惧心，她想进到这房间里去看看。小伙伴们很快被寓言挑起了好奇心，决定和她一起进房子里去。他们拍打着门，半天没人开门，以为是栋无人居住的空房子，于是大家从破落的窗户爬了进去，带着些恐惧和好奇，将各个房间打探了一番，当他们来到满是书籍和壁画的书房时，发现了又冷又饿，蜷缩在躺椅上的道理。寓言说服小伙伴们一起为道理燃起了壁炉，烧了开水给他喝，一个小伙伴还赶紧跑回自己家拿来了土豆和番茄。他们学着平时父母做饭的样子给道理做了一顿饭，温暖过来的道理脸上有了笑容，他给孩子们讲起了他读过的书中的故事，把道理悄悄藏在故事里面讲给孩子们听。孩子们从没听过这样的故事，都听入了迷。慢慢地，听道理讲故事成了他们每天最期待的事。村民们非常惊讶，他们开始和孩子们一起靠近道理，并邀请他到家里吃饭。

这个童话故事，说到了故事的力量。当我们想影响别人时，故事是最有力的工具之一。演讲是一次需要打动听众、激起共鸣的沟通活动，通常来说，演讲中的思想、观点等如果纯粹用说理式论证手段来达成，容易让观众产生枯燥乏味的感觉，而故事则在演讲中有独特的美学价值，它比思想和观点更容易引起听众共鸣，从而产生共情心理。故事可以说是演讲中的感性添加剂、滋润观点与思想的润滑剂、引起观众共鸣并贴近演讲者的黏合剂，所以演讲中讲好故事或事例非常重要。

演讲稿写作中的故事准备，需要结合主题来设定或阐释，可以是亲身经历的故事，可以是身边人的身边事，也可以是其他相通的事例或典故。演讲中把握住了观众的口味，讲了观众想听的"理、智、情、趣"兼具的鲜活事例，能较容易地将他们带入到特定场景中，用熟悉的事、熟悉的人激发他们的共鸣正是演讲中使用故事或事例的魅力所在。

（二）如何讲好一个故事？

既然在演讲中讲好故事能够吸引听众的注意，增强演讲的吸引力和影响力，那么就需要进一步思考：什么样的故事可以称得上是好故事？怎么样讲出来的故事听众愿意听而且会回馈给你共鸣、呼应与信任？故事如何将你的观点及思想高质量地传递出来，让人在听故事的过程中产生思考？这都是演讲者需要解决的问题。

1. 明确故事的意图

在讲述故事之前，明确你想要传达的信息或目的。从使用的功能来看，是为了证明一个观点，还是为了解释一个概念？从使用的时间节点来看，是开场时为了拉近与听众的距离并引出话题，还是演讲过程中为了增加说理的柔性？厘清讲故事的意图，可以帮助你更好地构建故事，确保它符合你的演讲主题。

2. 故事要匹配主题

演讲中讲好故事的前提，是故事指向的意义和内涵要与演讲主题相匹配。就本质而言，故事只是演讲者所要表达观点的载体，是演讲稿中的一种素材，以鲜活和容易引起听众共鸣为基本特征，故事的组织、编排与讲述方式，以演讲者的思想与观点为圭臬，不可凌驾，也不可偏离。

3. 有技巧地讲故事

首先，要选择引人入胜、有吸引力的故事。故事可以是关于你个人的经历，可以是关于其他人或事物的故事，也可以是一个众所周知的历史事件或现实中发生的事例，关键是它必须能够调动听众的注意力，确保故事能够引起听众的共鸣，并让他们感到身临其境。其次，要用生动的细节描述场景。使用具体的细节来描述故事中的场景、人物和情感，这有助于让听众更好地投入故事中，对你所描述的情境感同身受。再次，在讲述故事时要注重情感表达。可以通过语调和表情的变化来传达故事中的情感，让听众能够更深入地理解和感受你的故事，也可以通过改变你的语气和肢体动作来传达故事的情感和氛围等。这有助于让听众更好地感受到故事的情感色彩，增强他们的共鸣。此外，讲故事也要避免冗长和复杂的叙述，尽量用简洁明了的语言来传达你的观点，让听众容易理解和接受。

三、演讲中的"金句"

在当今时代，演讲越来越成为知识转化成生产力的重要载体与途径之一。在演讲过程中，使用耳熟能详、朗朗上口的经典诗句、名人名言，或打造几句自己独有的点题"金句"，成为演讲者强化演讲效果、有力推进自己思想与观点的重要策略。中国诗文具有独特的押韵技巧和音韵格律，其内蕴又多含蓄凝练，可谓演讲中打造"金句"的天然资源库，兼具含蓄隽永的意味和极富演讲效果的音韵节奏双重优势，运用得当可为演讲添彩。比如以"励志"为主题的演讲在中国文学中是极为经典的主题，相关诗文很多，如"不登高山，不知天之高也；不临深溪，不知地之厚也"（《荀子》），"千淘万漉虽辛苦，吹尽狂沙始到金"（刘禹锡《浪淘沙》），"博观而约取，厚积而薄发"（苏轼《稼说送张琥》）等，适当引用，并以演讲独有的激昂语气说出来，必可增色不少。

此外，利用一定的句式或修辞手段，提炼属于自己独有的点题或升华观点的句子，也是打造演讲"金句"的重要途径。常见的句式有"不是……而是……"（"不是都市失去了夜晚，而是都市人失去了对夜晚的想象"），"如果……就……"（"如果没有你我的善意，世界就缺少了一点点温暖"），"不一定……一定……"（"不一定努力就能实现，但不努力一定不能实现"），等等。

对于一场较短的演讲，一两个"金句"即可，而时间较长的演讲则可用多个。如《时间的朋友》主讲人罗振宇在一次时长近4小时的跨年演讲中，用了很多能加深听众印象的句子，对演讲效果起到了强化作用，有人提炼出如下10句。

1.决定我们这一代人命运的，除了众所周知的大趋势，还有那种需要我们每一个人自己去主动发现的小趋势。
2.永远不要低估中国人那种朴素的、但是又强烈向上的冲动。
3.所有能穿越时间的东西，就该坚守，因为人生太长了。所有会被时间过滤的，该翻篇就翻篇。
4.时间既是朋友，也是敌人，关键在于你怎么利用。
5.人类的很多古老共识，并没有沉底，只是在潜水。比如诚信，比如善良，比如一切美好的东西。
6.凡我赶不上的，我就做好准备，到未来等它。
7.宏观是我们必须接受的，微观才是我们可以有所作为的。
8.做事的人无所谓悲观还是乐观，我们只关心如何把事做好。
9.对未来最大的慷慨，是把一切献给现在。
10.种一棵树最好的时间是十年前，其次是现在。

金句的打造，应尽量追求新意和陌生化的效果，使人听起来耳目一新，以增强听众听演讲时获取信息的效度。日常生活中耳熟能详的句子，听众听多了也会产生审美疲劳。这时候，我们可以换一种说法来表达同样的意思，兼顾内涵与陌生化的双重效果。比如上述罗振宇的演讲中，为表达面对世界的不确定性我们应该如何自处的问题，演讲者回避使用"计划赶不上变化"这一大家相对听得比较多、习以为常的句子，而是巧妙地转换成了意思大致相当的其他三种表达方式："你有你的计划，这个世界另有计划""以前，变化是生活的一部分；现在，变化成了生活本身""用自己的超级确定性，来对冲外界的不确定性"。相对原句，这样表达更有新意，更有让人思考和回味的余地，效果也必然会更好。

四、演讲中的排比

排比，是指以三个或三个以上的意思密切相关、结构相似、语气连贯的句子排列而形成一种强势语言效果的修辞手法。演讲中可用以强化观点、增强气势、产生冲击力等，对听众产生强烈的感染力。美国黑人民权运动领袖马丁·路德·金的《我有一个梦想》是一篇举世皆知的著名演讲，其中就成功运用了排比的修饰手法。

我梦想有一天，这个国家会站立起来，真正实现其信条的真谛："我们认为真理是不言而喻的，人人生而平等。"
我梦想有一天，在佐治亚的红山上，昔日奴隶的儿子能够和昔日奴隶主的儿子坐在一起，共叙兄弟情谊。

我梦想有一天，甚至连密西西比州这个正义匿迹，压迫成风，如同沙漠般的地方，也将变成自由和正义的绿洲。

我梦想有一天，我的四个孩子将在一个不是以他们的肤色，而是以他们的品格优劣来评价他们的国度里生活。

这篇演讲稿用四个连排的"I have a dream"（我有一个梦想）将种族平等这一核心价值理念深植于美国人心中，也在全世界追求平等的人们心中种下了一颗对自由向往的种子。

任务3　如何完成一篇演讲稿的写作

一、演讲稿的基本结构

演讲稿一般由标题、称呼、开头、主体和结尾组成。

（一）标题

一篇好的演讲稿，首先需要有一个好的标题，它是演讲者开启与听众思想交汇的第一步，在演讲中至关重要。演讲稿的标题并无定规，但一般说来，也有一些由演讲经验所定的要求可言。

1.标题应该简洁明快。演讲的标题字数不宜太多，句子不要太长，简洁、清晰、明确地表达演讲者要表达的观点、关注的内容对象或陈述的事实即可，意思要明白易懂，不拖泥带水，不含糊其词。如果你要用标题表达全文的核心观点，应该简短有力地呈现为一个观点句；如果你只用标题来表达演讲主题，也应该尽可能简洁地将主题呈现出来。前者如《挫折也是一种幸运》，后者如《浪漫与理性》等。

2.标题可适当情绪化。演讲是一种要打动观众，输出信息、思想与观念等的沟通行为，一条运用得当的情绪化标题，可以起到以情绪带情绪的作用，更容易引起听众的兴趣和共鸣。如亨利《不自由，毋宁死》，华盛顿《我的热情驱使我这样做》等。

3.标题应该适当陌生化。陌生化简单说来就是将平常简单的表达新颖化、个性化，产生一种出人意料的效果，瞬间有力地撞击听众的心灵，而将情绪瞬间调动到某种高度。如泰戈尔《我们不向别人借贷历史》，鲁迅《我要骗人》等。

（二）称呼

演讲是一种以一对多的呼告式沟通行为，需根据受听对象和演讲需要决定称呼。

（三）开头

人与人的沟通交流，第一印象占非常重要的地位，这种印象甚至是不可改变、不可逆转的。演讲稿的开头，是演讲者与听众沟通的开始，它为演讲定下基调，在相当程度上决定该场演讲的命运。成功的开场可达成三大目的：一是拉近距离，二是建立信任，三是引起兴趣。开头主要是要在很短的时间内通过新颖、奇趣或智慧语句的表达抓住听众注意力；同时建立与听众之间的链接，让听众走进演讲者的话语世界，为接下来的演讲内容搭梯架桥。

1. 场景开篇，拉近距离

当演讲者到一个自己并不熟悉的城市、单位或场合演讲时，台下的听众多半是陌生的。这种演讲场合中，结合场景迅速找到与听众拉近距离的开场方式，可以使听众产生一种被重视的、平等的对话感，让演讲在一种相对轻松的氛围中开始。场景开篇方式核心点是与听众找到共鸣点，比如对对方城市的赞美，对自己来到这个城市或单位的印象，对会场某一摆设或布置的感受，对现场听众的某一属性（如行业、年龄层、正在参与的事情的性质等）的积极性描述等。

2. 设问开头，引起兴趣

在演讲前先提出一个问题，使听众按照演讲者的思路去思考问题，同时产生一种想知道答案的欲望。但要注意，演讲中提出的问题要恰到好处，不宜过多，最好是简短的问题，不过于简单，也不要太复杂，且要与主题相关，目的在于抛砖引玉，将观众带入自己演讲的情景和主题中。

3. 故事开场，感染观众

演讲中开场的小故事可以是自己经历或了解到的故事，也可以是历史故事，还可以是寓言等等，只要有时间、地点、人物、冲突和结局五要素，与演讲主题密切相关，就能很好地吸引听众；也可以用幽默的小故事开场，但要注意演练和设计，真正达到幽默的效果。如果听众听不懂你的幽默，效果可能适得其反。

4. 悬念开场，激发好奇

人类天生具有好奇心，一旦有了疑虑，非得弄个明白不可。在演讲开场白中制造悬念，往往会收到良好的效果。

5. 语出惊人，引人探究

如果你想迅速吸引你的听众，那么语出惊人也是另一种很好的方式。你可以描绘一个异乎寻常的场面，透露一个触目惊心的数据，或者描述一条耸人听闻的新闻，从而快速地抓住听众的心理，进入你铺设的演讲语境中。

（四）主体

主体是演讲的躯干，是指开头与结尾之间的部分。它是演讲者主要思想、观点、意图等得到展示、推进、落实的过程，是演讲稿的核心部分。要写好演讲稿的主体部分，需注意起承转合，承接好开场，把握好重点，协调好层次，设计好高潮，润色好语言，安排好气势。演讲的特性使然，演讲稿的主体部分应该被预设成一个波澜起伏的过程，带着听众历经情绪唤起、情绪高涨、情绪平复、留下回味的完整体验，方是成功地完成了演讲。

演讲稿主体部分的展开，有赖于建立起一个严谨的逻辑结构，比较常用的有总分总结构、黄金圈结构、PREP+结构、PARR金字塔结构等。

1. 总分总结构

总分总结构是演讲最经典的结构模式之一，先"总"说，通过各种开场方式引出演讲主题及主论点，把观众带入进来；再"分"说，将演讲主旨分为几个分论点或几个层次，结合相关的演讲元素、技巧等表达出来，实际上就是一个口头论证或阐述的过程，是演讲者的观点或思想得以成立、观众产生认可的关键部分，是整场演讲的核心内容；最后再"总"，是对本次演讲的观点再次进行总结性强调提升，是经过前面分论或分证之后升华完成的观点凝练。

演讲稿主体结构的设计

总分总结构中最主体的部分是"分"，"分结构"一般是展开不少于3个方面或3个层次的论证，可以是平行结构，也可以是递进结构。

平行结构指的是"分"结构中的各个部分或观点之间是一种平行关系，彼此不存在因果、层递等关系。如参加部门竞选演讲或应聘某岗位需要做自我介绍，即可以用平行结构：先是"总"（我叫×××，来自××××），然后"分"，我从三个方面介绍自己，一是性格（展开），二是兴趣（展开），三是能力（展开），然后再总：我是来自××××，性格开朗、喜欢运动、擅长沟通的×××，希望与大家开启愉快的合作之旅。

递进结构则是一种分论点之间存在因果或层递关系的结构，可以是时间上的递进，如过去、现在、未来；也可以是空间上的递进，如三线城市、二线城市、一线城市；还可以是故事脉络上的递进；等等。递进结构相较于平行结构而言，更加容易将演讲主题或观点引向深入，是更适合传递思想或革新观念的演讲稿结构。

2. 黄金圈结构

黄金圈结构由美国作家西蒙·斯涅克（Simon Sinek）提出的黄金圈激励法则发展而来，其核心思想是，在进行演讲、辩论及其他口头沟通表达的时候，根据表达意图及听众特性的需要，按照一个特定的结构why-how-what展开话题，建立一种完整清晰的逻辑关系。如图2-1所示。

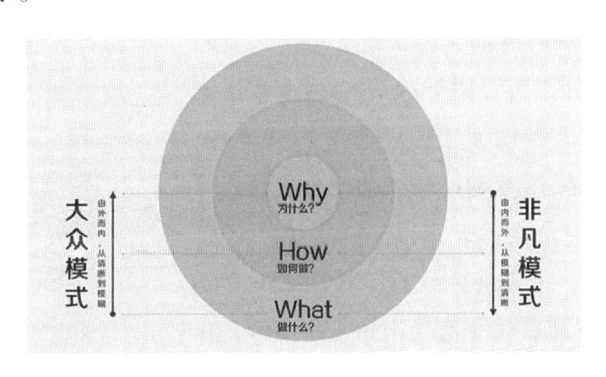

图2-1 黄金圈结构

从内圈到外圈依次为：why（为什么），how（如何做），what（做什么）。演讲中如何处置这三者的逻辑顺序，则形成两种不同的意义模式。由外圈而至内圈，为大众模式，是行动大于思考的模式，意义的感知较为模糊；而由内圈至外圈，则是非凡模式，是基于思考指导下的行动，其行为的价值与意义感知具有清晰指引性。

3.PREP+ 结构

演讲中，如果是要驾驭属于观点和思想型的话题或主题，通常可以采用PREP+结构来推进，即采用"观点（point）"+"原因（reason）"+"事例（example）"+"观点升华（point+）"逻辑展开。

4.PARR 金字塔结构

PARR金字塔结构适合用于寻找对策解决问题型的演讲或陈述，即以"问题（problem）"+"分析（analysis）"+"对策（resolution）"+"结果（results）"的逻辑展开结构进行演讲，令人信服地解决实际问题。

（五）结尾

相对于一般的应用文体，演讲稿的结尾有着非同小可的重要性，它不是一个可有可无的简单后缀，也不是一个可以轻易滑过的终止符，而是要使整个演讲产生戛然而止又回味无穷的演讲效应，是演讲者传递的思想与观点的终止点，也是演讲气势的升华处。因此，演讲稿的结尾，应该像豹尾那样刚劲有力，或发人深思，或给人鼓舞，或耐人寻味，使听众的情绪与感受在某种程度上得到超出演讲时间的可持续性维持。

二、例文评析

你的青春就是精彩
杨　澜

我在这儿好像要夺取人家主持人的位置，其实并不是这样。在这个环节，我们的主办方安排了一个小小的段落给我，叫做讲述，说您也来谈谈"青春"这个话题。

我的天哪！几分钟的时间，怎么谈青春这么大的话题？刚才这首越剧曲名叫《回十八》，让我非常感慨的是，明年我的儿子就要18岁了！我觉得18岁真好。坐在上面的，你觉得在18岁的时候，你就会这样放肆地尖叫，对吗？叫一声给我听听。

没有任何的顾忌，未来有无数的可能性，18岁真的太好了！所以18岁的时候会有梁山伯与祝英台，18岁的时候会有罗密欧与朱丽叶，18岁的时候会有少年

此标题很精彩，果断干脆，用"你"的呼告式效果瞬间拉拢与听众的关系。

演讲开场，杨澜即建构了非常强烈的现场感，解释自己演讲的缘由，同时利用现场越剧将青春与"18"做巧妙对接，将儿子与在座的年轻人关联而产生情感共鸣，充分拉近了与听众的距离。

维特的烦恼。

我 18 岁的时候最大的烦恼就是没有男孩子跟我约会。班里的很多女同学都接到了小纸条，我呢，好不容易盼来了属于我的那一张小纸条，是我们班一个非常英俊的男生给我写的。我非常兴奋又羞怯地打开它，上面写着，请问第三道题的答案是什么？你看我的青春好像显得有点苍白，也让我留下一点小小的遗憾！

不过 18 岁固然重要，我觉得对于现代社会当中的人来说，可能另外一个年纪，也就是 21 岁、22 岁，来得更为重要。有人说 21 岁 22 岁这一年，你为自己做的决定将会影响你的一生。我深以为然。21 岁那一年，我大学毕业，那一年呢，是工作特别特别难找的，我又不想进这个政府的机构，所以当时就四处投简历。今天的说法叫做拼爹了，所以那个时候呢，我也去找我做老师的爸爸，我说，爸爸你有那么多的学生，其中有不少还是官居要位，如果要是能够给我推荐，哪怕让我去有一个面试的机会，我一定不会让你失望的。

我的父亲说，女儿，我和你妈妈把你一直抚养到今天，你大学要毕业了，从今往后，所有的路你要自己去走，爸爸妈妈就此不帮忙了。你知道，如果将来你有成就的话，那么你可以说你的一切是靠自己努力得来的。

我那时候就哭了，心中充满了恐惧。真的，外边这个大大的世界是多么让人畏惧。你不知道要经历多少的拒绝，你不知道要经历多少的嘲笑，你不知道要经历多少的失败。所以那时候我就一个人骑着自行车，从北京的城东骑到城西城南，骑到城北，又是冬天，刮着西北风，最倒霉的是上坡的时候车链子还掉了，下来简直是眼泪鼻涕都冻成了冰。那一段经历对于我来说是刻骨铭心的，所以其实青春有的时候是蛮残酷的，因为你好像一个人被丢到了一个大大的沙盘里，周围的一切都对你并不是那么友好。

这也就难怪，当我们最近在做一个社会调查的时候，就问今天的年轻人，你有压力吗？你的压力来自

用呼告式口语与听众互动，充分把握住演讲活动的交互性特点。

顺畅地抛出第一层观点："青春即意味着未来有无数的可能性"，然后巧用排比句强化这一观点。

运用演讲中的故事美学，讲自己 18 岁时有点苍白的青春故事，从全文来看，此为先抑后扬的手法。

继续讲自己的青春和成长的故事，但将观点推向了"青春"这一概念的第二层：青春不仅意味着成年的 18 岁，更可能是走向社会的 21 岁、22 岁时所面临的成长难题。

使用第二组排比句，强化青春时直面社会所必然要经历的残酷与磨砺。

杨澜自我成长的故事讲得一波三折，情绪饱满，在讲述故事的过程中，又适时地将观点嵌入式地进行深化、推进。

什么地方？我们知道，按照心理学理论，人的压力大概来自以下五个方面：那就是后悔过去，比较现在，担心未来，他人的评价，还有自我的批评。出乎我们意料的是，几乎70%的年轻人说，他们最大的压力来自担心未来。但是，或许这是一个好的压力，因为他们还有未来，如果你问80岁的人，他们恐怕只有后悔过去了。

但是压力到底来自什么地方？那些年轻人跟我们交流说，来自工作难找，来自房价太高，来自未来丈母娘的挑剔，每一项都对。未来是如此让我们恐惧，但其实是恐惧才让人类进化到今天。我们的古人如果无所畏惧，他们早就跑到狮子的嘴里做狮子的食物了。虽然恐惧是我们生存的本能，但是如果把它无限放大，就会妨碍我们的创造力和我们对未来的梦想。

有这样一句话，我很赞同，他说：你去看一看，一切基于恐惧的选择都不可能造就精彩的一生。前些年，阳光媒体集团和BQ周刊联合发起了一个行动，叫做"正青春·青春ing"，就是把各界的领军人物，柳传志、王石、郎朗、俞敏洪……都带回到大学的校园，跟年轻的学子们进行一场青春的对话。他们的一些故事其实告诉了我一些关于恐惧的真相。比如说当柳传志已经40岁，决定要下海的时候，他充满了恐惧，他不知道下海这件事会为他带来什么，但是他知道他绝不能走回头路；对于潘石屹来说，他是一个学石油管道工程的大学生，他分到了一个单位，本来以为就在这个单位，这样一天一天过下去，直到有一天，他陪着一位女同事去挑办公桌，这个女同事就挑呀挑呀，这个办公桌不行，这漆掉了，那个办公桌不行，这腿不整齐，潘石屹有点急了，说，挑一个办公桌你花这么长时间干吗呀？这女同事说，那你可不知道，这一进单位就得干到退休，这办公桌一直跟我好几十年呢！就这一句话，突然让潘石屹惊醒了，说，难道我要过这样的一个生活吗？难道我要过20岁的时候，就已经知道55岁在做什么的生活吗？于是他决定辞职

用很顺畅的过渡句将"自我的青春叙事"推向包括全场听众在内的"年轻人"的处境，用心理学理论和相关数据来进一步推进观点：压力使青春充满了沉重和恐惧。此为反证。

"金句"使用："一切基于恐惧的选择都不可能造就精彩的一生。"

用"金句"的形式抛出逐层深入的观点："恐惧正是人类进化和生命成长的动力。"将上文的反证拉回，阐述将压力变为动力的青春与生命辩证法。

引入第二个故事和事例，来论证上述深化了的论点。

该事例以各界领军人物基于"恐惧"而突破困境的经历来激励年轻人要勇于挑战和选择。

去开创自己的一番事业。

所以，我想说的是，恐惧让我们拥抱你，虽然世界有如此多的不可能、不确定性，虽然未来有许多的未知，但正是因为你不确定，正是因为你未知，你才诱惑着我不断地去探究，不断地去创造，这才是青春的真意所在。

尼采说："那些杀不死我的事情，都会让我变得更加坚强。"我想说的是，不管这个世界给你多少挫败，给你多少嘲笑，也许你会贫困，也许你会失落、你会失败，但是都不要紧。如果你记着你的初衷，青春的时候那纯真的梦想，如果你对这个世界抱有实实在在的诚意，请记住：你的青春就是精彩的。

> 大量事例之后，强调性地总结阐述"不断地去探究和创造才是青春的真意所在"。

> "金句3"引用尼采的话来强化观点，最后强调了标题所示核心观点，是一个经过前文本证、反证、已经升华到了新层面的观点。

总评： 这篇演讲稿全文采用"总—分—总"的逻辑结构推进，步步深入，故事与事例丰富，情感饱满，极富感染力。

三、实训演练：演讲稿写作

本专题实战之——"演讲稿写作"布置与预演流程

（一）工具／原料

一系列关键词或话题名称：由学生提交5个关键词或话题；

一篇故事：亲身经历或者他处见闻；

一个诗句：长短适宜，贴合主题，或者自己打造与主题相符的"金句"；

一段排比：包含三小句以上的排比句。

（二）布置／流程

1. 关键词确立

同学们自主确立关键词，老师根据与学生事先约定的标准（如价值导向、出现频率、热点情况、敏感程度、分组任务、完成时间、关键词数目等）筛选修改，在学习群公布。

2. 课外完成三个准备

（1）从上述程序确立的关键词中挑选一个中意的关键词；

（2）以这个关键词为核心，课外准备一句自己独有的"金句"，越精彩越好；

（3）准备一个与之相关的故事，不宜太长，亦不宜太短，以讲话1～2分钟为宜；

（4）准备一组与关键词或话题匹配的、含三个并列句子的排比句。

3.本讲课堂实战：演讲稿的写作

（1）按照演讲稿的写作要求，准备好相关材料，熟悉演讲稿写作的结构、方法与技巧，为课堂写作做准备。

（2）在要求学生进行演讲稿写作训练的时候，在稿子上标明，你认为哪句话或哪个段落是体现现场感的？如何体现交互性？你的口语化体现在什么地方？你的演讲稿的开场采用了什么方法？主体按哪一种逻辑结构展开？演讲中用了几个故事？这些故事对听众吸引度如何？你用了什么排比句？你用这些排比句想达到什么样的演讲效果？由此来训练学生对演讲稿文体特征的把握，并最终为演讲成功奠定基础。

实训二 演讲实践

任务1 有声语言及态势语言运用

语言是人们彼此交流思想，以达到互相了解的最为高效有力的交际工具。演讲作为主要运用语言达成信息和思想传播的沟通形式，尤其需要掌握相关的语言技巧。演讲中的语言分有声语言和态势语言，前者包括语音的标准化使用及朗读技巧（重音、停顿、语调、语速等）的锤炼，后者包括表情、体态、手势、风度、仪表等。因此，演讲可谓是一种综合运用各种语言技巧的"口才"艺术。

（一）演讲中的有声语言技巧

演讲中语言表达的要求与能力状态大致可分为三个层次：一是基本功，即语音清晰、语法规范；二是提升力，即抑扬顿挫，流畅自如；三是表现力，即丰富多彩，声情并茂。

1.有声语言表达的基本要求

（1）发音要清楚

演讲中，发音清晰是语言使用的首要规范之一，以听众能够听清楚为基本要求，具体表现为吐字清楚、语句连贯、停顿适当，让听众产生一种能够轻松捕捉你要表达的意思的感觉。同时，演讲中的语速和音量也是提高言语清晰度的重要手段。语速适中，一般说来比正常说话略慢；音量要较大，有重音变化。这些由演讲者平时的说话习惯决定，但也要根据演讲要求做相应调整。

有声语言的表达

（2）声音有质地

好的演讲者，声音是有质地的。首先，声音要响亮圆润。对于一般演讲者来说，响亮是比较容易达到的要求，而圆润则需要具备先天性条件，或要通过专业训练来达到。其次，声音要有感染力。演讲是一种激情化沟通，要求演讲者的声音富有感染力，只有这样才能表达出演讲感情的高低起伏，演讲内容的轻重缓急。最后，演讲声音要持久有力。演讲是一个携带观点、思想、故事、事例等多种元素且目的性极强的持续言语活动，所以要求演讲者的声音有持久的饱满度和穿透力，能始终维系听众的注意力和节奏点。

（3）声音有变化

演讲中，声音变化是增进演讲效果的必要条件。首先，音量要有变化。演讲中音量大小要根据演讲内容的变化而变化，但要恰当、适度，变化时要顺畅、自然，要有适当铺垫，不要因为突然性音量变化而造成观众不舒适的听觉体验。其次，音调要有变化。音调是指声音的高低变化，包括声音的抑扬、升降和起伏等。有高有低、有升有降的声音变化，不仅赋予了演讲听觉上的审美感受，也更容易带动听众的情绪、情感，并同步性地汇入演讲者创设的演说氛围中来，产生听说一体的演讲效果。再次，语速快慢有变化。演讲中，演讲者应适应性地调节发音音节的长短，并适当把握整个说话进程的快与慢、行与止等，服务于演讲内容的变化及演讲效果的需要。

有声语言表达的节奏感

2. 有声语言表达的技巧提升

（1）演讲中的节奏

演讲中为了表情达意及演讲效果的需要，非常讲究节奏强弱的变化。演讲中语言的节奏感，即在演说的过程中，以准确的语言、语义表述为基准，以语调、音量、语速、重音、停顿及表意的功能性发声如笑声、叹息声等副语言符号为手段，综合运用各种因素而生成的，有秩序、有节拍、有强弱、有轻重、有缓急、有规律的声音形式。

一场好的演讲，应该抑扬有度，缓急相间，快慢结合。演讲中，音量、音调、语速等的变化转换要自然，要有过渡，无论由快到慢还是由慢到快，都应有一个渐变过程，以免产生突兀之感。演讲中也要讲究快中有慢，慢中有快，做到快而不乱，慢而不拖，给人一种节奏美感。

（2）演讲中的停顿

演讲中的停顿，是一种留白的艺术。使用得当的停顿，常常产生比言语、声音等更丰富的表情达意功能。当演讲中出现论证逻辑转换、观点向故事或事例过渡等功能性场景时，通常可以使用停顿来增强演讲效果。如演讲者在议论说理之后，往往会举事例或讲故事来加深听众的印象和了解，在举例之前稍稍停顿一下，能够引起听众的注意和好奇，抓住听众的心。

演讲中话题转移或段落结束之际也常常使用停顿。在文字阅读中，一个话题、段落结束后，有明确的格式标识给人以视觉提醒。但在演讲的口头表述中，段落结束、新的话题开始之间，适当的停顿是必要的提醒。这时的停顿，也可以加深听众的理解和记忆。从心理学上说，这是即时记忆的最佳时期。这里停一停，可使印象更加清晰和牢固。

当演讲中出现赞叹、议论、呼吁等强烈情绪时，稍微停顿一下，给听众一个思考、回味的空间，也可以让其产生更深刻的共鸣和联想，而当会场气氛热烈，听众席中出现掌声和笑声时，也可以适时停顿，给听众提供留有余味、表露情感、双向交流、良性互动的机会，这也是尊重听众的表现。

演讲中的停顿多使用在正面顺畅的沟通中，但有时也会因出现意外而使用，控制会场秩序的需要即是一种。在演讲中如出现观众交头接耳、现场声音嘈杂或其他情况而导致会场秩序不佳时，演讲者适当停顿，可以让听众安静下来，以达到"控场"的目的。当然，停顿在演讲中也应该使用有度，一次演讲不宜使用过多，以免对演讲的流畅度与节奏感等产生不良影响。

（3）演讲中的重音

演讲中为了强调重点、突出感情的需要，常常需要加重、加长某些字词的读音，这就是演讲中的重音使用。重音通常有语法重音和表达重音等。语法重音有一定的规律可循，在句子、字词中的位置较为固定；强调重音则要根据语义的重点和强调某种特殊感情的需要来确定。一般说来，在表示强调、肯定、夸赞、比喻和表达强烈感情等地方，会用重音。通过重音，使演讲听起来高低起伏、抑扬顿挫，从而收到良好的演讲效果。

声音弹性的训练

二、演讲态势语言的运用

演讲态势语言，又称为身体语言或体态语言，是演讲者在演讲过程中通过仪表、姿势、动作、手势、表情、眼神等方式传达信息和情感的语言形式。它与口头语言相辅相成，共同构成了完整的演讲表达系统。

情声气的结合

1. 态势语言的作用

态势语言是说话者必须具备的一种非口头语言。它是说话者通过自己的身体姿态、仪表风度、手势动作、面部表情和服饰打扮等来表达情意、传达信息的一种无声语言，是语言表达中不可缺少的直观性因素。美国心理学家艾伯特·梅拉比安曾提出一个叫作"梅拉比安定律"的人际沟通公式，认为沟通中的影响力，"语言信息"占7%，"听觉信息"占38%，"视觉信息"占55%。也就是说，比起说话内容，人们的态势语言表达更为重要。心理学研究还表明：人的感觉印象77%来自眼睛，14%来自耳朵，视觉印象在头脑中保持的时间超过其他器官。因此，演讲中，态势语言可以辅助有声语言传情达意，加强语言信息的可感知度，弥补有声语言的不足。良好的态势语言可以展现演讲者的自信和从容，提升其在演讲中的权威性、感染力和可信度。

2. 体态动作

演讲者上台前，要做必要的观察，了解活动场所的基本空间布局与设施情况，适当整理自己的服饰、资料、发型等，起身时要轻柔缓慢，以防座椅等发出大的撞击声。上台时要从容不迫、落落大方、镇定自信，既不要匆匆忙忙、大步流星，也不能过于迟缓、拖拖拉拉。上台后不要急忙开口，而是应该面带微笑，用坦然的目光注视或扫视会场几秒钟，使听众的大脑做好接收信息的准备，得到无声的情绪引导。

在演讲中，演讲者应该保持身体挺直、目光坚定，展现出自信和专业的形象。在台上的身体移动也要讲究，动有规则，动要适当，宁少勿多。演讲站立的姿态也要讲究，自然、大方、不拘谨、不呆板，身子要正，动静之间要注意体态美。演讲通常站着进行，可以增强与听众的互动，也可以减少对稿子的依赖，更利于进入演讲的思维、情况与状态中。

3. 手势

手，作为人最为灵活便利、活动范围最广且动作内涵极为丰富的身体部位，在演讲中有着不可替代的功用。演讲中的"演"，很多就是靠手势来完成的。手势，即手部动作，是指演讲者运用手指、手掌、拳头和手臂的动作变化，来传达情感、强化观点、展现仪态及增强观众参与度的动作语言。手势在演讲中功能多样，可以用于表示数目、明确态度、指点事物或方向、凝聚注意力等，是态势语言的重要组成部分。

演讲中手势动作有多种分类标准。以手臂活动的不同区位来分类，手势可以分为上区手势（肩部以上）、中区手势（肩部至腰部）、下区手势（腰部以下）三种类型。上区手势一般是从肩部做起，活动范围大，有力量，有气势，其手势语言主要表示号召、鼓劲，表达坚定的信念、殷切的希望、美好的憧憬等情感。中区手势是演讲中使用得最多也最丰富、细腻的手势，其手势语言主要用于叙述事物、说明事理。下区手势主要表示憎恶、鄙夷、不屑、厌烦等感情，要慎用，少用。手势也可以按使用单手还是双手来进行分类。单手做的手势叫单式手势；用双手做的手势叫复式手势。它们能在不同程度上辅助口语的表情达意，运用时要注意内容的需要、感情的强弱、听众的多少等因素。

在演讲中，手势是重要的态势语言，但必须自然得体，与全身、与演讲语言、与情感协调，方是成功运用了手势。另外，手势也应该适宜、适量、简练，与演讲内容相匹配，多少要适量，动作要简单精练。

4. 表情

人的面部表情，主要包括眼神、眉目、脸部、口唇等表情，是人的思想感情在外貌上的显示，是人的思想感情最灵敏、最复杂、最准确、最微妙的晴雨表。演讲中，面部表情强调准确、自然，有个体区分度。微笑是面部表情的核心，是一种良性的脸部表情，传递友好、善意和亲切的情感，可以高效率地与听众建立联系。微笑要发自内心，要笑得自然、真诚、得体、合适、有度。

眼神也是非常重要的表情语言。心理学研究表明，在人的各种感觉器官可获得的信息总量中，眼睛要占70%以上，自觉不自觉地变化的眼神中流露出演讲者的内心情绪，凝聚着个人的神韵气质。眼神能表达复杂多变的思想感情，增强表达效果，加深观众印象，统观全场，帮助演讲者审时度势地控制演讲的进程。

演讲中，演讲者一般交替使用直视、前视、环视、虚视等眼神与观众建立联系。直视是最基本的眼神使用之一，目视正前方，可不聚焦某一点某一人，而把听众作为一个整体来看；前视是视线落点从听众席的中心线开始，由平直向前弧线流转，以顾全前后左右的听众；环视是面带微笑，目光正视前方，以正视方向为起点，眼睛随头部摆向左方或右方，然后再摆向另一方，一般摆动角度以45度为宜，时间长短要适当；虚视则是似视非视，虚实相间，是一种"目中无人，心中有人"的眼神使用，可用于克服紧张与分神等。

5. 着装

演讲中，着装以得体与协调为要。所着服装要与体态、内容、听众、身份、场合等协调，选择合适的服装款式，尽可能兼顾质地；着装亦要注意配色，单色调打扮显得呆板，可在某一色调基础上求得变化，但配色时也不能太杂，一般不超过三种颜色，且各颜色要注意搭配。另外，室内演讲不戴围巾、帽子、有色或变色眼镜、手套等，不穿拖鞋、凉鞋；女性不戴过于显眼的饰物，妆容以淡妆为宜。

6. 仪表风度

仪表是演讲者的容貌、表情、神态、姿势、举止以及服饰、发型等给人留下的总体印象，是人的外在美与内在美综合呈现出来的形象气质。风度是人们在长期的社会生活中逐渐形成的风格和气度，是通过人的内在修养、言谈举止、丰韵神采、仪表体态等给他人留下的综合印象。美好的仪表风度能增强演讲者的自信心和他信力，让观众产生良好的第一印象，并在演讲过程对观点、思想与情感等产生加持作用，提升演讲效果。

任务2 如何完成一场演讲实战

一、场景驱动

张继同学是××大学大二学生，本学期他修读了一门沟通与写作通识核心课程，根据教师的教学安排，他的课程实践作业之一是进行一场演讲实践，在按要求完成一份演讲稿的基础上，在课堂上当众演讲。张继是一位非常喜欢阅读和写作的学生，从小学开始，他的写作能力就得到了各位语文老师的肯定。但他性格腼腆，上课回答老师问题时也常常很紧张，虽然他已经完成了题为"敬畏语言"的演讲稿，并得到了老师的充分肯定，但对于即将到来的课堂演讲，他深感压力重重。演讲前一周，他就已经寝食难安了。

二、任务解析

1.演讲是一种综合多种技能的口头艺术，演讲者需要充分调动各种技巧来完成；

2.除了有声语言技巧之外，演讲中还应该注意着装，以及手势、姿势等体态语言；

3.对于初讲者来说，演讲中要直面的难题之一是克服紧张心理，张继同学需要通过相应的心理调整和技巧训练来改善自己的状态；

4.张继同学需要结合相关演讲技巧反复多次地练习，演讲前可邀请同学帮助其试讲，并提出建议。

三、演讲例文

敬畏语言

小时候，我不喜欢于谦的《石灰吟》，觉得老师们过于推崇它，那时的我觉得自己也能写出类似于"粉骨碎身浑不怕，要留清白在人间"这样的句子。我觉得于谦的《石灰吟》之所以能够被选入小学语文课本，是因为于谦本身是一代忠臣，它被选入文学课本是因为其他原因。

可是后来有一次上课时，我同桌彭镇揪了前面女生的辫子。这个女生非常生气，她转过头来对彭镇吼了一句："彭镇，我要你粉身碎骨。"声音非常大，当时班里的同学都安静了。我们的语文老师是一个近六十岁的老头儿。他看了看彭镇，又看了看那个女生。他当时没有批评彭镇，却批评了那个女生，说："小姑娘，你说的话未免有些太恶毒了。"

当时我们非常震惊，因为"粉身碎骨"在一个小学生的眼里是常用的词语，同学们常常在课间追打中用到这个词语。可为什么当时老师会这么说？甚至不公平地批评了被欺负的女生？现在反过来想一想，我觉得可能是我们自己本身对语言、对语言所指向的真实的可能性场景，缺乏一种敬畏感。

我们可以回忆一下童年时看过的很多影视剧：当我们看《猫和老鼠》这样的动画片时，主人公即使被大卸成了十八块，它也依然还是活着的；当我们看《巴啦啦小魔仙》这样的真人特摄片时，主人公如果死掉，她会变成灰烬或是一道光，慢慢消失掉；当我们看一些战争片时，主人公即便是中了几十枪、挨了几十刀，也只是流点血，即便是死，也能保持一种壮烈的威严感。这种在现实中极其残酷的极端体验，被影视剧隔岸观火地演绎出来，如果我们缺少对这些影视语言所蕴含真实场景的敬畏感，会导致什么呢？

我想，我们多半会习惯于停留在语言或现象的表层，而失去了对它们所传递意义的敬畏心。

当我们谈及猪肉时，我们可能会想到餐桌上美味的红烧肉。如果再想得远一点，可能会想到菜市场案板上那种花白花白的五花肉。但是我们可能不会想到，一只猪被绑住四肢，刀子捅进它的肚子里，然后肠子被掏出来，肝胆破裂、血流满地的场景。因此，潜意识里，首先，我们对杀戮、对生命、对自然就缺乏一种天然的敬畏感。

南宋学者赵与时在《宾退录》中曾经说过："读《出师表》而不堕泪者，其人必不忠；读《陈情表》而不堕泪者，其人必不孝；读《祭十二郎文》而不堕泪者，其人必不友。"那当代人读这三篇文言文会落泪吗？现实告诉我们，大多数人不会。那是我们不忠、不孝、不友吗？不是，而是我们对语言文字缺乏一种敬畏感。

古代文学大多数使用单音节词语，一字一意，字字珠玑。于谦当年搜索枯肠，写下"粉身碎骨"时，抱着誓死的决心，满脑子是那种骨肉碎裂的痛苦场景。古人读到为之大振，大呼遣词造句之高妙，而我们当代却只当成是一个成语，随意使用了。我们的长辈见过战争后畸形破碎的躯体与大饥荒下暴毙惨死的路人，而我们只见过体面离去的老人和玉石盒里颜色单调的骨灰。因此，我们永远不能理解，为什么长辈不让我们在过年的时候说"死"字。因为我们对生死、自然基本敬畏的缺失，正表现在了我们对语言敬畏的缺失上。

因此，敬畏语言，很多时候，亦是对生死、自然的一种敬畏。

小时候，读《红楼梦》时，看到贾宝玉时常对林黛玉说的一句话："如果你死了，我就要去做和尚。"每当这时，林黛玉就会捂住他的嘴。那时我只觉得林黛玉这个人太过矫情。不过在现在的我看来，林黛玉正是从贾宝玉这一句看似誓言的话语背后，生出了对于命运生死、前途取舍的敬畏心。

因此，敬畏语言，正是尊重生命的一种表现。让我们保持对语言的敬畏心，严谨、适度地尊重和体味语言背后的民族文化心理吧！

谢谢！

四、演讲实战

（一）调整好演讲状态

在上述场景中，张继同学要在课堂上完成演讲实践，但他非常紧张且充满了担心，觉得自己没有能力应对这种演讲。很明显，张继同学是过度紧张的。他首先要解决的问题是：调整好演讲状态。在演讲中，适度的紧张是必要且有好处的，它可以使演讲者更兴奋，突破平常状态下的思维活跃度、内心的热烈度、情感的饱满度，取得突破自我、超常发挥的效果。而过度的紧张则容易使演讲者产生各种不利现象，比如忘词、手脚发抖、声音颤抖、气势低沉、脸红耳赤等，从而严重影响演讲效果。

那么，如何克服过度紧张呢？一般而言，紧张都是基于两个方面：一是自信心不够，二是期待值过高。为避免过度紧张，需要有清晰的自我定位，认清自己的长处，正视自己的不足，扬长避短，提升并锤炼自己的自信心；需要学习适当地降低期望值，提高准备的强度。通常来说，一场糟糕的演讲，都是因为定位不准确或准备不充分。因此，演讲前需要调整好自己的状态。

1. 充分准备好演讲稿

写一份适合自己性格气质、表达方式、语言习惯的演讲稿，是开启一次成功演讲的最重要准备。演讲稿并非演讲时唯一要遵守的法则，但好的演讲稿为演讲定位了风格、布局了框架、推演了逻辑、提炼了观点、安排了故事、选定了修辞、划分了主次，甚至考虑到了现场性、交互性、口语化等演讲属性及手势表情等态势语言因素，就像一匹马有了缰绳的牵引后，确定了驰骋的空间及边界，可在属于自己的疆界里信马由缰。所以演讲稿既给了演讲者边界，又给了演讲者自由。充分准备好的演讲稿，能为演讲者消除紧张奠定坚实基础。

2. 反复演练试讲

准备好了演讲稿并不代表着就可以把演讲讲好，要想在台上尽可能地克服过度紧张的情绪，做到不忘词不卡壳，淡定应对现场各种意外，并且让自己演讲时的状态不停留在对演讲稿的记忆、背诵与复原上，一定要反复演练试讲，使其内化成思维、逻辑与推演过程。熟练到了这个程度，一次成功的演讲便水到渠成。反复演练试讲至少可以分两步走，一是自己独自反复讲，遇到自己觉得文气不顺、表达不畅的地方修改完善；二是讲给身边人听，并收集意见改正。

3. 做演讲相关前期调查

对于即将到来的演讲，很有必要做一些前期调查。首先，对听众情况的了解，大致包括其行业、年龄、学历、听演讲的目的等，这样可以使演讲者有针对性地建立和推进现场交互技巧。其次，对演讲场所所在的城市、区位进行适当了解，如文化、产业、饮食等有突出特色的情况，为演讲中与听众互动准备素材。

4. 开场与观众做简单交流

演讲者是整个现场的掌控者，在相当程度上决定演讲现场的气氛。开讲之前，演讲者与听众做非常简单而自然的沟通，是与听众建立一种良性互动演讲氛围的有效方式。做这样的沟通，而不是一开场便专注于要演讲的内容，不仅可以使听众获得一种被重视感，而且也是减少演讲者心理紧张的有效方式。

5. 牢记并讲好开场白

一般说来，演讲中最紧张的阶段，就是上场前到开场这一段。因此，开场白就显得特别重要。开场白不一定要抛出多么核心的观点，而是将演讲顺利带入，因此可使用相对轻松一点的内容。建议初学演讲者写演讲稿时，可以以故事、事例或自己特别熟悉的名句开场，这样可顺利度过开场这一段，紧张度会大大降低。

（二）现场互动技巧

1. 通过提问进行互动

演讲时提出问题既可以控场，也可以形成互动。提出问题就是在演讲过程中，巧妙地将演讲者的观点与思考嵌入问题，并将问题抛给听众，让他们直接参与到演讲中来，而不仅仅是被动的听众，让他们产生一种与演讲者一起完成演讲的兴奋感，自然会提升演讲效果。

2. 巧妙寻找合作者

演讲者在演讲过程中，要善于发现和利用听众中对演讲话题呈现出浓厚兴趣、注意力高度集中、眼神专注度高、对演讲者有较明显回应的活跃分子，并巧妙地将其拉入话题中来，适当进行现场对话。另外，对听众中较为特别者也应予以关注和重用，如一群成年听众中的孩子、一群学生听众中的老师、一群中国听众中的外国朋友等，都可能是加强演讲互动的合作者。另外，在讲完一个观点或事实时，演讲者需要给一个结论或价值判断时，不必用斩钉截铁的判断陈述句，可以巧妙地将结论转为问题来与听众互动，在其后加上"好不好""是不是""对不对"等明显的征询词，听众在回答问题的同时也可以产生很好的互动。

3. 巧妙留白创造互动

一场成功的演讲，虽然是由演讲者来决定的，但少不了听众的参与和互动。每个人都有表达自己的愿望，演讲者要善于给听众制造这样的机会。例如，利用演讲时段社会流行的热点，适当陈述之后，引导现场观众说出留白部分；使用听众较为熟悉的名言或诗句时，演讲者只讲前半句，后半句带动听众自己讲出来，如"孔子说，'不义而富且贵，（于我如浮云）'"；又如"尼采说，'当你凝视深渊的时候，（深渊也在凝视你）'"；等等。当观众跟你一起把后半句讲完的时候，现场的气氛常常会达到一个高潮。当然，使用什么样的热点话题、什么样的名言名句，一定要注意与现场听众的兴趣与水准相匹配，否则可能达不到预想的效果。

五、实训演练：主题演讲

本专题实战之二——"主题演讲"布置与课堂演讲

（1）准备：将准备好的演讲稿进行反复修改、朗诵、背诵，直至能够脱稿演讲，为演讲做准备；

（2）根据演讲的着装、姿态与手势等要求做相应准备，设计4～5个与演讲内容相匹配的手势；

（3）演讲实战：①站立脱稿演讲；②时间不限，3～5分钟为宜；③注意语音、语调，声音清晰、有质感；④把握演讲的特性，要有与观众互动的意识；⑤辅以适当的手势。

第三章

简历制作与求职面试

简历制作与求职面试是连接大学生从学校学习到社会入职的重要通道，而简历则是一块必备的敲门砖。如何对自身从专业、能力、个性、求职意向及岗位选择等方面进行科学分析、合理设计，制作一份具有较强的社会对接性、行业适应性、岗位匹配性的简历，激起人事经理对求职者的兴趣，并产生一定程度的认可而获得面试机会，是简历制作的核心功用。在获得了面试机会之后，求职者需要建立起适应当今社会各类求职面试的认知、能力与技巧，为自己成功求职奠定基础、搭建平台。

实训一 简历制作

任务1 求职目标与岗位职责

大学生活与职业认知

1. 场景驱动

××××大学管理学院人力资源专业应届本科毕业生小梁，计划在大四寻找合适岗位参加实习，增强实践经验，为毕业就业做准备。他浏览了大量招聘网站和他感兴趣公司的招聘信息，某招聘网上的一则招聘信息吸引了他。

【招聘岗位】上海徐汇区××有限公司人力资源专员

【职位描述】招聘咨询　猎头咨询　人才培训咨询

【工作职责】

1. 为客户在行业内搜寻符合资格的候选人；

2. 熟练运用不同的人才搜寻途径，包括陌生电话寻访、数据库；

3. 独立进行结构化面试（电话面试/面对面的面试），以电话面试为主；

4. 及时在数据库中更新候选人的职业经历、技能、优势和不足等信息；

5. 管理候选人的期望值和整个招聘流程；

6. 撰写候选人背景报告呈交客户；

7. 为候选人做好充分的面试准备，以提高候选人与客户面试的成功率；

8. 必要时与客户进行有效的职位沟通；

9. 与候选人建立良好的关系。

【岗位福利】

1. 薪资：无责底薪＋绩效奖金＋项目提成，季度晋升机制；

2. 福利：社保＋公积金＋带薪年假＋员工活动＋节日礼品＋法定节假日；

3. 成长：入职培训＋定期岗位技能培训＋晋升机会。

【任职要求】

1. 全日制本科及以上学历；

2. 个性成熟、有亲和力，性格开朗、乐观积极；

3.具有良好的沟通协调能力与市场开拓能力，能承受压力，具有强烈的自我成长欲望。

【职位福利】五险一金 绩效奖金 试用期全额 大牛带队 节日福利 每年多次调薪 定期团建 周末双休

【工作地点】吴中路39号新概念大厦14楼

小梁准备将自己个人情况与该岗位要求进行匹配分析，以确定自己是否合适这个岗位，该岗位是否能为自己提供能力锻炼的空间和平台。

二、任务解析

在当今竞争激烈的就业环境中，每一个岗位都可能有很多人参与竞争。因此，小梁在准备应聘这一工作岗位时，需要将自己的专业、学习、能力、兴趣等情况与岗位要求进行匹配性考虑，以证明自己具有胜任这一岗位的能力。

1.向招聘单位表现自己有针对应聘岗位的竞争优势；

2.细化招聘岗位的能力要求与自身情况；

3.考虑该岗位是否能达到自己的求职意愿；

4.明确求职前要准备的材料；

5.适当训练求职技巧以增加成功率。

求职目标与岗位匹配

三、岗位匹配

（一）明确意图

求职岗位匹配分析主要是结合个人学历、专业、课程、能力、性格等基本情况，将招聘岗位的能力要求进行对应性分析，以向招聘单位展现自己有针对这一岗位的竞争优势。

（二）岗位分析

不仅要分析某一岗位的显性要求（招聘启事上直接列出的），还要分析其潜在要求。潜在要求的分析范围通常包括以下方面。

（1）共性能力

各项工作都需要的核心能力：人际沟通、语言表达、信息处理、问题解决、组织协调等能力。

（2）个性能力

特殊的工作强度和心理承受力；招聘单位组织文化、职业性质等对个性的要求；另外有些岗位还有长期外派、出差、体能等要求，也需要考虑。

（3）其他

结合自己专业或自己感兴趣的职业，分析求职目标对应聘者的要求，按重要性程度依次列出。

（三）自身分析

据求职目标的显性要求和潜在要求，列出自己具备的条件，充分挖掘自己的竞争优势（与其他可能的应聘者相比的优势）；同时，也要对自己的不足之处进行思考，寻求弥补的方法。

任务2　如何制作一份高质量的求职简历

一、场景驱动

××××大学经济学院经贸专业学生小李，计划在大三寻找合适岗位参加实习，增强实践经验，为毕业就业做准备。他打算在学校组织的招聘会现场及前程无忧、智联招聘等网站上寻找自己适合和中意的岗位，需要制作一份高质量的自我展示求职简历。

二、任务解析

求职简历一般分为两种类型：一是有明确岗位，需要制作一份针对性很强的个人简历；二是并无明确岗位，只有求职意向，求职者需要制订一份普适性较强的个人简历。从本场景来看，小李需要设计一份普适性较强的个人简历，至少应从以下几个方面考虑：

1. 如何设计整体简历？
2. 个人简历的基本构成是什么？
3. 简历的语言与表述方式有什么要求？
4. 个人简历如何突出竞争优势？
5. 应届毕业生如何弥补实践经验的不足？

三、必备知识

（一）个人简历的基本构成

个人简历一般由基本信息、求职意向、教育背景、实践经历、荣誉奖励、相关技能、个人评价等内容组成。

1. 基本信息

基本信息包括求职者姓名、性别、年龄、专业、院校及在校时间、联系方式等内容。求职者的这类信息是人事经理首先需要确认的内容，应设计于简历最为显眼的位置。

2. 求职意向

简历上的求职意向必须清晰明了，直接点明具体岗位而非整个行业，不可过于宽泛。求职意向与基本信息一样应在显眼的位置标明，以确保人事经理能在第一时间确定求职者的求职意向，并做出判断。这既可以节省招聘者的时间，也可以为求职者争取机会。

3. 教育背景

教育背景对于应届毕业生求职尤为重要。对于部分企业而言，教育背景甚至是进入企业的"敲门砖",因此在简历中要将这部分内容交代清楚。个人简历中,教育背景包括学校、专业(方向)、主修或自修课程及成绩、排名、校内外相关培训经历等。

4. 实践经历

个人简历上的"实践经历"板块对于求职者而言,是向人事经理展示经验的窗口,大部分用人单位都会倾向于选择有相关工作经验的求职者。因此,在"实践经历"板块的设计上,求职者应将具体参加相关实践的时间、单位、职务以及工作内容等信息标出,同时也应在其后注明各项实践活动培养了自身哪一方面的能力,以方便人事经理通过该板块对求职者有更全面的认识。

5. 荣誉奖励

荣誉奖励是向人事经理展现个人在某一领域所取得的成就。荣誉奖励包含学习、活动、竞赛、社会工作等多方面,求职者应将含金量高的奖项置于个人简历中。如果奖项较少且普遍含金量不高,则不必单独列出,可以在教育背景或实践经历中有所体现。

6. 相关技能

相关技能主要指求职者已经具备的技能,比如英语能力、计算机水平、特长等。在设计该板块时,求职者填写对求职可能有帮助的特长、技能时,应附上相应国内外认可的等级证书,或是简要描述自己具备的对用人单位而言潜在有用的技能与特长。

7. 个人评价

个人评价是指求职者将自我认知通过简短精练的语言呈现在个人简历上。用人单位可以通过"个人评价"板块观察求职者是否具有清晰的自我认知能力。因此,"个人评价"需要客观评述而不能过分夸大或过分谦虚,在写作时要注意简短有力,客观真实。

(二)个人简历如何突出竞争优势

简历是求职者与求职单位的一种相互选择,"契合度"是成功的关键因素。个人简历是用人单位认识求职者的"初印象",因此一份优秀的个人简历必须充分凸显求职者个人的竞争优势,从而达到在大量简历中脱颖而出的效果。

1. 有选择、有重点地设计简历内容

简历切忌事无巨细,没有重点地堆砌内容,整份简历篇幅应控制在一页A4纸为宜,对于大学毕业生求职而言,各板块占比应以教育经历、实践经验、荣誉奖励、相关技能等为重点。在内容选择上,也应选取与目标岗位、意向行业高度匹配且含金量高的内容加以呈现,对于想要重点展示的内容,可以用加粗字体凸显。整份简历力求言简意赅、重点突出,既方便人事经理从简历中尽快抓住重点,又便于为求职者获得面试机会。

2. 以数据量化简历内容的含金量

求职者在设计简历时,不能简单地将相关荣誉、实践经验、相关技能进行堆砌,而

是要对每一个列在简历上的内容进行分析，并通过数据"量化"成就，展现所列内容的含金量。比如，在荣誉部分，除了简洁罗列所获奖项、获得时间等基本信息之外，还可以附上各个奖项的级别与获奖人占整体参加人的相关比例，通过凸显奖项含金量，来展现求职者的优秀。如"×年×月荣获××省第二届'方灿杯'创新创业大赛省级金奖（负责人，全省入围率5.8%）"，即使人事经理不熟悉这一奖项，也能从这样的表述中做出准确判断，参与立体塑造求职者的个人形象。

3. 根据含金量或匹配程度排列相关内容

一般情况下，人的阅读习惯是由上至下、由左至右，越往后阅读越容易忽略内容。因此在内容排列上，求职者也应将最具含金量或是与意向岗位匹配程度最高的内容排列在前面，而把一些含金量不高、匹配程度较低的内容排列在后，以保证用人单位审阅简历时，在开始注意力最集中时就能关注到最精彩、最符合用人期待的简历内容。

4. 换位思考设计简历内容

求职者在设计简历时，应学会以行业工作者而非求职人的心态去思考简历内容。该行业或该用人单位需要什么样的人才？求职者目前所拥有的各项技能、经验是否有与其匹配的部分？如有，那么这些相匹配的部分就是求职者个人简历的"闪光点"，需要重点凸显；如没有，那么在文字表述上，求职者需要将个人简历上的内容尽可能地贴近行业需要，力求整份简历中，每一个信息都是用人单位所期待看到的，个人简历与用人单位需求高度吻合。

四、范例分析

XXX
185-0877-0000　250930xxxxx@qq.com　浙江·杭州
本科大二在读　求职意向：商务服务中心 商务专员

教育经历
XXXX大学　　　　经济与贸易类　　本科　　　　20xx.09-20xx.06
● GPA：4.29/5.0
● 综合测评：90.26/100（专业top 1.3%）
● 比较课程：西方经济学（90/100）　高等数学（94/100）　管理学（91/100）
　　　　　　Python程序设计（93/100）　会计基础（87/100）
● 荣誉/奖项：
　　20xx-20xx学年 浙江省省政府奖学金（年级评选1.6%）
　　20xx-20xx学年 XXXX大学优秀学生一等奖学金（年级评选3%）
　　国家级大学生创新创业训练计划项目立项结题（国家级A类竞赛）
　　浙江省第二届"农信杯"创新创业大赛省级金奖（负责人）（浙江省入围5.8%）
　　XXXX大学经济学院"最美经济人"（院级最高荣誉）
　　XXXX大学"学海人才计划"重点立项、精品立项（负责人）
　　XXXX大学"经纶杯"创新创业学科竞赛一等奖、最佳创意奖（负责人）
　　浙江大学第十三届模拟市长论坛三等奖（与清华、浙大、人大等院校竞争）
　　XXXX大学校级"三好学生"
　　XXXX大学校级军训"先进个人"
　　XXXX大学经济学院"十佳歌手"

基本信息：在整份简历上方最显眼处写明基本信息与求职意向。

教育经历：除了展现基本教育经历外，还针对意向岗位列举了相关的课程与成绩，以凸显自身具备的知识水平与岗位相匹配。

荣誉奖项：占整份简历第二大篇幅，奖项后都附上了奖项具体信息、含金量，并按照含金量进行排列。

实习经历

中国建设银行玉溪开发区分行　　　大堂经理助理　　　　　　　　　　　　20xx.01-20xx.03
- 实习期间协助大堂经理完成各项日常工作，主要包括重要客户接待、企业业务提醒、银行基础业务办理等，其次还帮助 客户经理完成客户名单整理、用户数据统计分析等工作（使用Excel/Word等办公软件），月初有一天内通知200余名企 业客户办理相关业务。培养了我的社会沟通能力和吃苦耐劳的能力， 同时也让我工作更加认真细致。实习期间的工作获院长、主管、同事们的一致好评。

校园组织及活动经历

社团联合会　　　　　　　　　　　　主席团　　　　　主席　　　　　　　　20xx.01-20xx.06
- 管理全校14个社团，总计管理人数400余人。成功组织举办社团文化局、社团代表大会等学校重要活动，参与撰写活动策划、嘉宾邀请等工作。在任期间新建社团2个，新招募社员同上一年增加近100人，将学校社团建设推向新的高峰。在任期间新办活动受全校师生一致好评。该段经历使我拥有了较强的沟通协调能力和组织能力。

创业者协会　　　　　　　　　　　　组策部　　　　　部长　　　　　　　　20xx.10-20xx.06
- 全国百强社团（创业类）、XXXX大学十佳社团
- 任期期间参与组织举办GCC江下沙峰会，通过不断研究国家优秀活动案例，累计覆盖参与人数1000余人，活动经浙江杭州电视台报道。期间还组织举办XXXXX大学"创业课堂"活动，参与人数每期200人，活动获评"XXXX大学精品社团活动"。

TEDxZUFE　　　　　　　　　　　　志愿者（入围比例5%）　　　　　　　　20xx.09
- 活动以"不一样"为主题，吸引线下100人观看，活动门票仅30分钟售罄，供不应求。参与活动的流程创意，分析全球各地TEDx活动案例50余个，活动获一致好评。

技能及其他

- 技能：Word(熟练)，PPT(熟练)，Excel(熟练)，Photoshop (熟练)，Python (基础)，视频剪辑（擅长）
- 爱好：唱歌（十佳歌手），主持（多次主持学院晚会），运动（擅长羽毛球）
- 语言：普通话，英语(CET-4)，日语（流利）

实践经历：占据整份简历最大篇幅，首先对实践经历进行划分，分为社会工作与学校工作；在标明各项实践的基本情况之后，另外对每项实践进行说明，具体展现了求职者在各项实践中负责的具体事项、取得的成绩以及该项实践对求职者个人能力提升起到的作用。

个人技能：求职者不仅罗列了自身技能，还附上了熟练程度，以方便用人单位了解、判断。

五、实训演练：求职简历制作

（1）请结合你的专业、能力与兴趣等各方面情况，通过合理渠道查找某用人单位的某一招聘公告，针对性地制作一份求职简历，为进行该岗位的兼职或求职申请做准备。

（2）分组完成一份关于分享简历制作技巧的作业，可以是公众号推文、网络平台短视频或其他形式的作品。

实训二　求职面试

任务1　面试沟通技巧

一、场景驱动

小李是××大学行政管理系的学生，他从大学二年级开始就确立了毕业后参加公务员考试的就业目标，作为今年应届毕业的他报名参加了国家公务员考试，最终以笔试第二的成绩进入面试环节。面试在即，小李从相关渠道了解到，国家公务员考试的面试形式有结构化面试、半结构化面试、无领导小组面试、结构化小组面试等形式。小李之前主要是复习相关考试科目知识，对于面试的相关情况了解得比较少，一时之间有些迷茫，不知该如何着手准备面试。

二、任务解析

求职面试是当今各大企事业单位、公务机关考察人才能力的重要方式，通过面对面交流、考察，不仅使用人单位能更全面、更细致地把握人才情况，面试者也能通过面试官的态度了解企业情况。面试的形式灵活多样，现场情况也不尽相同，从本场景来看，小李需要考虑以下问题：

（1）面试问题分为哪几种类型？
（2）面试的基本礼仪有哪些？
（3）如何通过面试展现自身的竞争优势？
（4）自己能够为用人单位创造什么价值？
（5）面试有哪些禁忌？面试中如何处理技巧与真诚的关系？

三、必备知识

（一）面试问题类型

1. 结构性问题

单面　结构化面试

结构性问题是指适用于所有专业以及大部分面试者的面试题目，基本无差别地对待面试者，在各行业各领域通用，多半是一些共性问题。面试官会事先设计"标准化"的面试问题与相应的分值结构，在进行面试时，依照规定流程与拟定好的提纲对求职者逐项提问，并按照设定好的分值结构以及评判标准来为面试者打分。

例如："请介绍一下你自己。""请谈谈你为什么选择我们单位。""你对我们有什么了解吗？"等等。

2. 非结构性问题

非结构性问题是指面试官根据面试者的简历、回答等内容，针对个人情况提出的问题。此类问题往往没有固定的面试程序与题目顺序，面试官提问的内容和顺序都取决于个人兴趣和现场面试者的回答。

例如："通过跑马拉松你获得了什么？"（你的简历或回答中有相关信息，不一定大家都有这个经验，而人事经理刚好有）；"你大三时参加了国际交流项目，我是不是可以理解为你来我们公司求职只是一时之计，你可能很快会离职？"等等。

3. 压力性问题

压力性问题是指在面试过程中，面试官会故意通过提出否定面试者的题目，观察面试者置身于压力之下的回答，从而考察面试者在逆境中的状态。

例如："你经历太单纯，而我们需要的是社会经验丰富的人""你性格过于内向，这恐怕对我们的职业不合适"等。

（二）面试的基本礼仪

1. 服装礼仪

由于面试是面对面的交流，面试者的整体形象能否给面试官留下良好的第一印象，是面试是否成功的关键之一。因此，在准备面试着装时，应选择整洁、大方、正式、符合个人形象的服装，并不一定要选择套装、正装，而是要整体给人以专业、正式、干练的感受。

2. 举止礼仪

举止体现着个人的修养与风度，因此在陌生的面试官前，坐、立、行等动作姿势要雅观，体现出自信、稳重、大气的气场，方能给面试官留下好印象，为面试加分。

在坐姿、站姿、走姿等方面，面试者应始终牢记：自信、大气、沉着、不卑不亢。首先，"自信"体现在举止上，最明显的是此人是否在坐、站时挺胸收腹，而不是弯腰驼背，以一种充满正气、从容淡定的举止形象出现在面试官面前；其次，在行为举止上，"大气"二字主要体现在适当添加的手势上，面试过程中手势的运用要得当、精简，适当地运用手势不仅能展现面试者对于问题的把握，更能从一定程度上减缓面试者的心理压力；再次，"沉着"主要体现在举止中，是否存在各种小动作，个人在日常生活中的小动作不应带入面试中，这只能说明面试者此时非常紧张、不安，容易给面试官留下糟糕的印象；最后，"不卑不亢"主要体现在面试者的眼神中，在面试时，面试者应适当直视面试官，如遇到多个面试官的情况，面试者在回答问题时应与各个面试官都有眼神交流，而不是眼神躲闪、飘忽。同时，面试者也不宜长时间地与面试官对视，而应根据自己的回答适时地与面试官进行眼神互动，尽可能坚定、自信、坦然。

3. 细节礼仪

随着社会发展，用人单位的面试也采取更多元化的方式进行，面试可能发生在面试者踏入面试场地的任何时刻。因此，当面试者来到面试场地之后，需要提起十二分的精神，不仅要注意面试题目的回答，也要关注自身行为的细节。比如，在进入面试室之前，应轻轻敲门，得到允许之后再进入场地；走进面试室后需要将门轻轻关上，转身向各位面试官微笑点头，致意问好；在结束面试后要对面试官表示感谢；等等。其实诸如此类的细节是日常生活中个人礼貌的综合体现，面试是向面试官展示自身各方面的良好素质，除了通过面试回答来体现之外，细节最能体现面试者的个人教养。在面对面交流中，面试官也会关注面试者的一举一动，并对面试者的综合素质加以判断。

（三）面试的基本素质

1. 沟通能力

面试的过程，就是一次沟通的过程。有的面试者认为，面试是非对等的，自己处在被动状态，面试官是对自己进行一次居高临下的知识与能力考核。这实际上是个认知误区，面试中掌握主动权的确实是面试官，但面试不是考核而是双向沟通。考核多半是单一、单向的知识检测，而沟通则是全方位的，知识之外，更是听、说、思、行与身体、心理、情绪等的综合呈现，是对面试者洞察问题、思考问题、分析问题、解决问题等能力及语言表达、动作举止等行为的立体考察。因此，面试前的快速调整心态，面试中的善于倾听、敏锐洞察、逻辑思维，及面试后的举止礼仪、有始有终都非常重要。对于年轻的面试者来说，需要在面试前进行反复练习，锻炼自己有技巧地沟通的能力。

2. 语言表达

面试的语言表达就如同笔试时写文稿的字迹，非常影响面试者的最终得分。语言表达的要点在于流畅、自然、清晰、抑扬顿挫四个方面。"流畅"是作为面试者最基础的语言能力，在答题时尽可能地不出现卡顿和不必要的口头禅，如"嗯""啊""然后"。"自然"要求面试者尽可能地用相对灵活的、有个人风格的表述方式与面试官交流，保持一种应用汇报的方式而不是背书模式来回答问题。"清晰"要求面试者在回答问题时使用逻辑清晰的序数词，如"第一""第二"、"首先""其次"等，或者用"一方面""另一方面"、"第一个关键词""第二个关键词"等有明显提示性的表述来表示思路或观点的切换，这样可以使面试者在思考答题时逻辑更清晰，面试官评分时也更容易抓准要点；"抑扬顿挫"则是有条件的语言表达技巧，适合个人风格较活泼开朗的面试者或面试一些特定的职业和岗位，语言上抑扬顿挫或可成为比较鲜明的个人特色，从而获得面试官青睐，不过要注意不能过分追求，需要面试者根据岗位性质和面试实情进行判断。

3. 阳光心态

保持阳光心态是一种积极、宽容、感恩、乐观、自信的表现。面试者保持阳光心态不仅可以给面试官留下好的印象，还可以巧妙化解部分压力性问题和人际关系问题。如"领导批评""老同事把工作都交给我""经历单纯""性格内向"这样的面试题，如果顺着问题过多使用负面词汇会给面试官留下不好的印象，需要我们用阳光心态理解题目中的意思，进行破题，如"领导批评是希望我能更好进步，我应该……"等。不过，使用阳光心态回答问题时要尽量具体，表达出自己具体的优势或者面对题目中的问题自己会如何做，不要流于片面和俗套。

四、求职面试技巧

（一）面试中竞争优势的展现

1. 进行自身 SWOT 分析

面试类型与考察点识别

面试者在准备求职面试时，应首先进行自我认知，可借用"SWOT分析模型"，分析自身的竞争优势。所谓"SWOT分析模型"，即 strengths（优势）、weaknesses（劣势）、opportunities（机会）、threats（威胁）。通过这一模型分析，能对自身与岗位的匹配程度有更深的认识，同时也为面试前准备提供方向。

2. 再编码考题

面试者在听取考题时，应尽量在草稿纸上记录考题的关键信息以及相应题目要求，并在思考时迅速对题目进行判断：这一类题目属于结构性问题、非结构性问题，还是压力性问题？在考前准备的SWOT分析中，属于四大板块中的哪一板块？面试者可以利用板块中的哪些内容进行答题？在对题目进行基础判断之后，面试者需要在草稿纸上快速列出答题框架、关键词联系网，对题目进行"再编码"，将题目转化为思路、框架或答案，最后根据草稿所列内容进行回答。

面试中，准备的时间不会很长，因此面试者在准备时也要特别注意训练自己在短时间内构建思维框架、拓宽思维视野、有效沟通表达等能力。

3. 劣势转化

在考场上，面试者会不可避免地遇到自己不熟悉的问题或容易暴露自身劣势的情况。面对此类情况，面试者应在准备时就针对自身的劣势准备好相应的回答内容，以便在考场上从容应对；若是在面试中遇见此类情况，面试者应稳定情绪，不可展现出过于紧张的状态，并心平气和地对考题进行分析，从中找寻突破口，如果遇见自己不熟悉的内容，尽可能破局，将其转化为自己熟悉的内容进行阐述，从而达到将劣势转换为优势的效果。

（二）求职面试回答的七大禁忌

1. 不要过分咨询工作时间的长短，或工资奖金的多少

在面试中，尤其是企业面试中，面试者可以通过提问的方式了解这一工作岗位的相关情况，但是切忌过分咨询工资、酬劳等情况。面试者应意识到，用人单位更注重人才可以产生多少价值。在面试阶段，用人单位在暂时无法看到面试者产生价值的情况下，面试者如果过度纠结于回报，那么机会就可能溜走。

2. 不要诉苦

用人单位需要能为自己带来效益的正面导向，而非抱怨连天、给团队带来消极影响的负面情绪。因此，面试者在面试过程中应展现自己积极向上的一面，切忌诉苦。

3. 不要提无意义的问题

面试时间有限且环节众多，在这种情况下，应抓紧机会展现自我，提问环节也应就想要了解工作岗位的关键问题进行提问，而不是纠结于毫无意义、面试官无法解答的问题。

4. 不要提太有挑战性的问题

太有挑战性的问题不仅是对面试官、对用人单位的挑战，其实也是在给面试者自己设置难题。首先，提出面试官无法解答的太有挑战性的问题并不会使面试官认为面试者具有高水平，反而可能会认为面试者傲慢无礼；其次，太有挑战性的问题也许会成为后续面试官反问面试者的题目，作为一种压力性问题向面试者施压。

5. 不要说他人私事

面试场合面对的面试官都是陌生人，某种程度上来说，其实也是一种"公共场合"，在这种场合说他人私事不仅是对被议论者的不尊重，更会暴露面试者本人的道德修养不高。

6. 不要与面试官套近乎

面试场合是公正、严谨、严肃的，且目前大部分面试都会有录音、录像设备，如果在面试过程中尝试与面试官套近乎，不仅不会拉近双方距离，还有可能形成隐患。

7. 不要说昔日师友的坏话

首先，在面试场合谈论对某人的个人评价本身就是一种无理的行为；其次，在面试过程中（尤其是考研面试），面试者并不知道面试官与师友的关系如何，如果恰好私交甚好，那么选择在面试说昔日师友的坏话可以说是自掘坟墓；最后，对师友的尊重其实也能体现一个人的品性道德。因此若是在面试中夹带私人情感对师友进行恶意的评价，这其实恰恰体现了面试者本人的品行道德上存在问题，这对任何一个正规的用人单位来说都是不可触碰的"底线"。

五、实训演练：求职面试

1. 完成一次分组模拟面试活动

演练规则为：教师提供模拟面试场景、面试题和评分标准表，班级同学分为若干由6位同学组成的面试组。组内进行轮流面试，具体进行方式为每次由一位同学作为模拟求职者，其他同学担任面试官进行面试、评分与灵活点评，如此轮流进行。模拟面试结束，教师点评，并布置各组得分最高者课外自学无领导小组面试流程、方法与技巧，为下一节无领导小组面试作准备。

2. 面试节目或面试视频点评

演练规则为：教师播放时长合适的面试节目或面试视频，由学生对求职者、面试者或面试场景等进行点评。

任务2　无领导小组面试实践

一、场景驱动

群面　无领导小组面试

小李即将参加心仪岗位的面试，据前期了解，该岗位的面试设有"群面+个面"两个环节，相应地采用两阶段淘汰制。面试中，先以无领导小组面试的形式对面试者进行群体考察，淘汰一定比例的面试者，然后进入个体面试阶段，最终决出录用者。小李已经有了较丰富的"一对一""一对多"等个体面试经验积累，但尚无无领导小组面试经验。小李要如何在无领导小组面试中展现自我，距离自己心仪岗位offer更近一步呢？

二、任务解析

无领导小组讨论，是近年各类面试使用得比较多的热门形式。通过将存在竞争关系的求职者组建临时工作小组的形式，面试官能从一个旁观者的身份考察面试者在团队合作中的状态与综合素质。从本场景来看，小李应从以下几个问题出发准备无领导小组讨论：

（1）无领导小组有哪些题型？整个流程如何？

（2）如何找准自己合适的角色？

（3）如何化解危机？

（4）回答问题有何技巧？

（5）如何建立一套自有的答题逻辑？

（6）如何开场、如何推进、如何总结？

三、必备知识

（一）概念界定

无领导小组面试是指由面试者组成一个临时工作小组，讨论面试问题，并做出决策的面试形式。一般由6～9个面试者组成讨论组，采用情景模拟的方式进行，整场面试时长30～60分钟不等，视面试题类型、流程与要求等定。面试官不参与讨论过程，而是在旁观察面试者组织协调能力、口头表达能力、综合应用能力等各方面的能力和素质是否达到拟任岗位的要求，以及面试者的进取心、信心、情绪稳定程度等个性特征是否符合该讨论组的团体氛围，由此对面试者进行综合评价。

（二）无领导小组面试题类型

无领导小组面试是通过讨论来完成的，用于讨论的题目一般都以"材料+问题"的方式呈现出来，而问题所指向的行动通常有合作与竞争两种。倾向于合作的问题主要有开放式问题和操作性问题；倾向于竞争的问题主要是选择性题目，包括两难问题、多选排序和资源争夺等。无领导小组面试中，各种问题之间存在一定的差异，应对措施也有所不同。

1. 倾向于合作的问题

（1）开放式问题

开放式问题设置简明且限制条件少，没有固定答案，答案的范围较广，并可从多角度进行回答，给予面试者较大的答题空间。该类问题主要考察面试者的综合分析能力及组织协调能力，应对问题的全面性、针对性、可操作性，以及思路清晰度、见解新颖度等，如"什么样的养老方式更体现老年关怀""老小区加装电梯利弊分析"。

（2）操作性问题

操作性问题会给面试者一些材料、工具或道具，要求他们设计出一套可供现场实践的操作方案或一些物品。该类问题主要考察主动性、合作能力以及在实际操作任务中所充当的角色，如"关于企业经营的沙盘模拟游戏""使用提供的道具搭建一座建筑"等。

2. 倾向于竞争的问题

（1）两难问题

两难问题一般设置一个两难场景，要求面试者在两种各有利弊的情况或方案中选择一种，主要考察面试者的分析能力和语言表达能力。例如："新入职承担的第一件工作，应该尽量出新意，给领导留下深刻印象；还是常规一点，先保证完成好工作再说？"

（2）多选排序问题

多选排序问题通常要求面试者从多种备选答案中选择有效的几种，或对备选答案的重要性进行排序，主要考察面试者的分析问题实质和抓住问题本质的能力。例如："某项目需要挑选一位负责人，现有七种素质要求，请根据重要性、匹配性原则选择其中三项，并阐述选择及排序原因。"

（3）资源分配问题

资源分配问题通常要求面试者根据情况将有限资源合理分配到所给选项上，并最终形成一致意见。这种题型主要考察面试者综合协调能力和处理竞争性情境的能力。如"公司有10万元职工困难补助金，如何合理分配给六个各有困难的职工家庭""现有资源如何分配在不同的建设项目上最合理"等。

这些题型各有特点，能够全面评估面试者在无领导小组讨论中的表现，包括他们的分析、沟通、领导、团队合作等多方面的能力。

（三）面试角色

在无领导小组面试组建的临时工作小组中，由于综合素质不同，小组成员大致分为以下五类。

1."破冰者"

"破冰者"是自由讨论阶段第一个发言的人。在无领导小组面试开始时，由于该小组组建的临时性、随机性，可能会出现"冷场"的现象，此时就需要"破冰者"带动讨论。

"破冰者"首先带头发起讨论或者率先提供可供讨论的观点，开局破题。这需要"破冰者"具有一定的全局观与号召力，起到"破冰"的效果。如果"破冰者"同时具有高水平的控场能力，且面试场内没有其他更具竞争力的面试者，那么"破冰者"可以在"破冰"之后迅速掌握整场讨论的节奏，顺利过渡为"领导者"，引导整场面试顺利进行；如果场内陆续出现其他更有能力的"领导者"，那么"破冰者"不妨"退居二线"，稳住心态作为讨论者或是总结者，大胆展露个人观点。

2."领导者"

"领导者"主要负责把控整场讨论的节奏，组织引导所有面试者围绕问题讨论，在讨论出现冷场、争议、讨论离题、个别面试者占用过多时间等问题时能及时出面调整，保证讨论顺利进行。"领导者"要求面试者具有较强的控场能力、协调能力、组织能力，且需要有足够的说服力（不仅是语言上的说服力，更是人格魅力与个人气场上的说服力），以保证主导整场面试。

"领导者"角色在面试中占据一定优势，但并不是说所有面试者都要成为"领导者"。这只是一个工作小组中必须有人承担的角色，如果控场成功自然能带领团队顺利完成讨论，但如若面试者本身的性格特点、综合能力并不足以驾驭、主导讨论节奏，那么"领导者"身份的选择就可能是一个错误，其失败也可能造成整个小组全军覆没。

3."讨论者"

"讨论者"主要负责提出观点，附上理由以说服他人，并保证讨论顺利进行。面试者需要在讨论过程中积极参与，展现个人观点的同时，也要及时对他人的观点加以补充。

"讨论者"在面试中几乎是每个面试者都会担任的重要角色，整场讨论成立的基础，就是各位"讨论者"的积极参与和相互协作。因此，面试者在担任"讨论者"身份的时候，要抛出可供讨论且能展现个人特色与亮点的观点，在遇到与他人观点相悖的情况时，应做到调整心态、求同存异，不要一味地纠结于个人观点占优势与否，而应以兼收多元的心态，保证讨论顺利进行。

4."总结者"

"总结者"主要负责在讨论环节结束之后对小组讨论内容进行总结陈述。面试者需要在讨论过程中梳理各方观点及对应逻辑，并将大家得出的最终结论、依据等，以尽可能流畅、通顺、完整的样貌向面试官陈述。"总结者"角色要求面试者具有一定的演讲经验与口才能力。

"总结者"是最能展现个人逻辑思维能力、整理归纳能力、公共演讲能力等多项能力的角色，一般优先由自我介绍中提及具有相关经验者担任，也是最能展露个人才华与特色的角色之一，但"总结者"与"领导者"一样，对于个人综合素质要求较高，且与小组成员"一荣俱荣，一损俱损"，故而需要对自我认知高度清晰者担任。

5."计时者"

"计时者"主要负责时间把控。一般情况下，无领导小组面试的讨论时间有事先约定，在规定时间内要完成全部计分流程。因此，面试讨论中需要有人时刻关注时间，避免出现讨论时间结束而小组对考题依然没有定论，或时间到了，有些流程没有完成的尴尬局面。

"计时者"角色需要面试者具有较好的时间管理能力，他可以同时作为其他角色参与讨论，但更需要具有清醒的时间认知，把控整场面试的时间节奏。

除此之外，无领导小组面试中还可能出现"记录者""思考者""支持者"等角色。"记录者"多记录各成员发言重点并比较快速地进行归类、整理甚至理清逻辑结构，为总结陈述提供重要思路和底本。"思考者"大多是讨论中能提供较独特、有深度想法的人，具有敏锐的洞察力，话不多但观点犀利，一字千金，影响着讨论的深度与质量。"支持者"则是参与度高，讨论积极，但观点较少，附和较多的人。

以上各类角色只是无领导小组讨论中临时形成的一种状况，相互之间并不是彼此排斥的角色分配。一个面试者在整场讨论中可能兼具多个角色，或不同阶段角色发生变化。所以无领导小组讨论是一种高压力性的面试方式，考察面试者的全方位素质与能力，面试者需要有较丰富的前期准备与场景实训。

（三）**面试流程**

无领导小组面试根据题型的不同，可分为不同类型。不同类型的无领导小组面试场景可能有程序、环节、时长等的差别，但总体大同小异。如"自我介绍＋小组讨论"就是常见的面试组合模式，而开放式问题无领导小组讨论面试中，"阅读＋讨论＋总结"流程很常见，时间分配也有规定，如："材料阅读"（10分钟）＋"自由讨论"（30分钟）＋"总结汇报"（5分钟）是比较常见的时间分配模式。有的群面还有面试官当场点评，如果点评安排15分钟的话，整场面试时长为1小时，是一场比较完整、充分的无领导小组的面试。面试者在群面开始前应仔细阅读或倾听面试流程安排，以免出现获取信息不全面、不准确等意外情况，影响面试发挥。

1. 自我介绍

各位面试者在讨论开始之前，需要向面试官与其他面试者进行简短的自我介绍。自我介绍将会展现面试者的基本信息以及大致的个人性格特点，关注同组各位面试者的自我介绍对于后续讨论的顺利进行有很大的帮助。

2. 抽取考题

无领导小组讨论的考题由面试者抽取，在规定时间内阅读、记录重要信息，并有逻辑、分层次地形成核心观点，准备参与讨论。

3. 自由讨论

（1）讨论初期："破冰"环节

这一阶段需通过"破冰"开启讨论，并进入"百家争鸣"式自由发言场景。这一阶段，面试者可以提出各自的观点，以供整个小组参考，并经由讨论定下整体大方向，以供后续具体细节的补充。

（2）讨论中期：奠基环节

基于破冰之后，小组定下的整体大方向，面试者们应围绕这一方向加以深化讨论，并不断为这一方向提供依据、充实细节，为最终整理陈述提供尽可能丰富的论述材料。

（3）讨论后期：总结环节

进入讨论后期，小组需要根据破冰、奠基环节得到的方向与材料进行整理，尽可能为总结者列出相对有条理的陈述体系。

4. 总结汇报

讨论结束后，小组选出代表对讨论进行总结陈词，对考题做出回答。总结应该尽可能反映全组讨论的核心观点、整体思路，尽可能做到全面、完整、系统呈现。

5. 补充升华

小组代表总结完毕后，如果时间允许，其他组员可以根据情况对代表的总结进行补充说明。

四、面试技巧

（一）角色定位与突破

无领导小组讨论更像是一个临时工作小组的搭建，面试官不仅希望看到每个个体的独有优势，更看重在团队协作中各个面试者的表现。因此，对于无领导小组讨论而言，对自身角色的"定位"与"突破"显得尤为重要。"定位"是将自身的优势与角色融合，在最大限度地展现自我认知的同时，推动整个无领导小组面试顺利进行；"突破"是在做好本职工作之余，向面试官展示未来发展空间，在不破坏团队的前提下，进一步展现个人特色。

1. 自我介绍：主要角色定位的起步环节

在无领导小组面试中，自我介绍不仅是各位面试者向面试官介绍自身的过程，同时也是面试者之间通过自我介绍进行初步认识的基础。通过自我介绍，面试者可以从他人身上获取最基本的信息，通过基础信息了解各个面试者的基本优势，从而判断在本场无领导小组讨论中，各个面试者大概能够担任什么样的角色，再进一步结合整体情况与自身优势确定自己的角色。

2. 讨论初期：主要角色定位的认领环节及判断他人角色环节

一场高效的无领导小组讨论，绝不会在角色定位上浪费太多时间，而忽略面试官所提出的问题。因此在讨论初期，需要有人"破冰"进行定位。通过前期的自我介绍，面试者对于自身的角色应已有初步认识，对于一定"硬性要求"的角色，可以尽快"锁定"。比如："计时员"，就需要有手表等计时工具或有良好的时间节奏感，在讨论过程中，时刻关注时间并及时提醒小组成员；"总结者"，需要有一定演讲能力、口才佳者担任。这些角色的迅速锁定不仅可以帮助面试小组破冰，尽快顺利地进入讨论问题的阶段，更向面试官展现了清晰的自我认知，达到个人与团队的双赢。

在讨论初期，面试者不仅要及时锁定易于把握的角色，同时也要观察其他面试者给自己定下的角色，并根据自我介绍时对每个面试者的初步印象，判断目前的角色定位是否真正匹配个人，为后续的角色确定与突破做好准备。

3. 讨论中期：主要角色定位的确定环节

进入讨论中期，前期锁定的角色可能会发生变化（比如：在讨论过程中出现多个适合"领导者""破冰者""总结者"的对象），因此在这一阶段，面试者需要稳固自己的角色定位，做好这一角色的本职工作，将角色在整个小组中的价值通过讨论最大化展现。

4. 总结、升华：角色定位的突破环节

总结、升华是无领导小组讨论中个人展示的关键环节，也是突破固有角色定位的机遇。在总结阶段，如果最终定位为"总结者"，在展现自身对于面试题目的理解之外，还需注意汇总、整理其他组员的讨论成果，尽可能地展现所有成员的讨论成果全貌。如果最终定位为其他角色，在面试条件允许的情况下（大部分无领导小组讨论会设置其他组员补充环节），其他角色可以通过这一阶段补充"总结者"发言，并展现在讨论中受限于最初角色定位而未凸显出的优势，完成角色定位的突破。

（二）"三步走"审题法

面试开始后，面试者根据题型与要求的不同，有不同的准备时长与阶段，但无论哪一种题型的面试，均需经历一个阅读审题、明确要求与初步确定应对思路的过程。尤其在开放式问题型无领导小组面试中，当面试者拿到题目之后，进入高强度的阅读与思考阶段，是很具挑战性的环节，为后面自由环节讨论质量奠定至关重要的基础。在面试中，为提高审题的效度，可分"三步走"解析题目，其思维模式如图 3-1 所示。

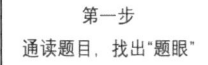

第一步 通读题目，找出"题眼"：通读题目，找到题目的"题眼"所在，所谓"题眼"即整个问题的中心所在，第一遍通读需要确定题目究竟在问什么，避免答题背离题目的情况发生。

第二步 精读题目，确定关键词：精读题目，需要仔细寻找题目中的关键词，做好标记，并将所有关键词与"题眼"在草稿纸上列出。

第三步 再次通读题目，找出各关键词与题眼的逻辑关系：再次通读题目，找到关键词与"题眼"之间的逻辑关系，并将个人最基本的判断列在草稿纸上。

图 3-1　无领导小组面试"三步走"审题法

（三）建构一套有效的答题法则

在对题目进行初步分析之后，面试者应建立自己有效的答题法则，并在无领导小组讨论中有技巧性地推出。

1. 逐层推出你的观点

（1）审题并罗列观点： 在审题准备的过程中，有意识地将自己所有的观点进行罗列，最好能罗列出 5～6 个观点。

（2）观点分层： 将所有观点分成三个层次，如果无法分为三层，则说明这些观点同水平重复或思考梯度不够，需要重新考虑思维升级，挖掘有递进性层次的观点，以体现思维逐步深入的过程。

（3）有技巧地使用观点： 将上述各层观点在前述"讨论"的三个过程中审时度势，伺机推出，并有意识地将最有创新性、最深刻的观点保留至"升华"阶段推出。

2. 答案构建"三部曲"

（1）从宏观层面打开思考视野

围绕题目的关键词与"题眼"，面试者可以从"时事"与"非时事"两个宏观角度展开思考。

在"时事"方面，要求面试者在面试前准备多个时事素材。当考题关键词与"题眼"和准备时事相关时，时事素材就可以作为证明材料为面试者的观点提供强有力的佐证。时事的运用不仅为面试者的观点本身加分，更能凸显出面试者的知识面广、对时事热点关注度高的个人优势。

在"非时事"方面，要求面试者在面试前准备多个具有普遍意义的、能引起面试官与其他面试者共鸣的宏观话题。在无领导小组讨论时，面试者结合题目关键词与"题眼"，选择高度匹配的宏观话题打开思考视野，创造思考切入口。

（2）从时空关系建构答题思路框架

在答题思考过程中，通过"时事"与"非时事"的前期准备打开思考视野之后，可以通过以下时空关系构建答题框架（见图3-2）。

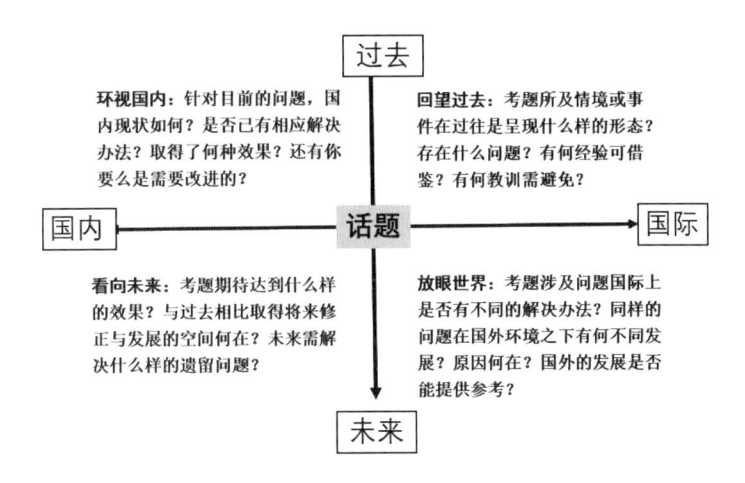

图 3-2　开放式无领导小组面试"时空关系架构"思路

要熟练运用该时空关系框架，需要面试者有较为广博的知识面，事先储备好面试企业、公务机关等单位、相关行业的国内外信息，从过去—未来、国内—国际这两大时空关系构建答题框架。

（3）从微观层面充实答案内容

在答题思考过程中，除了从自身前期准备出发开拓思路、构建框架，还要充分利用题目本身材料，将前期审题所列出的"关键词"放回材料语境之下，通过挖掘材料本身的细节充实自己的观点，从而凸显面试者对于材料全面而细致的把握程度。

（四）换位思考

1. 以面试官思维反观自身面试表现

在无领导小组讨论中，面试官是以旁观者的角度观测整场面试，以此判断每个面试者的综合情况，并大致判断未来各个面试者在工作团队中的表现。因此，整场讨论中，面试者应以面试官思维反观自身，注意自身讨论过程中的一言一行，以面试官可能需要、期待的工作能力为依托，结合自身优势，在小组讨论中通过语言、行为一一展现。

2. 以工作人员角色代入问题情境

无领导小组面试具有高度仿真性，它以情景模拟的方式创造日常工作、学习、生活中最为常见的团队合作状态，从而达到较全面考察面试者综合能力的效果。相较于结构化面试，无领导小组讨论的首要出发点并非在个人展示，而是面试者个人在工作集体中能发挥多大的作用。因此，面试者在面试过程中应投入一定精力到问题情境之中，以工作人员而非面试者的心态看待整场讨论，保证讨论顺利进行，最终解决问题；但另一方面，面试者也要注意，即使在现实工作情境的团队协作中，工作人员之间同样存在个体差异，因此在角色代入时，同样应争取展现自己未来在工作团队中的独特性与不可替代性，在解决问题的同时，完成自我展示。

五、实训演练：无领导小组面试

1.**完成一次无领导小组模拟面试活动。**演练规则为：教师提供模拟面试场景、面试题和评分标准表，由上一节"求职面试"实训项目"完成一次分组模拟面试活动"中推选的6位同学组成一个组，进行一场无领导小组模拟面试活动。

2.**完成一次分组"自我介绍＋无领导小组"组合式模拟面试活动。**全班同学分为6个组，综合"自我介绍""无领导小组面试"的规则与流程进行面试活动。

网申策略与应对技巧

第四章

调研实践与报告撰写

调研报告是一种问题导向性文书，由调查、研究与报告撰写等环节形成，是通过对典型问题、情况、事件的深入调查，经过统计、分析、综合，揭示出客观规律的书面报告。调研报告是一种重要的事务文书，应用范围相当广泛，无论是国家党政机关、企事业单位，还是个人和团体都可使用，且使用频率高。它可以为国家方针、政策的制定和修改提供有价值的第一手材料；为领导机关掌握情况、研究问题、进行科学决策提供依据；可以引导人们正确看待社会的热点、焦点问题，为健康社会舆论环境服务等。

实训一　调研实践

任务1　调研报告的问题思维及选题分解

一、场景驱动

××市思源区举办为期十天的全区"00后"青年干部培训班，全程课程集训7天，实训3天。为锻炼青年干部深入辖区、深入工作领域，促使他们勤思考、主动思考，真正从这次培训中受益，主办方区人事干部局安排了一个重要实践内容，即将全体学员分为5个组，各组根据各自工作领域和平日接触较多的工作场景，选择一个选题，进行相关的研究、设计、调研、统计、分析、总结，最终完成一份报告上交，并在结课仪式上进行现场PPT汇报评比。培训班负责方将组织专家评审，评选出优秀报告，作为培训班结课评优评先和将来干部晋升的重要依据。各组领到任务和选题后，深感对于即将着手的任务缺乏经验，不知如何开展。

假设主办方给出的选题如下，你能选择其中一个选题，给出如何进行这一实训任务的建议吗？包括工作流程、调研方法、报告写法、注意事项等。

1.关于新形势下优化政务服务，打造最舒心营商环境的思考与建议；

2.关于加快数字化转型，打造数字经济样板区的研究；

3.加快推进思源农文旅融合发展的思路与对策；

4.加速开发建设思源区相关城镇集成家居时尚小镇工作的调研与思考；

5.推进城市有机更新，加速建设思源科技新城的探究。

二、任务解析

1.首先需要明确，调研报告是问题思维的一种，多是基于某个或某类现实中亟需解决的问题而展开调查。

2.上述选题均是当今城镇发展的热点和核心问题，调研中需要对国家发展战略有一定了解。

3.明确本次调研所要解决的主要问题是什么？

4.了解进行调研要经过哪些流程与环节？有哪些调研方法？

5.要切实推进上述调研选题的落实,需要使用哪些调研方法?

三、参考例文

创建集成家居时尚小镇　智享科技生活舒适家居
——关于百步集成家居时尚小镇开发建设的调查与思考

浙江百步经济开发区(百步镇)是全世界集成吊顶的发源地,是吊顶行业的领头羊,经过10多年的发展获得了长足发展,为省市经济的发展做出了重大贡献。但随着行业的整体成熟时代到来,技术更新和人工智能技术广泛应用等,百步集成家居领头羊地位逐步衰退,行业内出现产出效益低、工厂分布散、管理模式乱等问题,没有清晰的战略规划引导和应对新的矛盾、问题的有效方法,亟需突破发展瓶颈,开启旧业态的新状貌。为了了解百步集成家居的发展现状,为上级部门决策提供依据,有效推进百步时尚小镇的建设与发展,调查小组于202×年6月7—12日赴友邦吊顶、海鸥卫浴、云时代等集成家居企业进行调研,调研主要采取抽样、访谈、文献调查等方法进行。现将有关调研情况报告如下。

一、固本培元立招牌:百步家居产业发展现状

集成家居始于集成吊顶,集成吊顶源于海盐百步。2004年,百步友邦吊顶公司通过MSO模块化方式,将照明、换气、取暖等电器功能集成到吊顶基板,发明了全球首款集成吊顶,开启了集成家居行业的大门。百步镇集成吊顶行业经过10多年发展,集成吊顶产业又延伸到集成墙面,从单纯的卫生间、厨房吊顶发展到客厅、卧室、阳台的顶面和墙面,并结合智能操控、智慧家电,形成了集成化、智能化、个性化的集成家居产业链。自列入全省第二批特色小镇培育名单以来,百步镇连续两年在嘉兴市特色小镇考核中获评优秀。

(一)特色产业集聚。小镇已有集成家居企业650余家,其中上市企业2家、亿元企业17家,创立时尚家居品牌160多个,获得国家专利3000多项,拥有全国直营专卖店8000余家,集成吊顶产业国内市场占有率达40%以上。友邦吊顶、海鸥卫浴、云时代、美新材分别成为集成吊顶、集成卫浴、全屋整装和工程装修领域的行业龙头,带动一大批企业实现集群发展,百步集成家居产业园被评为浙江省"十大小微企业集聚发展优秀平台"。

(二)行业发展领先。百步是集成吊顶行业标准制定者,2007年,牵头组建了全国工商联天花吊顶协会及专委会;2015年,成立了国家建筑材料测试中心行业办事处;2016年,发布了中国集成吊顶产业指数;2017年,"海盐百步集成家居"获得国家地理标志证明商标。百步还与意大利、德国、日本、韩国等国际著名设计机构、美国吊顶幕墙协会建立了合作关系,与清华大学美术学院开展研发合作,通过创意设计引领,成为行业时尚风向标、引领者。

（三）投资势头强劲。列入培育镇以来，小镇已累计完成产业项目供地1500余亩，落地项目33个，总投资78.5亿元，累计完成投资26亿元，其中非政府投资占比87%。目前，总投资均超10亿元的友邦产业园、中顶产业园、海鸥卫浴三个项目列入省重大产业项目，进展顺利；雅阁吊顶、云时代、宝仕龙、索菲尼洛等一批项目已经建成投产。

（四）功能配套完善。小镇3.78平方公里内的路网框架基本建成，供电、供气、通信、给排水、绿化等基础设施健全；小镇客厅、网球馆、人才公寓、教育、医疗等配套设施完善。小镇历史文化底蕴深厚，有马家浜文化遗址40余处，结合云鼎广场项目、小镇景观标识进行了充分挖掘；已编制小镇3A级景区创建规划，第一批旅游配套设施建设完成，友邦云馆展示中心于今年8月正式开馆，格莱美公司获评浙江省工业旅游示范点，已累计接待游客31万人次。

二、自查自纠逼转型：百步集成家居时尚小镇建设存在的问题

（一）整体规划缺乏科学性

对于特色小镇产业、文化和旅游三位一体的建设宗旨，最根本的是要强调小镇自身独一无二的特色产业元素。当前，百步集成家居时尚小镇将特色小镇理解为向上级要项目、政策和资金扶持的载体，规划存在单纯为规划而规划的现象，前瞻性不够，规划理念不先进，而且规划执行力度不够，建设难度较大。虽然项目在地域上有一定的集聚度，但核心区位项目缺乏特色内容，没有彰显特色文化元素的外观建筑和生态环境，只有几个办公楼和厂房，也没有明显的地标和展示中心。

（二）运营主体作用弱

在当前宏观形势下，百步集成家居时尚小镇的创建呈现主要由政府主导、企业跟随的反差现象。究其原因，是在实践过程中，由于特色小镇建设投资额较大，对投资主体整体实力要求较高。由于发展定位偏差或产业相对特殊，不易在短时间内引进实力雄厚的企业主体。这个时候就会由政府参与投资，然后再进行招商引资，而这又会回归到原来传统的产业做法。虽然意识到这些传统做法不适合小镇的开发，但政府的主体地位并没有改变，导致政府行政干预过多且缺失企业运营主体。而小镇的运营是要求以市场为主体，并由一两个领军企业作为运营核心，紧密围绕其优势特色产业开展相关产业链招商、公共配套等活动。

（三）产业层次不高

特色小镇从本质上而言是块状经济的新业态，其产业应在较少空间扩张状况下具有明显的品质提升、特色增强和规模扩张的发展前景。目前，百步集成家居时尚小镇的主导产业还不具备高科技含量和高成长性的特质，也不能占据产业制高点，行业影响力较弱，商业模式和业态创新也有待提升。尽管建立了研究院、孵化器、科创中心和众创空间等创新创业平台，但与原有企业结合并不够紧密，大部分企业仍没有摆脱旧的生产经营模式。另外，由于这些80后、90后创业者、大企业高管和留学归国人员等普遍对创

业创新环境要求较高,而百步集成家居时尚小镇位于乡镇,交通问题加上产业基础薄弱、区位优势不明显、配套设施不完善,对核心创新创业团队吸引能力严重不足,导致创新集聚转化困难,产业层次不高。

三、百商联动铸辉煌:打造百步集成家居时尚小镇的建议

(一)科学规划。百步集成家居时尚小镇定位为:集成家居智造基地、工业时尚体验中心、产城融合未来家园。产业定位是:以智能制造为核心,配套发展研发设计、检验检测、商贸会展、电子商务、工业旅游等产业,打造集成家居全产业链。

小镇规划面积3.78平方公里,主要功能布局为"一核四区、一轴三带",以小镇客厅为核心,打造生产、生态、生活三生融合的时尚小镇。小镇客厅重点配套游客服务中心及周边人才公寓、红星美凯龙家居广场、云端商业街等,满足形象展示、商贸配套等功能。生产方面,主要是国际时尚合作区、集成家居智造区和工业时尚体验区,主要发展生产制造、研发设计、家居体验、仓储物流功能。生态方面,主要围绕百步大道产业发展轴,打造主题景观休闲带、湿地景观休闲带、沿河绿化休闲带,建设遗址公园、湿地公园等,提供文化休闲和水乡体验。生活方面,主要是依托综合服务配套区,建设商贸中心,提供生活服务功能。同时,通过功能区深度融合叠加,完善时尚智造、家居体验、商贸会展、水乡风情于一体的小镇特色旅游线路,打造3A级景区。

(二)强化运营。打造"1+×"模式,即以百步集成家居时尚小镇为中心,横向向周边王店镇小家电市场、许村镇软装饰市场进行产业融合。纵向向上向省市县相关单位要扶持,稳固百步集成家居未来发展道路。纵向向下向产业研发要创新、向规上企业要产能、向微小企业要标准,巩固百步集成家居行业龙头。

引进融资租赁项目,与中核集团合作建立10亿元规模的小镇产业基金,助推产业发展。将小镇用地纳入城镇建设用地扩展边界内,列入创建名单并完成年度任务的,在省用地奖励基础上,再按2∶1给予配套奖励,三年计划保障供地1500亩以上。加快人才公寓建设,设立各级各类高端人才奖励政策,力争三年新集聚中高级人才1200人,"双千""双万"等省级高端及以上人才不少于3名。

(三)提升层次。以智能家居为中心,向智能行业领军企业华为、小米、阿里巴巴等寻求合作,打造百步智能集成家居品牌,实现模块简单化、功能自动化、家居智能化,即"一顶联家"模式,用一块吊顶模块联接家中所有电器、软装、门窗等设施,通过声控、触控、光控等功能,实现家居全自动,打开"智能家居全屋定制"的大门。

四、必备知识

(一)概念及要素

调研者针对某一社会情况、新生事物、典型经验或存在的问题,经过一定的分析、研究与设计确定调查方案,在实践中对调研对象的实际情况进行调查了解,并将调查到

的情况和材料进行分析研究，揭示本质，寻找规律，总结经验，发现问题，提出建议，最后以书面形式陈述出来，这就是调研报告。

从调研报告的全过程来看，主要涉及调查、研究及撰写报告三大环节，这也构成调研实践的三大要素。

（二）调研报告的分类

调研报告可以发生在情况或事物发生的任何阶段，事前、事中、事后均可进行调研。调研报告的分类有不同标准，根据调研目的与研究领域的不同，大致可以将调研报告分为市场调研报告、科学研究报告、社会调查报告三大类型。

1.市场调研报告。这类调研报告是针对某一行业、产业或特定区域、某一类具体市场进行综合调查的报告。市场调研报告的主要内容可包括市场规模、竞争对手分析、目标客户调研、市场发展趋势预测、针对下一步工作的建议等，最终为企业的市场决策提供参考依据，如《202×抖音电商食品饮料需求趋势调研报告》《高等教育行业首次覆盖：回归基本面看高等教育价值成长空间》等。

2.科学研究报告。科学研究报告是科学工作者对某一科学问题进行调查、研究、分析和总结后形成的报告。这种调研报告通常包括研究背景、研究方法、实验结果、讨论和结论等内容，为学术界的研究工作提供成果呈现。

3.社会调查报告。社会调查报告是针对某一社会问题进行调查和研究后的报告。这种调研报告通常包括调查目的、样本设计、方法选择、数据分析和调查结果等内容，为社会问题的解决和政策制定提供依据。

在这里我们重点关注社会调查报告这一普适性较强的调研报告类型。社会调查报告根据内容的不同，大致可分为基本情况调研报告、典型经验调研报告和揭露问题或处理意外事件的调研报告等。

1.基本情况调研报告。这是调研报告的最常见类型，是关于某一领域、某一地区、某一单位或社会的某一方面基本情况的调研报告，如《农旅融合背景下乡村旅游发展问题及对策——以张家口市崇礼区为例》。

2.典型经验调研报告。这是对某一地区或单位贯彻执行党和国家的方针、政策的典型经验进行总结、推广的调研报告。它不仅可以起到表彰先进、树立典型的作用，而且可以推广典型经验，用于指导面上的工作，如《方兴未艾——梦想小镇无人机产业发展调研》。

3.揭露问题或处理意外事件的调研报告。这是对工作中发生的重大事故、出现的严重失误或意外事故事件等进行调研形成的报告。这种调研报告通过全面、深入、细致调查，用确凿事实说明事故或问题发生的原因、情况和结果，分析其产生的背景及性质，以澄清是非，查明真相，达到解决问题，厘清责任，明确处理意见，或告诫人们吸取教训的目的，如《天津港8·12特别重大火灾爆炸事故调研报告》。

五、调研流程

一般说来,调研报告全过程历经确定选题、研究设计、实地调查、资料分析研究、报告撰写五个阶段,其具体流程如图4-1。

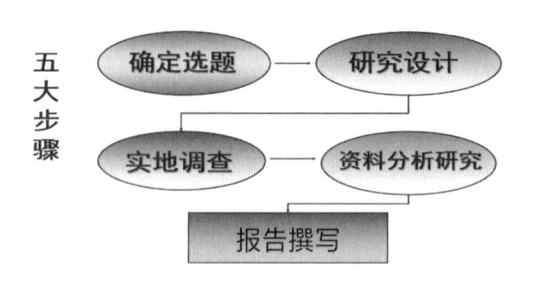

图 4-1 调研报告调查与写作流程

将以上流程细化,则调研报告写作的程序一般是:确定选题—分解选题—制订方案—实地调查—整理分析—编制提纲—拟定初稿—修改润色—报告定稿。

调研报告首先要解决选题问题。调研报告选题的形成并无定规可循,但从来源看,选题的确定一般可分为两种情况:一是带着任务选题进行调研,二是带着调研任务寻找选题调研。前者选题是限定的,多是带着工作任务进行调研;后者选题由调研者自行发现,可能是基于一种调研训练,也可能是为发现新事物新情况而兴起的调研意图等。调研选题确定后,需对选题按照一定的思路进行合理分解,为制订调研方案、开展调研实践打下基础,提供思路。

任务 2　实施方案与研究设计

一、场景驱动

为促进非物质文化遗产在大学校园中的传承与传播,提升非遗传承项目基地建设的示范水平和建设效能,浙江省非物质文化遗产保护中心制订了"青春志·非遗文化进校园"发展战略,并向省内各高校团委发布了相关通知。为推进这一工作,浙江××大学校团委经过研究,选取了越剧、海宁皮影戏、浙江民间传说等非遗项目展开校园调研。根据开展思路进行任务分解,该校会计学院团委将负责开展"校园越剧传播现状"调研项目,了解学生对越剧的认知及本校越剧传播现状,为落实省"青春志·非遗文化进校园"战略提供相关的依据、情况和建议。假如你是负责人,需要针对这一项目,引导团队成员完成一个调研方案,你要如何做?

二、任务解析

完成一份调研方案,至少需要思考并回答以下问题:

1.你们的调查目的是什么?你能不能向别人说清楚你们的调查有何意义?

2.你如何对这一项目进行任务分解，以合理利用人手并确保目标的实现？

3.你的任务分解能不能让每一个成员都清晰地意识到自己的工作内容，并感觉到其在团队中的重要价值？

4.具体的调研内容是什么？通过什么方法和途径进行调研？时间、人员、地点等如何安排？

三、必备知识

（一）调研方案概说

调研方案是对调研任务进行总体计划与安排的一种文书，是调研活动的行动方案。选题确定后，制订一份现实可行、操作性强的调研方案，是保证整个调研活动质量的关键一步。

在开展调研之前，需要制订方案，以确保主旨得以实现，调研活动得以高效有序开展。在调研方案确定前，须确定是要完成一份调研策划书，还是调研计划书（前者往往在标题中体现为某某调研策划书或某某调研策划方案，后者往往在标题中体现为某某调研计划书或某某调研方案）。一般来说，策划书侧重于对调研活动本身的价值、创新性进行论证说明，强调总体思路与调研策略；计划书侧重于在主旨明确后，对调研过程的安排和控制，重在可行性设计与可控性操作。现实中的调研计划类文书往往以后者为主，兼顾前者的核心要素。

（二）调研方案的制作

从具体内容来看，调研方案大致包括调研目的与意义、调研主题与任务、调研对象及范围、调研方法、时间安排、人员配置及费用计划等。

1. 调研目的、意义

确定调研目的是开展调研活动的第一个环节。调研目的，即解决"为什么要调研""调研什么"等问题。它由调研意图"为何调研"而产生，是调研意图的概括。例如，任务1中例文的调研是为了制订百步集成吊顶产业发展的新的思路，以求百尺竿头，更进一步，夯实行业领头羊地位，继续产业的繁荣。这项调研的意图是为决策提供依据，通过调研，应对目前家装市场有清晰的认识。调研目的必须明确，不能模糊宽泛，这样才有利于调研工作有针对性地展开。

2. 调研主题、任务

调研选题确定主题后，进行任务分解是写作调研方案以及一切计划类文书的关键。对调研主题进行合理分解，对调研内容进行分类细化，对于实现调研目的、有效指导调研活动至关重要。

3. 调研对象、范围

选择调研对象和划定调研范围必须在确定调研目的的基础上进行。为实现特定的调研目的，只能选择特定的调研对象，划定合适的调研范围。此外，选择调研对象和划定调研范围时，还须考虑对象对调研方法的适应度如何。如果某些调研对象难以适应某种方法时，就应考虑是否选择这种方法。

4. 调研方法

调研方法多种多样，有各自的特点和不足。为了达到较好的调研效果，需要根据不同的调研目的、调研对象，选择适当的调研方法。在方案中，应确定主要调研方法和辅助方法，并指明不同方法的具体运用步骤和作用。

5. 时间安排

调研活动的时间安排必须具体、明确、可行，使整个调研活动可以有条不紊地展开；同时还应注意规定某一步骤或某一环节的完成时限，以确保调研报告的时效性。

6. 人员配置

根据调研方法、调研范围和调研活动的时间进程表，确定调研人员的数量和各人员的工作安排情况。

总之，为了确保调研活动的顺利开展，调研方案的拟定应尽可能做到明确、具体、周密，使各调研人员能切实了解自己的职责以及在整个调研活动中的作用，保证各个具体环节的协调进行，减少实施过程中的漏洞和困难。同时，也要注意在制订调研方案时，对时间安排、人员配置和经费预算等方面要留有一定余地，以适应实际可能出现的意外变化。

四、调研方案例文

浙江××大学校园越剧传播情况调研方案

为积极响应省非物质文化遗产保护中心"青春志·非遗文化进校园"系列活动，了解我校学生对以越剧为代表的非遗文化的认知、传承意识与传播现状等情况，探索非遗文化进大学校园的推进方向与实践路径，发挥高校在非遗传承中的作用，特展开"校园越剧传播现状"调研项目。为保证调研活动有序、有效开展，特制订本调研方案。

一、调研目的及意义

1.了解杭州高校校园内越剧传播现状，为省"青春志·非遗文化进校园"战略的具体实施提供依据和建议。

2.通过调研活动宣传越剧的价值，推动全校师生对"青春志·非遗文化进校园"战略的了解和支持，推动越剧文化在浙江省高校的深入传播。

二、调研主题及任务分解

调研主题：浙江××大学校园越剧传播现状

主题分解：

1.了解该校校园越剧传播情况及主要传播方式；

2.调查该校学生对越剧的了解情况，对省非遗战略的认知和态度；

3.如何进校园——措施、载体和方式等，提出合理的建议与对策。

三、调研对象、范围

浙江××大学师生、学生班级、相关课程团队、学生社团等。

四、调研方法

主要采取问卷调研、访谈调研、文献调研等方法进行。问卷调研样本量不少于500份，全过程访谈人数不少于15位。

五、时间安排及人员配置

1.准备阶段。11月15—17日，进行小组讨论，任务分解，设计调研方案、调查问卷等。

2.调研及数据处理阶段。11月18—21日，相关人员进行调研问卷发放及回收，数据处理，数据质量评估，得出调研结果。

3.资料整理和撰写阶段。11月22—30日，整理调研资料，进行分析研究并得出结论，针对问题提出建议，完成调研报告撰写。

五、实训演练：调研方案设计

根据相关场景完成一份调研方案的设计：某知名健身机构拟在京海市高新区开设一家分店，市场部小李被指定负责一个五人团队进行调研，在初步了解相关情况的基础上，团队准备设计制作一份调研方案。

任务3 调研方法及调研问卷制作

一、调研方法

在调研活动中运用到的调研方法可谓多种多样，根据不同标准，有不同的划分。下面简要介绍几种常用的方法。

1.普遍调查法

普遍调查法，简称为普查法，即在选择了调研对象、划定调研范围以后，对该既定范围内的每一个对象进行调研的方法。这种方法的优点是所得材料真实、丰富、全面，由此得出的结论可信度高；缺点是费时长，投入人力、物力多，实施难度大。因此，普查法在一般的调研中较少使用。普查法往往用于宏观、综合的项目，仅在需要全面掌握可信度要求非常高的基础性资料时使用。

2.抽样调查法

抽样调查法指从调研对象中，按照随机或非随机的原则，抽取部分样本进行调研，然后根据这些样本的调研结果，借助统计推论的方法，推断出适合总体的结论。这种调研方法的优点是省时、省力、省钱，适应性强，方便易行，而且对样本的研究比较深入；

缺点是存在一定误差。

抽样调查在选取样本时又有两种方法。

（1）随机抽样法

随机抽样，又称概率抽样，因为它是按照概率理论来抽取样本的。随机抽样法主要有两个特点：一是母本中的每一对象机会均等，不受调查者的主观愿望影响；二是抽取一定数量的样本，须保证能推断整体。常见的随机抽样方式有：

1）简单随机抽样，即按随机原则直接从母本中抽取一定数量的样本，比如用抽签方式、摇号方式等。这种方法适用于母本不大的情况。

2）等距抽样，即将母本中的全部调查对象按某一标准排列起来，先随机抽选一个样本作为起点，合并样本和母本单位数计算出抽样距离，按固定的顺序和计算出的间隔距离在母本中抽取若干样本。这种方法在经济领域、管理领域中有较高的应用价值。

3）分层抽样，即将母本中的个体按一定性质、特征或其他标准分层，比如服务行业可分为零售业、餐旅业、金融业等，再在各层次中用简单随机抽样或等距抽样来选取样本。这种方法适用于母本数量大，母本内部差异大的情况。

（2）非随机抽样法

非随机抽样法，又称非概率抽样法，是一种在抽样过程中加入了调查者主观因素的调查方法。非随机抽样法的优点是由于范围小，能对样本做深入、细致的了解，省时、省力、省钱；缺点是样本的选择过程中加入了调查者主观因素，因此难免带有某种程度的主观性，准确率不及普查法和随机抽样法。非随机抽样方法较多，较常用的有：

1）配额抽样法，又称定额抽样法，即根据调查目的，先把母本中的个体按一定性质、特征或其他标准分层，然后按一定比例分配样本数额，由调查者在定额的范围内主观地抽取样本。配额特征有两种情况：特征独立和特征交叉。特征独立是以单一特征根据配额抽取样本。比如根据性别分配样本数额：男 50 人，女 50 人。特征交叉是两个或两个以上特征交叉在一起，再根据配额抽取样本。比如性别特征与文化程度特征交叉：男 30 人，大学、中学、小学程度各 10 人；女 30 人，大学、中学、小学程度各 10 人。

2）典型调查法

人们常用的典型调查法，从本质上说，也属于非随机抽样法。典型调查指在一定的调查范围内，选择有代表性的典型样本为对象进行调查。进行典型调查，关键在于典型样本的选择，需要分析调查对象是否真正具有典型特征，其典型特征表现在哪一方面。所以，在对总体情况了解得不够的情况下，往往难以选好典型。如果对调查对象的总体情况大致有所了解，而仅仅需要进一步了解它的一般情况，则采用典型调查是一种可取的方法。

3. 文献调查法

文献调查法，又称调查案头工作法，是一种间接调查方法，主要通过查阅文献资料，分析资料所展示的事实，从而得出结论。一般来说，文献资料包括文字文献、数字文献、图像文献、有声文献等。各类调查方法都需要运用这一方法获取必要的文献资料。

4. 民意测验法

民意测验法主要用于了解较大范围内的公众意见、社会舆论等情况，一般采用问卷调查方式，辅以其他多种调查方式进行，是运用相当广泛的调查方法。其中，设计调研问卷是民意测验的关键环节，须依据调查目的、调查对象的特点进行。问卷设计得是否科学，问题设计得是否合理，很大程度上将决定民意测验的结果是否可信。

二、调研问卷的制作

问卷形式一般有三种，即结构型问卷、非结构型问卷和半结构型问卷。

结构型问卷，又称封闭型问卷，采取的是单项选择、多项选择方式。这种调研不暴露被调研者的身份，回答时省时、简单，故问卷回收率较高，真实性较大。

（一）问卷构成

一份完整的调查问卷通常可以分为三个部分：标题、前言和主体。

1. 标题

标题一般由"调研主题或问卷内容+调研问卷"两部分组成，如《关于大学生择业观的调研问卷》《××自行车工业公司市场调研问卷》。

2. 前言

前言部分主要讲明白该问卷调研的目的、意义、主题及简单的内容介绍，关于匿名的保证以及对回答者的要求，并要对回答者的配合予以感谢。好的前言可以在短小的篇幅内调动被调研者的积极性，使他们不仅能够明白调研的目的、意义，而且乐意配合。

3. 主体

主体是指调研问卷的主要部分，这一部分应包括调研的主要内容，以及一些具体答题的说明，通常是半封闭式的，由适当的填空题、单选题、多选题及少量主观题等组成。

调研问卷的主体通常可分为两部分，一是被调研者的背景资料，二是根据调研选题的核心内容设计的问题。一般说来，就被调研者的个人情况或背景资料设计的问题千篇一律，大多是关于个人的性别、年龄、学历等问题，但也可以根据调研主题进行一些相应的变通与增减，如调研"家庭养老问题"，就可能涉及婚姻状况、职业、收入、家庭成员构成情况等。设计问题时，要讲究相关性与逻辑性原则，问题与问题的推进有较明确的逻辑关联，题干与选项的设计要有技巧性。此外，对于回答问题的说明也要写清楚，如怎么写答案、跳答的问题、哪些人不回答的说明等。

（二）问卷设计技巧

问卷的设计是问卷调研过程中的难点之一。根据调研主题、目的、对象来设计科学、实用、有效的调研问卷，是一项技术性较强的工作。问卷设计的质量，将直接影响调查资料的真实性、适用性，影响到问卷的回复率等。因此，从调研意图出发，有技巧地合理设计问卷十分重要。

1. 问题的提出

调查问题的提出要合乎研究课题，根据调查目的限定问卷范围。从调查目的出发，保证需要了解的内容都涵盖在问卷题目范围之内，避免出现不必要的问题和不必要的重复。具体操作中，需要在设计环节将调查主题细化成若干问题，即根据调研主题分解成的几个核心方面来设计问题，使调研问卷真正为调研主题、意图与调研报告的撰写服务。

2. 问题设计的原则与技巧

（1）使用后续性措辞

问卷设计中应使用后续性措辞，以保证问题的关联性和连续性。问题间具有的关联性，可以使不同问题产生整体效果。比如："您喜欢怎样的装修风格？""您在装修前，最先考虑的是什么？""您在购买装修材料时，最先考虑的是什么？"这些问题具有明显的关联性。对这些问题的答案进行分析，可以了解家装市场情况：消费者对装修效果、装修质量、装修费用等方面的要求。问题间具有连续性，有利于被调查者依次回答，并给出有效答案；而内容跳跃太大，则会造成对问题理解和回答的困难。问卷中也需要注意先行问题的设置，以保证问题回答的可连续性。如调查某小区扫地机器人使用情况，可先问"您有扫地机器人吗"，得到肯定性回答后，再问其他与扫地机器人有关的问题，考虑到可能会得到否定性回答，还需有跳答及不回答等答题设计及要求说明。

（2）使用包容性措辞

问卷设计要使用包容性措辞，使所有潜在的被调查对象都可以回答。如：调查中问到婚姻状况，答案如果设置成"已婚""未婚"两个选项，便违背了包容性措施原则。显而易见，婚姻状态还有其他可能，如"离婚""丧偶""分居"等。因此，应尽量避免这种因为发生选择上的困难，而导致有效信息流失的情况。

（3）考虑问题的单一性

问题的设置需考虑问题的单一性，避免带有双重或多重含义而导致被调查者不能有效回答。比如，在调查父母职业对医学生专业选择的影响时，问题"您的父母是医生吗"就是一个带有双重含义的问题，实际上同时询问了"您的父亲是医生吗"和"您的母亲是医生吗"两个问题，由于一题两问，就使得那些父母中只有一个是医生的被调查者无法回答。

（4）问题应尽量客观中立

问卷设计中，问题应避免带有引导性的感情色彩或倾向性。问题的提法要尽量客观中性，不能在语意上产生引导性，以免对答题者形成诱导而使信息失去可信度。比如，问题"您打游戏吗"和"您不打游戏,是吗",内含的意思就有所不同。前者是比较中立的问法,而后者则带有一种希望被调查者回答"是的,我不打游戏"的倾向在其中。

(5) 问题要有技巧性

在设计问题时,对某些敏感问题使用委婉法,应间接发问,不要太过直露。比如当被问及某些个人隐私、敏感问题或对顶头上司的看法时,人们往往具有一种本能的自我防卫心理,如果直接提问,会带来很高的拒答率。如要了解大学生期末考试的作弊问题,直接问"你或你身边的同学考试作弊吗"的调查效度与问题意图的体现,便不如问"你觉得你校学生考试作弊者大约占多少比例"更适宜。

在对某些相对抽象的情况进行调研时,可以用虚拟法,假设一种情况存在,让对方对比作答。如:"如果您家中要装修,您希望装修成以下哪种风格?"这个问题可以向受访者设置"清新淡雅型""温馨浪漫型""异域风情型""豪华舒适型"等参考风格供对比选择,以提高问题调研与回答的效度。

此外,在调研过程中,也可适当使用消虑法。在对敏感问题正式发问前要有一定的说明和解释,以消除对方顾虑,使之配合调查。如告知对方问卷中的匿名保证,说明调查结果用途的安全性;等等。

3. 问题的数量

一份问卷应该包括多少个问题并没有固定的标准,通常要根据调研的主题与内容、样本的情况与性质、采用的调研分析方法,以及人力、财力和时间等各种因素来决定。但一般来说,问题不宜太多,问卷不宜太长,通常答题时间以在半小时内完成为宜。问卷太长容易引起回答者的厌倦心理或畏难情绪,影响填答的质量和回收率。如果是深度调查或专业调查,或可以借助客观力量保证调查顺利进行,问题量的设置则可视情况决定。

4. 问题的排列

调查问卷中,问题的排列应该遵循"同类组合,先易后难,先次后主,先一般后特殊,先封闭后开放,多封闭少开放"的基本原则。"同类组合"是指将同一性质或维度的问题放在一起,如性别、年龄、职业等,或者将围绕同一核心话题设计的问题按某种逻辑排列在一起。"先易后难"是为了给对方比较轻松的感觉,为其继续答题提供心理动力。"先次后主"是指一步步接近主题或核心问题。"先封闭后开放"是指先放置选择题,后放问答题等。

5. 答案的设计

答案设计应遵循相关性原则,即设计的答案必须与询问问题直接相关。如询问"团队领导者应该具备哪些能力",其答案就应该列举与领导工作相关的管理能力、决策能力、专业能力、沟通能力等。

答案设计应遵循穷尽性原则，即设计的答案应该是穷尽一切可能的答案，而当答案过多时，可以只设计几种符合调研主题与意图的核心答案，然后加一个"其他"，这样就达到了穷尽性要求。如"您最喜欢的求职类综艺节目有哪些"，可以设计"令人心动的offer""你好，面试官""100道光芒""初入职场的我们""其他"等选项，以实现对调查意图与调查对象穷尽性较好的结合。

答案设计应遵循互斥性原则，即设计的答案必须互相排斥，没有重叠部分。如询问"您的职业是什么？"如果设计的答案是公务员、教师、商业人员、市场经理，就不符合互斥性原则，因为"商业人员"与"市场经理"不是互斥而是兼容的。

调研问卷中，问题的答案有填空式、判断式、多项式、矩阵式等多种排列形式，可根据调查需要与问题情况选择一种或多种形式进行排列。

（三）调研问卷例卷

设计在问卷前，应该了解我们调查的对象，因为问题是给调查对象看的，所以我们的设计必须符合他们的习惯。一方面，我们的设计应尽量符合地方的语言习惯；另一方面，我们对地方的整体情况及调查的背景资料应该有全面的了解。当然问卷调研可以采取自填式，即让被调查者自己填写；也可以采取访问式调查，即派专人带问卷向被调查者询问答案。至于采取何种方式，可以根据调查的难度、被调查者的文化水平、研究者设计问题复杂程度等来决定。

关于××大学学生对电子竞技纳入大型体育赛事接纳度情况的调研问卷

为接轨亚运会等大型赛事，了解×大学学生对电子竞技的态度及电竞类比赛纳入大型体育赛事的接纳程度，探索在校园内举办电子竞技比赛及开设相关课程或讲座的可行性，特开展本次问卷调查。相关结果仅供学术活动使用，请放心填写。谢谢！

1. 您的性别是_____
2. 您所在的学院是_____
3. 您的年级是（   ）[单选题]
A.大一　　　　B.大二　　　　C.大三　　　　D.大四　　　　E.研究生或博士生
4. 您每天用在电子竞技类游戏上的时间大约是多久？[单选]
A.1小时以下　B.1—3小时　C.3—5小时　D.5小时以上　E.不玩该类游戏
5. 您平常更喜欢玩哪款电子竞技类游戏？[多选]
A.王者荣耀　　B.英雄联盟　　C.和平精英　　D.炉石传说
E.刀塔2　　　F.梦三国2　　　G.街霸5　　　H.FIFA Online 4
I.其他
6. 您平常会关注电子竞技类比赛吗？[单选]
A.偶尔会看到　　　　B.经常关注　　　　C.没有关注过

7.您对电子竞技比赛的态度是什么？［单选］

A.非常支持　　B.比较支持　　C.中立态度　　D.比较反对　　E.反对该类比赛

8.您平常参与电子竞技类游戏的形式是什么？［多选］

A.一个人娱乐　　　　　　B.网络自由组队

C.约朋友组队　　　　　　D.院校或其他级别组织的比赛

9.您平常参与电子竞技类游戏的主要场所是哪里？［多选］

A.寝室　　　　B.网吧　　　　C.校内公共场所　　　　D.其他

10.您认为电子竞技会对您产生什么影响？［多选］

A.锻炼人的思维反应能力

B.增强人与人的沟通

C.结交更多朋友

D.身体机能紊乱

E.脾气暴躁，孤僻寡言

F.沉迷游戏，无心学习

11.如果××大学举办电子竞技娱乐赛，您会选择参加吗？［单选］

A.不关心

B.可能会参加

C.非常想参加

E.反对举办

F.不会参加，但是会去观看比赛

12.您是否支持学校开设电子竞技的相关课程或讲座？［单选］

A.非常支持，一定会报名

B.不感兴趣

C.存在即合理

D.反对开设

13.您对电子竞技成为亚运会等大型赛事比赛项目的态度是以下哪种？［单选］

A.非常支持　　　B.支持　　　C.中立态度　　　　D.反对

14.您是否认为电子竞技会成为奥运会的正式比赛项目？［单选］

A.会成为　　　　　　B.不确定　　　　　　C.应该不会

15.您对学校举办电子竞技娱乐赛有什么建议？

三、实训演练：调研问卷制作

以"京杭大运河非遗文化保护与传承工作"为调研主题，制作完成一份格式规范、内容齐全、题量在10至15题的半封闭式调研问卷。

任务4　如何展开调研

一、调查方法的综合使用

在完成了选题研究、确定了调研主题、分析了调研内容、选定了调查方法、设计了调研方案后，就到了真正展开调查的环节。因为不同调查方法的功用与偏向不同，通常一次调查需要综合使用多种调查方法，以获得多样化的数据与事实，更丰富全面地反映调查事实，做出更科学合理的调查结论。在各调查方法中，问卷调查能够满足调查中铺开面的调查需要，因为它是一种民意调查方法，调查样本的数量丰富，得出的结论也更客观科学。但问卷调查法缺失个性化的、有针对性的调查事实，且对问题的调查深度有限，因此，在调研中，往往还配合以访谈法和文献调查法等。访谈有利于捕捉到选题相关的个体或小团队的意见、看法和意图，适合将调研往深处挖掘；而文献调查法则主要收集二手资料，既有利于了解该选题过往的情况，也能够产生比较效果，以作出发展性的结论。

二、合理选取调查对象

调查研究中，根据情况，首先确定是全面调查还是非全面调查。前者是对调查对象的所有成员进行调查；后者是对调查对象的一部分进行调查，通过典型调查和随机抽样调查来完成。对调查对象进行非全面调查时，合理选取调查对象、根据不同对象确定不同的调查方法，是非常重要的调查策略，是保证调研质量的关键之一。

一般说来，应该选取对调查内容、调查专题熟悉、了解的人员；同时，也要注意被访人员层次的广泛性，可根据调研主题需要，按年龄、行业、性别、受教育程度等进行选择，以保证调查数据与结论的科学性。

三、详细占有第一手资料

1. 讲究"沉"

着手开始调查后，要深入实际，广泛调查，详细地占有第一手资料。调查中，首先要讲究"沉"，需要真正地沉下去，沉到调查对象和调查区域中，用心地听，用心地看，用心地交流。

2. 讲究"全"

调查中，要讲究"全"，即全面了解。尽管调查得来的事实、数据、看法不一定都能够写入调研报告中，甚至可能不是我们调查所需要的材料，但是要全面重视调查当中所得的材料，这也是调查中获得前期研究所未曾考虑到或设想的新情况、新角度的好机会，可能正是这些事先未设想到的材料、事实与角度，能够提升调研报告的价值。

3. 讲究"引"

调查中，特别是访谈调查、实地调查、电话调查、网络调查中，调查对象不可能完全清楚你的调查目的、意图，也不可能完全按照你询问的问题来展开话题，因此，调查者要注意引导，即引导调查对象围绕调查的主题发言，围绕所要了解的重点发言，多提供调查所需要的有针对性的数据和事实。

4. 讲究"实"

调查中，也要讲究"实"，即调查工作要做实、调查事实要真实。调查中坚定地贯彻实事求是原则，要求调查的对象讲实话，反映实际的情况，对有关典型事实、细节和数字要反复核实。

另外，要对记录的材料及时进行整理，查漏补缺，甄别错误。在调查座谈或个别访谈之后，调查人员一定要及时对自己的记录作梳理提炼，甄别被调查人员是否反映了实际问题，素材是否全面，调查座谈的目的是否达到；哪些素材有用，哪些素材备用，哪些素材还要继续调查。同时，调查者们还可以经常交流，集思广益，提出看法和见解，这样可以使调查更深入，获得更多的真知灼见。

实训二　调研报告撰写

任务 1　学会调查数据统计与分析

调查数据统计与分析是调查研究过程中非常重要的一环，其主要目的是通过收集到的数据来揭示某种现象或问题的特征和规律，进而提出相应的解释、预测和建议。

一、调查数据统计与分析

调查数据的统计与分析，有完整流程与分析方法，经科学分析方可合理、有效使用。

1. 数据收集。首先，需要收集与调查主题相关的数据。这些数据可以来自问卷调查、实地观察访谈、公开资料等多种渠道。强调客观、科学地收集数据，确保其真实性和可靠性，避免主观臆断和偏见。

2. 清洗与编码。在收集到原始数据后，需要进行数据清洗。主要是细致检查数据的质量，去除重复、错误或不一致的数据，以及处理缺失值。同时，也需要根据情况需要，对于非数值型的数据（如性别、职业分类等）进行编码，将其转换为数值型数据，以便进行统计分析。

3. 数据可视化。数据分析结果需要通过文字、图表等图文匹配形式进行清晰的呈现。通过图表（如柱状图、折线图、饼形图、散点图等）将数据进行可视化展示，以便更直观地理解数据特征和关系。

4. 数据分析与解释。结合调查目的和背景知识，对统计结果进行深入分析，揭示数据背后的含义和规律，并对调查主题进行解释和说明。数据分析要有系统性，从多个角度和层面进行全面、系统的分析，避免片面性；也须进行适当比较，将数据进行横向和纵向比较，以揭示差异和变化。在进行数据分析与推断时，还应具备一定的预测性，即基于历史数据和现有信息，对未来的趋势进行预测和推断。

5.提出结论与建议。根据数据分析结果，提出具有针对性的建议或策略，为调研报告撰写提供依据，为现实决策提供参考。

二、调研报告中数据的使用

（一）区分结果和结论

调查中要得出合理的调查结果，需要提供可靠数据来证明，通过对收集的数据结果进行阐释、讨论，进行分析、推理，得出结论。结果多是数据与事实的呈现，结论则是基于事实、数据、结果等分析、阐释得出的观点。如某份调研报告中写道："家乡在二线及以下城市的受访者中，刚毕业把一线/新一线作为首选就业地的为58.6%；工作十年以上的受访者，首选就业为一线/新一线的降至36.3%。刚毕业就把二线及以下城市作为首选就业地的受访者有41.4%，工作十年以上将二线及以下城市作为首选就业地的上升至53.8%"。这主要是调研数据统计结果，该报告根据这些数据与事实作出的结论是：随着工作年限的增加，受访者选择一线/新一线为就业首选城市的比重呈递减趋势。

（二）有效地组织数据

调研中，自各种渠道得来的数据，虽然有围绕选题这一大的方向，但若没有相应的观点统率，没有一定的技巧组织，则会影响调研报告的逻辑、表达与呈现，影响调查报告的质量。

1.案例：某年度新能源汽车销售情况调查与统计数据

202×年我国新能源汽车产销分别完成705.8万辆和688.7万辆，同比分别增长96.9%和93.4%，连续8年保持全球第一。新能源汽车全年销售688.7万辆，市场占有率提升至25.6%，高于上年12.1个百分点，全球销量占比超过60%。其中，纯电动汽车销量536.9万辆，同比增长81.6%；插电式混动汽车销量151.8万辆，同比增长1.5倍。自主品牌新能源乘用车国内市场销售占比达到79.9%，同比提升5.4个百分点；新能源汽车出口67.9万辆，同比增长1.2倍。全球新能源汽车销量排名前十的企业集团中我国占据3席，动力电池装机量前十企业中我国占据6席。截至202×年底，全国累计建成充电桩521万个、换电站1973座，其中202×年新增充电桩259.3万个、换电站675座，充换电基础设施建设速度明显加快。累计建立动力电池回收服务网点超过1万个，基本实现就近回收。

2.问题

对于以上案例，如何避免琐碎堆砌，清晰地呈现主要数据？

3.方法

调研报告写作中的数据组织与表达，方法众多，其中，"分门别类，提示内容"，支持报告的整体思路与表述，以及"以观点带数据，结果与阐释结合"，都是很重要的方法与手段，两者可以根据写作需要单独使用，也可以在报告中综合使用，呈现出最佳效果。以上述案例为例，可看出两种方法的使用效果及其存在的差异。

（1）方法一：分门别类，提示内容

经过调查、统计与分析，现将情况报告如下：

产销情况。202×年我国新能源汽车产销分别完成 705.8 万辆和 688.7 万辆，同比分别增长 96.9%和 93.4%，连续 8 年保持全球第一。

市场规模。202×年我国新能源汽车全年销售 688.7 万辆，市场占有率提升至 25.6%，高于上年 12.1%，全球销量占比超过 60%。其中，纯电动汽车销量 536.9 万辆，同比增长 81.6%；插电式混动汽车销量 151.8 万辆，同比增长 1.5 倍。

品牌竞争力。202×年，自主品牌新能源乘用车国内市场销售占比达到 79.9%，同比提升 5.4 个百分点；新能源汽车出口 67.9 万辆，同比增长 1.2 倍。全球新能源汽车销量排名前十的企业集团中我国占据 3 席，动力电池装机量前十企业中我国占据 6 席。

配套设施。截至 202×年底，全国累计建成充电桩 521 万个、换电站 1973 座，其中 202×年新增充电桩 259.3 万个、换电站 675 座，充换电基础设施建设速度明显加快。累计建立动力电池回收服务网点超过 1 万个，基本实现就近回收。

（2）方法二：以观点带数据，结果与阐释结合

经过调查、统计与分析，现将情况报告如下：

产销持续爆发式增长。202×年我国新能源汽车产销分别完成 705.8 万辆和 688.7 万辆，同比分别增长 96.9%和 93.4%，连续 8 年保持全球第一。

市场规模全球领先。202×年我国新能源汽车全年销售 688.7 万辆，市场占有率提升至 25.6%，高于上年 12.1 个百分点，全球销量占比超过 60%。其中，纯电动汽车销量 536.9 万辆，同比增长 81.6%；插电式混动汽车销量 151.8 万辆，同比增长 1.5 倍。

品牌竞争力大幅提升。202×年，自主品牌新能源乘用车国内市场销售占比达到 79.9%，同比提升 5.4 个百分点；新能源汽车出口 67.9 万辆，同比增长 1.2 倍。全球新能源汽车销量排名前十的企业集团中我国占据 3 席，动力电池装机量前十企业中我国占据 6 席。

配套环境日益优化。截至 202×年底，全国累计建成充电桩 521 万个、换电站 1973 座，其中 202×年新增充电桩 259.3 万个、换电站 675 座，充换电基础设施建设速度明显加快。累计建立动力电池回收服务网点超过 1 万个，基本实现就近回收。

对于调研报告中的数据组织，很明显，第二种方法因为观点与判断的融入，比第一种方法更容易让读者产生明晰的事理认知和现象判断，效果更佳。当然，在具体的写作过程中，有经验的写作者大多会进行一个"分门别类，提示内容"的过程，但呈现在成文的报告中，实现"以观点带数据，结果与阐释结合"的数据使用方式，就是两种方法的综合使用了。

（三）统计表格与图形的使用与分析语言

1. 统计表格与图形使用

在调查数据的统计中，服务于不同的数据使用方式的需要，要用到多种形式的数据统计方式。如需要详尽细致地呈现数据，通常可以使用规范的统计表格，以下为某高校调查毕业生就业去向的数据统计表格的构成与样式（图4-2）。

用人单位性质分析 ——— 总标题（含表序号）

用人单位性质	频数	百分比/%	累计百分比/%
保险集团公司	8	8.6	8.6
产险公司	23	24.7	33.3
寿险公司	29	31.2	64.5
保险专业中介机构	5	5.4	69.9
银邮兼业代理机构	18	19.4	89.2
车商等其他兼业代理机构	4	4.3	93.5
其他性质公司	6	6.5	100.0
合计	93	100.0	——

由统计变量构成的横向标题；由统计指标构成的纵向标题；指标数据

注：产险、寿险公司包括各类中资和外资保险公司 ——— 表注（尾注）

图4-2　调研报告数据统计表格的构成与样式

这种数据统计表格的特点是数据翔实，指标明晰，由此得出的结论说服力强。上述统计表格可变成统计图形，数据减少但直观性增强，如图4-3：

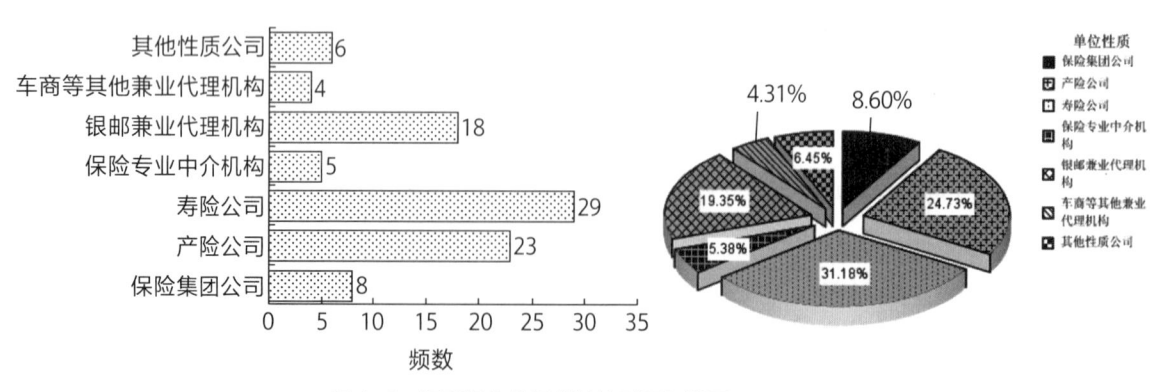

图4-3　调研报告数据统计柱形图与饼图

2. 统计表格与图形分析语言范例

如上述统计表格配合使用在调研报告的撰写中，需要匹配到位的分析语言，既使用数据，又分析结果，最后得出结论，方是成功有效的数据使用。如图4-4：

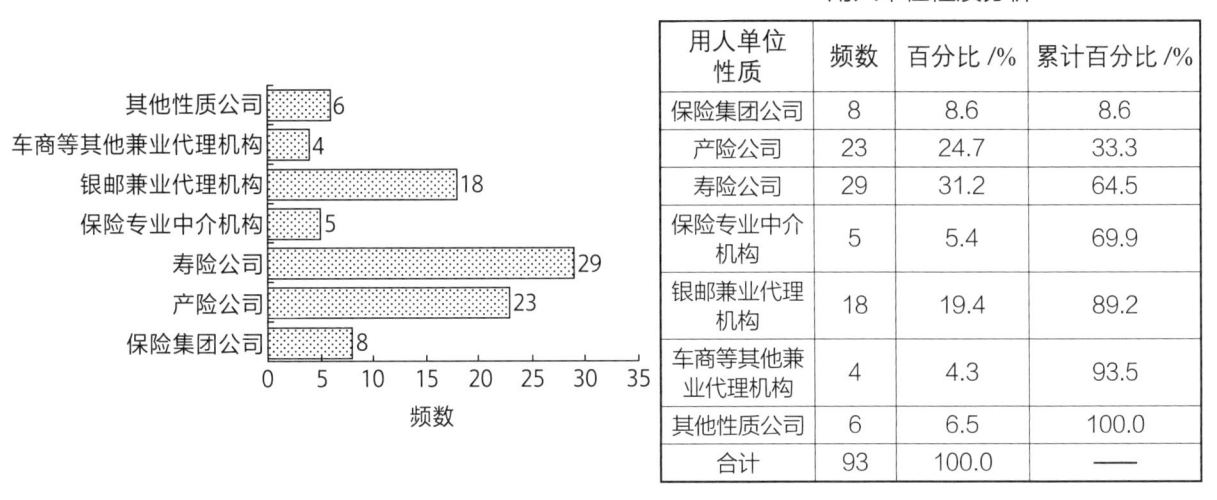

用人单位性质分析

用人单位性质	频数	百分比/%	累计百分比/%
保险集团公司	8	8.6	8.6
产险公司	23	24.7	33.3
寿险公司	29	31.2	64.5
保险专业中介机构	5	5.4	69.9
银邮兼业代理机构	18	19.4	89.2
车商等其他兼业代理机构	4	4.3	93.5
其他性质公司	6	6.5	100.0
合计	93	100.0	——

图 4-4　调研报告数据统计柱形图与统计表综合运用

与上述图表匹配的调研报告行文分析：

从对省内外 93 家用人单位的性质分析（见表 2-1）来看：保险集团公司 8 家，占比 8.6%；产险公司 23 家，占比 24.7%；寿险公司 29 家，占比 31.2%；保险专业中介机构 5 家，占比 5.4%；银邮兼业代理机构 18 家，占比 19.4%；车商等其他兼业代理机构 4 家，占比 4.3%；其他性质公司 6 家，占比 6.5%。上述样本中，保险公司共 60 家，占全部样本的 64.5%，包括专业中介机构、各类代理机构在内的用人单位共 87 家，占全部样本的 93.5%。从上述用人单位性质分布结构可以看出，我校保险实务专业学生主要的就业单位主要是保险公司，但在其他性质的企业也有一定的分布。

三、实训演练

实训 1　对图 4-5 中数据进行合理分析并概括得出结论

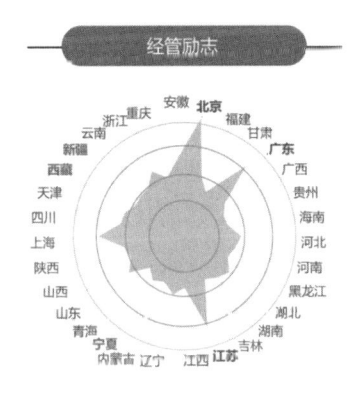

图 4-5　202×年度当当网各地用户购买、阅读经管励志类图书情况

实训 2　对下表中数据进行合理分析并概括得出结论

女性日常生活报告：

苗条的女性	时间	肥胖的女性
起床	6:30	
吃早餐	7:00	起床
上班（走600m到地铁站—40分钟—再走300m到公司）	7:40	上班（走200m到公交站—45分钟—走150m到公司）
矿泉水一杯	8:50	自动售货机的咖啡一杯
工作	9:00—12:00	工作，吃零食
吃午餐	12:00	吃午餐
工作，16:00吃零食（3个橘子，1块优酪乳）	13:00—18:00	工作，16:00吃零食（1/3袋饼干，1杯咖啡）
下班（与上班路线相反）	18:00	下班（与上班路线相反）
吃晚餐	19:20	玩电脑和看电视，吃零食
快走运动（5公里左右）	20:30	
睡觉	22:30	吃夜宵（1/2碗拉面）
	23:30	睡觉

任务 2　如何撰写一份有质量的调研报告

一、调研报告写作全过程

从准备调研到开始写作，直到调研报告完成是一个复杂的过程，其中包含若干不可省略的步骤。

1. 研究政策，确立主题

调研报告通常是为了某种目的、完成某项任务或配合某中心工作而写，政策性、针对性很强。所以首先要研究党和国家的相应政策，了解上级的有关精神，明确调研报告写作的目的。在此基础上，确立调研报告的主题，进而找准调查和写作的侧重点。

2. 制订方案，现场调查

调研方案是对调研工作的具体安排，应体现调研工作由选择项目到调研报告写作完成的全部进展过程，主要包括调查目的、对象、范围、方法、时间安排、人员配置、物资费用等问题。根据调研方案对工作的安排，用拟定的调查方法，在既定的调查对象、范围中进行深入细致的调查，做到充分占有材料，保证材料的全面翔实，避免以偏概全，影响观点的阐述。

实地调查是一项技术性较强的工作，除了使用一定的调查方法外，还应具有较好的沟通能力和采访技巧。

3. 整理材料，分析研究

整理材料主要是对材料进行鉴别、分类、筛选和补充等，为下一步分析材料做准备。在整理的过程中，须遵循一些基本原则，比如材料是否与调查目的相关，是否准确真实，是否全面具体等。通过整理，将不同类别的定量材料、定性材料进行区分和归类，做好重点材料、典型材料的选择工作，删除无效或不符合要求的材料，补充完备必要的材料。

能否把各种材料的内在联系揭示出来，更准确地推导出结论，发现事物发展的必然规律，关键在于对材料的分析是否具体、深入。如果分析材料的功夫不够，将直接导致调查工作及调研报告的价值被降低。因此，分析材料是调研报告写作各个环节中的关键之关键。

分析材料时，要注意把握主要因素与次要因素、内部因素与外部因素、稳定因素与可变因素之间的关系；要善于从若干个别材料体现出的共性中归纳出具有普遍性的结论；注意分析材料所包含的思想内涵和影响，事实与背景之间的关系；在对个案材料、典型材料的分析中，还需要清晰地展示调查对象的独特之处；等等。

根据调查目的，在分析材料的基础上，由表及里地把握材料的内在性质和联系，从而概括出准确、可信的结论。推导出结论的材料不可能，也没有必要全部写入报告中，应根据结论认真选材，选择能够充分支持结论、以一当十、客观翔实的材料。

4. 构思结构，调整层次

筛选好材料后，就可以构思全篇的结构了。在构思中，要根据写作目的调整层次，结构和层次都要为最终的目的服务。

5. 编写提纲，形成报告

提纲是调研报告的最初框架。编写提纲，可以在调研报告的写作过程中保持思路的清晰、层次的分明。最后动笔写作时，注意选择合适的表达方法，比如用叙述的方式展现调查的过程，用说明的方式表述材料数据，用议论的方式对材料进行分析评价。如例文的前言，主要用叙述的方式介绍调查的目的、对象、范围、方法等内容。正文中或用语言，或用图表，对调查所得数据进行说明，再结合议论的方式对数据材料进行分析，形成观点，揭示规律。

6. 修改润色，添加附录

调研报告与公文不同，在真实的基础上，可以尽量写得生动些。恰当地使用一些修辞手段，感染读者，使其接受你的观点。附录包括引文的出处和对一些情况的说明，有时还要包括某些重要的随文附件。

二、调研报告的写法

调查研究是撰写调研报告的先决条件。没有调查研究，就没有报告。通过调查获取大量材料，通过分析整理、研究，归纳出一个个论点，在此基础上，才能找出规律性的要义，这是调研报告的主旨。只有进行深入细致的调查研究，积累丰富的材料，才能为写好调研报告打下坚实基础。

（一）写作图示

撰写调研报告要把握三个环节：一是深入调查，获取材料；二是认真分析研究，揭示客观规律，确定主旨；三是精心谋篇布局，完成撰拟工作。其写作基本结构图示如图4-6：

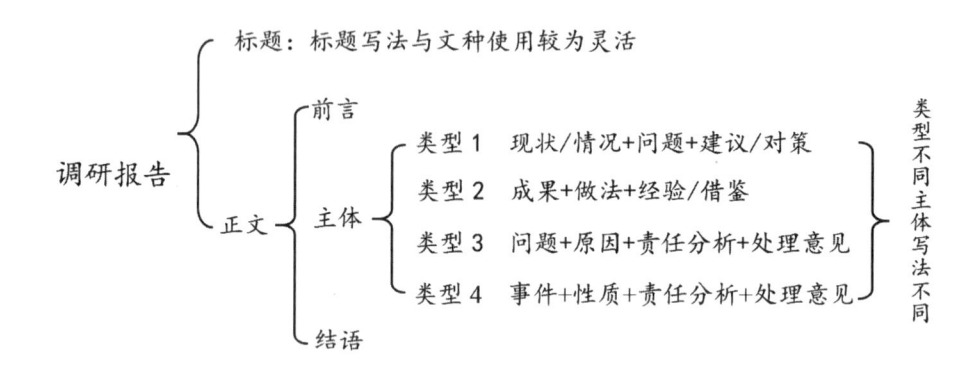

```
                 ┌ 标题：标题写法与文种使用较为灵活
                 │       ┌ 前言
                 │       │       ┌ 类型1  现状/情况+问题+建议/对策   ┐
调研报告 ┤       │       │                                            │ 类型不同
                 │ 正文 ┤ 主体 ┤ 类型2  成果+做法+经验/借鉴          │ 主体写法
                 │       │       │ 类型3  问题+原因+责任分析+处理意见  │ 不同
                 │       │       └ 类型4  事件+性质+责任分析+处理意见  ┘
                 │       └ 结语
```

图4-6　调研报告写作结构

（二）写作详解

1. 标题

调研报告的标题形式比较灵活，通常有两种构成形式：一种是单行标题，一种是双行标题。单行标题又分两种形式：一种是公文式标题，由事由和文种构成，如《××街道残疾人救助工作调研报告》；另一种是内容概括式标题，如《联合之路就是生财之路》《湖南农民运动考察报告》。双行标题又叫主副式标题，由主标题和副标题构成，如《推进三产融合，打造振兴样板——黑龙江省兴十四村打造乡村振兴样板经验调研报告》。

调研报告文种表述的特殊性：一般应用文文种的表述是比较固定和规范的，但调研报告可以有灵活的表述，如可省略"报告"二字，只写"调查"；也可用"考察报告""研究报告"；甚至可以不出现文种，而用一般文章标题。

无论采用哪种形式拟制标题,都要力求做到简洁、醒目、观点鲜明。

2. 正文

调研报告正文的结构一般由前言、主体和结语三个部分组成,其各部分的基本内容和写作要求如下:

(1)前言,又称导语或引言。它是调研报告的前言,简洁明了地介绍有关调研的情况,或提出全文的引子,为正文写作做好铺垫。

前言一般概括说明三方面内容:一是调查工作的基本情况,二是调查对象的基本情况,三是调查研究结论的提示。总之,方法多样,应根据主旨需要而定,简明扼要地说明调查的原因、目的、背景、时空、对象、范围、方式等情况,也可概括本次调查的基本观点、主要意义和主要内容等。

(2)主体:核心部分。这是调研报告的核心内容,也是对调查研究结果的具体引证、说明部分。主体的结构有不同的框架。

根据逻辑关系安排材料的调研报告框架,主要有纵式结构、横式结构、纵横式结构。这三种结构中以纵横式结构常为人们采用。

按照内容表达的层次组成的调研报告框架,根据不同类型的调研报告,主体结构有所不同,大致有以下四种类型,即"情况—问题—建议"式结构,多用于反映基本情况的调研报告;"成果—具体做法—经验"式结构,多用于介绍经验的调研报告;"问题—原因—意见或建议"式结构,多用于揭露问题的调研报告;"事件过程—事件性质结论—处理意见"式结构,多用于揭示意外事件的调研报告。

(3)结语。调研报告的结束语,带有结论性质,总结概括全文,提出相关建议、对策等,是分析问题、解决问题的必然结果,要求简明扼要,言尽即止。

三、例文解析

关于××大学学生对电子竞技纳入大型体育赛事接纳度情况的调查

2020年12月16日,第38届亚洲奥林匹克理事会全体大会在阿曼苏丹国马斯喀特市召开,会议批准电子竞技成为杭州亚运会正式项目。2021年11月5日,杭州亚组委公布了第19届亚运会项目所有小项,其中电竞项目的八个小项分别是《英雄联盟》《王者荣耀亚运版本》《和平精英亚运版本》《FIFA Online 4》《炉石传说》《街霸5》《梦三国2》与《DOTA 2》(后《炉石传说》被取消),这是电竞继2018年成为雅加达亚运会表演项目后,首次作为亚运会正式竞赛项目出现在

> 标题是公文式标题,由事由和文种构成,事由由介词"关于"引出。
>
> 本份调研报告选题宏大,有很强的国际、国内背景,亦有较强的领域性和专业性,因此前言的第一段对相关背景情况进行了较具体的铺垫,将此次调研的意义作了相匹配的介绍。

公众视野中，项目所获得的奖牌将计入国家奖牌榜。

近年来，电竞行业逐渐进入大众的视野，为越来越多的人所接受。从最初的不被看好，饱受指摘，到如今万众瞩目，各大社交平台为其胜利狂欢。2021年11月7日凌晨，在英雄联盟2021全球总决赛（S11）中，中国大陆赛区（LPL）EDG战队鏖战五局，最终以3:2逆转战胜韩国赛区DK战队，夺得冠军，这是EDG队史首次获得S赛冠军。EDG夺冠之夜，××大学的生活园区与全国各大高校一样为其胜利而欢呼，有的爱好者自述彻夜难眠。EDG夺冠为何能够引起如此大范围的关注？为何这种情绪甚至能够感染到对电竞一无所知的路人？EDG夺冠是否意味着电竞行业面临新的转机？宣布电子竞技成为杭州亚运会正式项目以来，社会上对此一直争论不休。电子竞技究竟只是一个"游戏"，还是能够承载运动会的体育精神？年轻人对此是什么看法呢？如果在××大学举办一期电子竞技娱乐赛，学生是否愿意参加？学生对于电子竞技进校园的态度如何？项目组带着这些问题，在××大学进行了一项调查。

二、调查基本情况

为接轨亚运等大型赛事，更加全面客观地了解学生对电竞体育赛事的态度，更好地了解××大学学生对于电子竞技类比赛的接纳程度，以及当代年轻人眼中电竞赛事的意义，探索在校园内举办电子竞技比赛的可行性，2022年3月9—23日，项目组进行了为期半个月的调查研究。调查采取抽样法、问卷调查法、访谈法和文献调查法等多种方法相结合的形式进行，并最终通过问卷回收、数据收集及分析研究后完成调研报告的撰写。

本次调查主要是通过××大学校内特定渠道，采用网络方式发布问卷，共收回在校本科生和研究生参与的108份调查问卷，分别有25位男生和83位女生填写，主要集中在大三年级，82位学生参与了调查，占75.93%；其次是大二12位学生参与，占11.11%；大

此前言用了比较典型的由上而下逐层聚焦的写作方式，采用"大背景→大赛事→热点赛事"逻辑链推进，再落点到××大学校园这一本次调研的对象与范围。

将一系列调研中的核心话题设置成问题，将前言引向正文，过渡流畅而自然，调研重点亦有了清晰呈现。

第二部分对本次调查的基本情况进行了全面而简练的介绍，包括调查的意义、时间、方法、样本、对象，问卷回收情况、基本数据情况等。

一9人，占8.33%；大四3人，占2.78%；研究生2人，占1.85%。调查对象来自财政税务学院、会计学院、金融学院、经济学院、马克思主义学院、人文与传播学院，可以说是一次覆盖面较广的校园调查。

此外，项目组一共访谈了6位××大学生，他们同时也是电子竞技爱好者。通过调研，对于能否在××大学举办电子竞技娱乐赛有了较明确的结论，同时对于电子竞技加入亚运会有了新认识。

三、电竞娱乐赛进××大学校园可能性调查

（一）××大学学生参与电竞游戏现状分析

本次调查问卷涉及的电子竞技类游戏主要针对2022年亚运会电子竞技类项目，包括王者荣耀、英雄联盟、和平精英、炉石传说、刀塔2、梦三国2、街霸、FIFA Online 4等。调查中首先对该校大学生每日参与电子竞技类游戏时长做了统计，调查结果如图1所示。

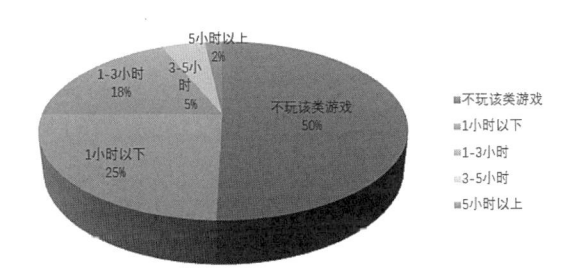

图1 每日在电子竞技类游戏上花费的时间

可以看出，××大学在校大学生中，玩电子竞技类游戏的人数占一半，其中，每天玩电子竞技类游戏时长在1小时以下的同学占50%，3小时以上的人数较少。总体而言，对于参与电子竞技类游戏的在校生，每天花在电子竞技类游戏的时长绝大部分都控制在3小时以下。

情况简介中重点突出了本次调研中的访谈部分，与正文的相关部分形成照应。

正文核心部分对调研数据进行分析，首先对"电竞娱乐赛进××大学校园可能性调查"，第一个问题"××大学学生参与电竞游戏现状分析"，从游戏时长、项目、形式、场所4个方面进行了调查，这是本调查中的基础问题，但又是非常必要且能够准确说明问题的方面。因此，这4个问题的设计很到位。

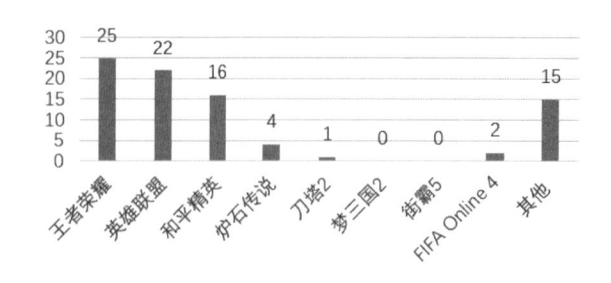

图2　平常参与的电子竞技类游戏项目

图2是对在校生平常参与的电子竞技类游戏项目的调查情况。为增强调查的针对性，本次调查问卷选用的电子竞技类项目与2022年杭州亚运会项目重合，从图中数据中可以知道，亚运会电子竞技的八大项目中，基本涵盖了70%左右的受众群体，27.78%的在校生在平常会选择其他类型的电子竞技项目。在以上电子竞技类项目中，王者荣耀与英雄联盟高居榜首。

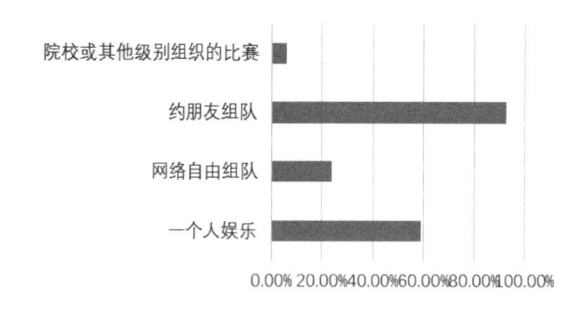

图3　平常参与电子竞技的主要形式

图3是对平常参与电子竞技的主要形式的调查结果。根据图可得，90%以上的参与者都会选择与朋友组队或是网络自由组队参与比赛。根据电子竞技类游戏的特质，团体赛是电子竞技的主要方向，参与者大多会选择与熟悉的朋友一起比赛，但是由于缺乏正式组织的比赛，大多数参与电子竞技的同学在线下进行比拼的场合较少。

在对×大学生在校期间参与电子竞技类游戏的主要场所的多选调查中，几乎所有同学都会选择在寝室

> 从写法而言，行文中图表与文字的匹配使用，既增强了数据分析的直观性，亦使行文不单调，增强了调研报告写作的灵动性。这也是调研报告撰写中较为独特的文种写作技法。

中玩电子竞技类游戏，占比高达 94.44%，有 31.48% 的同学会在学校内其他场所玩游戏，在网吧（7.41%）、其他场所（12.92%）等地的比例相对较少。由于大部分电子竞技类游戏都需团队合作，大部分参与电子竞技的同学选择在寝室玩，线下活动开展较少，多选择线上进行团队赛。

（二）××大学学生对于举办电竞比赛态度

调查数据表明，对电子竞技类比赛的关注，42.6% 的受访者表示经常关注，53.7% 的受访者偶尔关注，只有 3.7% 的受访者表示没有关注过。图 4 是×大学生对电子竞技类比赛的态度情况。

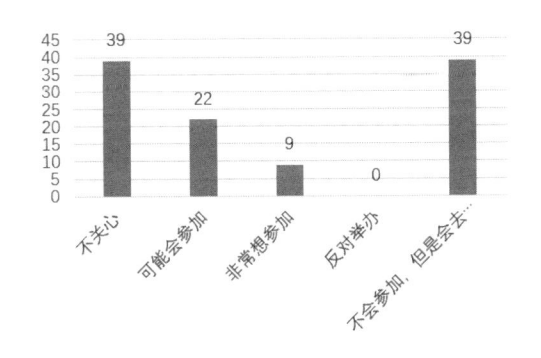

[图表：柱状图显示 不关心 39、可能会参加 22、非常想参加 9、反对举办 0、不会参加但是会去… 39]

图4　学校开设电子竞技相关课程或讲座的支持情况

结合以上两项调查结果可以看出，近几年来电子竞技类游戏的普及度迅猛提升。在所有的调查同学中，只有两位同学日常没有关注过电子竞技类的比赛，表明大部分同学对电子竞技保持一定的关注度与好奇度。同时，大部分的同学表示会支持电子竞技比赛。

在关于××大学学生对于学校举办电子竞技娱乐赛，自己是否会选择参加的调查结果中显示，20.18% 的同学表示可能会参加该娱乐赛，8.26% 的同学表示非常想参加。同时，35.78% 的同学表示虽然不会参加比赛，但是会去观看比赛，体现了同学们对电子竞技娱乐赛的赞同。在所有调查对象中，没有人反对举办××大学电子竞技娱乐赛。

图 5 关于学校开设电子竞技相关课程或讲座的支持情况的调查结果表明，接近 6 成的同学对于开设电

> 在上文完成基本情况调查的基础上，正文核心数据分析的第二部分是"××大学生对于举办电竞比赛的态度"，按"关注度→态度→参加意愿→支持度"的思路展开，很好地切近了调研主题，形成步步递进、逐层深入的调研思路。写作中图文匹配，数据能支撑分析与结论，令人信服。

子竞技类的相关课程或讲座不感兴趣，表示支持开设的同学占比 36.7%。同学们对于电子竞技类娱乐赛进校园相较于该类课程或讲座进校园接纳程度更高，娱乐赛进校园的欢迎程度也更高。

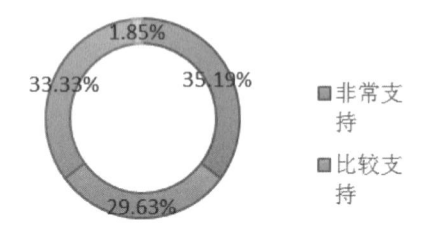

图 5 对电子竞技类比赛的态度

根据以上调查结果可得出以下结论：

1. 电子竞技线下比赛开展较少，电子竞技游戏爱好者参与正式比赛机会较少；

2. 电子竞技类游戏参与者主要通过熟悉的朋友组队比赛，日常参与该类游戏场所较为固定，电子竞技带来的拓展视野、结交志同道合的朋友的优势并未凸显；

3. 大学生对于电子竞技类比赛的接纳程度及关注度都较高；

4. 相比较电子竞技相关课程或讲座进校园，电子竞技娱乐赛进校园的形式更受同学们欢迎。

（三）××大学在校生对于电子竞技进入体育赛事的态度

早在 2018 年雅加达亚运会上，电子竞技就被列为了表演项目。近些年来，电竞的体育化概念呼声高涨，电竞与体育的融合成为大趋势。在 2021 年 11 月 5 日的杭州第 19 届亚运会专题新闻发布会上，杭州亚组委首次公布了杭州亚运会电子竞技小项设置，前述 8 个项目入选。这是电子竞技项目首次进入亚运会，标志着电子竞技真正被国际大赛纳入竞赛体系，说明电子竞技真正被认可。

> 在调查数据分析结果上合理地做结论，是写好一份高质量调研报告的重要技法之一。本调研报告在对相关数据进行统计、分析、研究与阐述的过程中，很好地区分了调查结果与调查结论，结果能支撑结论，结论能统率结果，严谨有力。

> 正文核心数据分析的第三部分是"××大学在校生对于电子竞技进入体育赛事的态度"，除了上文分析中提及的写作优点之外，这一部分的调研方法有值得肯定的地方，即调查中采用了"问卷+访谈"的调研方法，但并非平均用力，而是将访谈法作为重点方法，增强了调查的针对性、专业性与深度。

电竞项目正式从表演项目"转正",引起了社会较大的反响,因此项目组在问卷中调查了××大学学生对电子竞技进入体育赛事的态度,对于2022年亚运会设立电子竞技项目,电子竞技项目逐渐成为国际体育赛事项目,那么未来有没有可能纳入奥运会比赛项目呢?结果显示,调查中有大约60%的学生认为电子竞技会成为奥运会的正式比赛项目,30%的学生表示难以确定,10%的学生认为不会成为正式比赛项目。可以看出,大学生对电子竞技的接纳度还是比较高的,并且也对电子竞技的未来发展有一定的信心。大部分人认为,电子竞技纳入国际体育比赛正式项目是一种趋势,在电子竞技一步步攀升的现状下,互联网时代的发展也会推动电子竞技越来越被大众所认可与期待。

除此之外,项目组还针对对电子竞技较为了解的同学进行了深入访谈。由于此前举办的英雄联盟全球总决赛引起了较大关注,据此,项目组更为全面和精准地调查了学生对电子竞技赛事的关注度和期待程度。六位参与访谈的同学就以下几个问题发表了自己的看法:

1.你平常会观看电竞比赛吗?一般会观看哪些赛事,对联赛有多少了解?

2.2022年杭州亚运会电子竞技项目将作为正式项目加入,你对此有什么看法?你认为电子竞技项目像传统项目一样成为亚运会项目是否合理?

3.EDG战队在2021年11月6日夺得了英雄联盟全球总决赛的冠军,中国的社交媒体平台一度为之轰动,你对于电竞赛事消息产生如此巨大反响的情况如何看待?

4.英雄联盟的S系列赛至今举办了11届,韩国赛区LCK夺得了其中6届冠军,但中国赛区LPL在过去的四届中夺得三届冠军。你认为未来LPL可能进一步打破LCK的宰治吗?

5.英雄联盟赛区规定五人队伍最多引入两人外援,而LPL赛区三届冠军的五人队伍都有两位韩援的引入,并且均发挥了颇为关键的作用,LCK赛区六届冠军均

如上面分析所及,为了增强调查的针对性、专业性与深度,调研团队重点使用了访谈法,采访了6位对调查主题与相关赛事了解较多、参与度较高的学生,得出了较为专业的结论,能为决策者提供一定的参考。

设置的五个访谈问题,既与调研主题、背景高度契合,又很敏锐、专业地把握了中国电竞领域发展的一些前沿性与实质性问题,为本调研的深度展开起到关键作用。

没有外援。你如何看待LPL赛区的韩援制度的呢？

根据访谈记录分析对比，项目组了解到大家对电子竞技比赛的关注和各类联赛的了解主要集中于英雄联盟，可以说英雄联盟是其中赛制较为完善和发展较好的一个项目了。对于2022年杭州亚运会电子竞技项目将作为正式项目加入，同学们普遍认为是合理而应该的。电竞是一种竞技类的项目，电竞选手的训练跟传统体育选手的训练也是类似的，对他们的体力、脑力、心理承受能力方面都有很强的挑战。另外，它是一个团队游戏，可以满足竞技类项目的体育精神，对于观众的鼓舞性不亚于其他的体育比赛项目，电竞完全符合体育竞技的要求和本质。

四、展望与建议

2021年11月举办的英雄联盟全球总决赛，中国赛区的EDG战队获得了冠军，引起社会轰动，中国的电子竞技实现了一次实质性的突破。此次EDG夺冠含金量很高，这是中国队第一次打败实力地位不容置疑的前冠军韩国队拿到的世界冠军，因此产生了更大的反响。中国赛区规定一支战队最多可以拥有两名外援选手，一般都是韩国选手，虽然外援对中国队比赛的影响和帮助很大，但大家都认为这也是中国赛区的一种支持战略，选手间的配合程度则是更重要的。另外，大家也认为，由于韩国是英雄联盟领域的领头羊，中国在电竞行业的发展较晚，因此中国赛区LPL未来打破韩国赛区LCK是任重而道远的。但大多数人认为基于中国电竞的发展速度，培养体系的完善和选手实力的提升，未来中国无疑会成为真正的第一赛区。对此，也有少数人考虑到中国政策对电竞行业的发展支持较为不足，目前还主要集中在限制未成年人防沉迷，并没有得到广泛的认可度和全面的发展，因此中国赛区称霸世界还有一定的困难。

电子竞技作为正式项目入选2022年杭州亚运会，无疑是电竞史上具有里程碑意义的一步，电竞已然站在了体育世界的舞台上。电竞的崛起，对于传统运动

因为写作规范与报告篇幅所限，调研团队将访谈材料作为附件使用，在此处做了综合性分析，得出了较合理的结论。

该结论指出，电竞项目符合体育竞技的素质要求与精神本质，具备成为大型体育赛事项目的竞技性与价值性。

这是一篇完成度很不错的调研报告，从写作规范而言，全文基本采用"现状—问题—建议"的主体结构，遵循了一般社会情况调研报告的写作特性；从写作技巧来看，调查方法得当，重点突出，行文过程中数据分析充分，图文匹配到位，由结果合理推导结论，等等。这些都体现出了该份调研报告较好的写作质量。

势力，甚至全社会来说，都是一个需要适应的过程，电竞产业的发展指日可期。在电子游戏及电竞项目已经越来越成为一种生活常态、技术常态与世界性现象的今天，电竞产业日益与人工智能、科技创新、新质生产力等紧密联系在一起，我们的应对或许不能是简单地视之为干扰青少年成长的洪水猛兽，在观念上接纳、在制度上规范、在技术上支持、在发展上引领，从国家层面加强对青少年电子游戏与电竞项目的制度监管，引领其合理分配学习、工作、生活与电子游戏的时间，方是有效的疏导方式。

总体而言，本次调研因为调研渠道及样本选择的原因，调查对象性别比例存在不合理之处，电竞比赛的主要受众对象为男性，调查对象女性占比较高可能会导致结果与实际情况存在一定的偏差。但正是这一偏差与特别性，也使得调查从另一方面获得了社会层面而非电竞参与主体方面的情况与认知，因此也具有一定的独特价值。

随着电竞市场蓬勃发展，国家不断予以政策上的大力支持，电竞行业影响力持续增长。在此背景下，大部分××大学学生关注并喜爱电竞赛事，且支持在××大学举办电竞赛事；对于电子竞技成为正式体育项目，大部分同学也表示了肯定，并期望中国电竞发展持续充满活力。尽管电竞之路道阻且长，但其本身所蕴含的竞技体育精神必将使其走上更广阔的平台。

> 调研报告的结尾部分回到对电竞赛事国际性、全局性观照，所形成的结论与提出的建议既具有一定的前瞻性，又客观、公允而不失信心。

四、实训演练：调研报告写作

任选调研主题，分组完成一场调研报告写作活动，要求采用的调研方法不少于两种。整场活动由三个阶段组成：

1. 各小组按要求事先确定调研选题，并在课堂上完成5分钟的选题思路介绍；
2. 按调研活动规范流程进行，并完成一篇不少于3000字的调研报告撰写；
3. 各小组进行一场8～10分钟的调研报告写作课堂汇报。

第五章

事务沟通与文书呈现

事务沟通是国家机关、社会团体、企事业单位及个人在日常工作、学习与生活中为推进事项、达成目标、实现意图等进行的沟通活动，是为中心工作或业务工作提供信息沟通的方式与渠道。良性的事务沟通是上情下达、下情上晓原则的实现。事务沟通非一次性的任务，它具有长期重复的特点，将类同性沟通事务按照现实需要约定俗成地形成一套行之有效的规范。高效解决日常沟通问题，正是事务文书得以形成的现实依据与逻辑起点。如果从文书使用的角度来看，我们所生活的现实世界的日常事务运作，实际上是沟通活动和文书使用分工合作、无缝衔接的结果。在日常工作中，我们面对的现实情况是多样、动态、复杂的，如何使各级、各部门、各单位之间更为顺畅、明确地沟通各项事务，建立一套规则清晰、规范明了的事务文书体系就显得尤为重要。

实训一　事务沟通

任务1　事务场景及沟通需求

一、场景驱动

一年一度的暑期社会实践即将开启，×省山海大学校团委计划当年暑假向该省丽阳市特色产业园区推出10支社会实践小分队，并与产业园区团委达成共识，拟合作推进这一社会实践项目，签订了合作协议。此后，山海大学团委向学校各学院发布相关活动通知，要求各学院报送2项社会实践小队活动方案参与评比，最终在各学院报送的方案中评选最优秀的10项作为派出小队，并于当年7月中旬统一出行至各自计划地，开始社会实践。同时要求，外出实践的小分队在实践期间至少要报送5条活动简讯，由校团委汇集各队简讯，每周推出一期简报。各分队实践完成返回后，需对相关实践材料进行梳理、统计、研究并撰写相关报告文书，在下学期开学的第二周周五前，向校团委上交一份不少于5000字的暑期社会实践调研报告。

请从文书使用的角度，指出这一项目运作的过程中，要经历哪些流程与环节，使用了哪些事务文书。

二、任务解析

这一任务是以某一社会实践全过程场景描述为对象，从文书使用角度来演绎该实践工作运作全过程，涉及多种事务文书。要对这一任务的文书使用进行合理定位并有效运作，至少需明析以下五个方面的问题：

1.项目运作过程中的文种使用主体主要有哪些？

2.从事务沟通角度而言，这些主体之间是何种关系？

3.项目运作过程中，将经历哪些流程与环节？

4.各流程与环节将涉及哪些文书的使用？

5.这些文书的使用各自有何规则和效用?

要解决以上五个问题,需要在对事务沟通场景进行理解的基础上,对事务沟通过程中的文书种类选择、适用场景及相关事务文书的写作规范等知识进行学习和运用。

三、事务文书概要

（一）定义

事务文书是国家机关、社会团体、企事业单位及个人在处理日常事务时用来沟通信息、安排工作、总结得失、研究问题的实用文书,它是非法定应用文书的总称。事务文书的使用非常广泛,使用频率高的文种大致有计划、总结、调研报告、新闻（消息）、简报、会议记录、讲话稿等。

事务文书在日常工作中使用频率极高,它的文体形成、写作规范、应用场景及发生效用的方式,在长久的历史积淀中定型,又与时代相结合,不断修改完善而形成。事务文书大多是经验累积的结果,非逻辑推演可完成,因此需要对各文书的应用场景与写作规范有较全面的把握。

（二）特点

事务文书是为传递信息、交流情况与经验、处理事务、解决实际问题而写作,一般有特定的发送对象和明确的发文目的,讲求实用。事务文书主要有以下几个特点：

针对性。事务文书要有明确的针对性。无论是计划、总结或是各种简报,都要根据党和国家的有关方针政策,以及当前的形势和全局情况,联系实际,实事求是,有的放矢。针对性越强,事务文书的实效性和指导性也就越强。这样的事务文书才能发挥更大的现实效用。

具体性。事务文书的应用性、指导性,必须建立在内容充实、观点明确的基础上。事务文书的内容具体、明确,是指陈述的情况要确切、实在,反映的问题要明确、有分寸,总结的经验要切合实际。

指导性。事务文书是用来处理事务的,其内容适合针对现实情况或工作中的问题,进行调查、分析、总结或研究,目的是解决实际问题,推动实际工作的开展。因此,事务文书对实际工作具有现实的指导意义。

真实性。事务文书的指导性以真实性为前提。真实,是指信息准确、情况真实、材料无误,典型经验合乎规律,观点体现普遍原则,表达实事求是。

灵活性。较之公务文书,事务文书的体式更加灵活自由。在结构形式上,它一般没有严格的限定;在表达方式上,它更加多样化,常常结合使用叙述、说明、议论;在语言运用上,它更富于生动性,可以在真实反映情况的前提下,讲究语言表达的艺术效果等。

（三）事务沟通与信息处理

日常事务沟通的本质即信息的交换,信息是事务沟通与文书写作的必要"零件",沟通与写作实质上是信息处理的过程与结果。为降低信息时代的沟通成本，提高工作效率，在事务沟通与写作中，我们有必要了解信息的种类。世界级领先的全球管理咨询机构麦肯锡公司在其管理原理与主张中，将信息分为描述类信息和规范类信息两大类。描述类信息表示事物存在的状态，可分为"记述""评价"两类；规范类信息表示事物应该有的状态或应该采取什么行动，如图5-1。

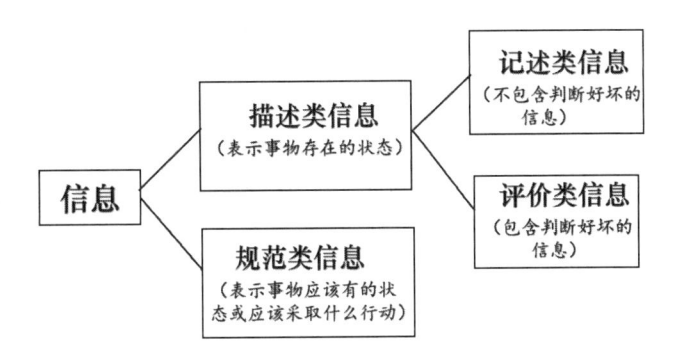

图5-1 事务管理与沟通中的"信息"分类

"记述""评价""规范"三类信息各传递事物不同阶段或不同层面的内涵。"记述"类信息描述事物的情况和现象本身，不包含个人看法或评判。"这个杯子的容量是350ml"，这句话就是典型的记述信息，描述事物的客观情况。"评价"类信息多表达对某一情况或现象好坏的判断，如"这个杯子设计得一点也不好看"，传递出个人的主观态度，具有强烈的感情色彩，而"规范"性信息则是事物应有的状态，或者人应该采取什么行动，如"这个杯子的容量应该是350ml"。

这个信息分类方法对完成文书表达与写作有指导价值。明确了信息的种类以后，我们以计划、总结两种常见事务文书的写作结构为例，来区分三类信息在事务沟通与文书呈现中的具体运用。

计划作为一种指向未来某件事情或事务怎么完成，达成什么目标的文种，其写作结构中的核心组成部分与三类信息的运用如图5-2所示。

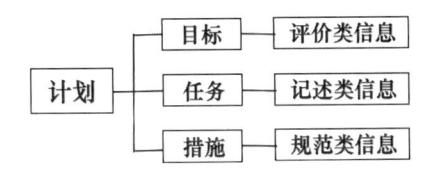

图5-2 计划的核心部分与"信息"类型的对应关系

总结则是对某一阶段的工作或某项工作的完成情况事后进行回顾的文种，包括取得的成绩、存在的问题及相关的经验和教训等，其写作结构中的核心组成部分与三类信息

113

的运用如图 5-3 所示。

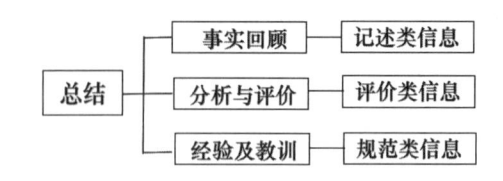

图 5-3 总结的核心部分与"信息"类型的对应关系

事务文书的内容大都可以纳入到这几类信息的框架内，如果能明确文书呈现的信息种类，就可以准确地完成事务沟通与文书呈现的工作。因此，收集信息、整理信息、传达信息和评价信息是现代人才应该具备的重要能力，也是提升逻辑表现力的重要手段，写作者对信息有深刻的理解，才能更准确地陈述信息、呈现信息。

任务2　场景再现与文种选择

一、场景驱动

职员小李，6月底升职为设计部负责人，重点负责公司年度重点项目××大剧场灯光照明设计工作。团队齐心协力，在协议日期前完成了全部工作，灯光总体效果非常好，深得客户满意。时间刚好临近年末，各项工作纷至沓来，他的记事历上清晰地记录着近期要完成的几项重要工作：①向公司管理层汇报××大剧场灯光照明设计项目情况；②部门年度工作回顾及下一年度的工作展望；③代表设计部作为业绩优秀部门在公司年会上交流发言；④个人年度述职。四项工作按要求以文字材料形式提交相关职能部门。交稿日期临近，小李看着记事历上一堆要完成的材料，盯着电脑屏幕已经大半天，却连一个标题也没写完整。小李是第一次担任部门负责人，虽然技术工作做得不错，但文字工作属实不是他的特长，他准备下笔时，却不知道这些任务的文稿该选择什么文种来完成，更遑论完成文稿写作了。

二、任务解析

这一任务来自日常工作场景，小李在临近年末时要完成的几项工作都是事务文书的写作。小李不知如何下笔，因为他开展工作的第一步就卡住了，归根到底，是他不知道自己要完成的是什么性质的文书。小李可以从以下几方面着手去思考如何完成任务。

（1）近期的各项工作任务的目的是什么？

（2）四项工作任务中的核心事项发生的时间和情况如何？

（3）四项任务各自的核心关系如何？使用主体是什么？

（4）四项工作任务涉及的文种有哪些？判断依据是什么？

三、文种选择原则与技巧

（一）文种选择原则

与法定公文相比，应用文文种的选择规则相对宽泛，其适用场景或使用方式的边界感也没那么明确，即使在同一类型文书内部也存在不同的文种，需要洞悉其中的差别，因此使用过程中很容易出现文种选择困难。

一般来说，事务文书文种的选择原则主要包括以下四个方面。

1. 熟悉文种：要形成准确选择文种的能力，前提是对事务文书的文种体系有较熟悉的了解和把握；特别是对总结类文书、计划类文书、传播类文书等的文种细分要有熟稔把握。

2. 基于事务：要解决的实际事务是文种选择的根本出发点，因此，文种选择时需要对事务事项的关键与核心因素进行细致揣摩与充分考虑，以便能做出较为准确的选择。

3. 合于目的：选择的文种应该要达到沟通与写作的目的。不同的文种有不同的功能和特点，需要根据写作目的和受众需求合理选择。

4. 利于沟通：在现实中，要处理的事务、事项与可能选择的文种并非一一对应的关系，而是有多种选择的可能性。因此，洞悉事务的核心与关键元素，选择最能够传递信息和最有效表达的文种，以便更好地完成事务沟通任务。

（二）文种选择技巧

事务文书文种的选择，是写作主体依经验综合要完成的事务、要达成的目的与有效沟通需要而进行考量的结果。现实工作场景中，有经验的写作者根据任务性质与要求很快可判断出要使用什么样的文种，但这种准确的快速判断是基于长期积累形成的事务处理与写作经验的结果。这里以上述小李的年终工作场景为例，解析其各项文书的文种选择技巧。

1. 小李的四项工作任务的目的分别是：让公司管理层了解自己负责的重点项目完成的情况并希望获得良好评价、部门年度工作回顾与展望、设计部优秀经验交流、个人年度工作业绩及希望获得认可。

2. 从时间角度来看，这四项工作中，1、3、4项是对已经完成任务的回顾与总结，是看向过去的；第2项工作包含"回顾—过去""展望—未来"两个时间维度。

3. 在事务文书的使用中，对过去事务的回顾与总结，通常使用总结类文种；对将来事务的展望，通常使用计划类文种。

4. 小李的四项工作任务都需要使用到总结类文种，不同的总结文种使用的场合、主体及角度有差别，需要结合具体情况进行甄别。从本案例来看，这四项事务文书的文种应为工作汇报、总结、经验交流汇报、述职报告。

5. 计划类文书因重要性、时间界限、明确性、可操作性等因素不同，可分为不同类型。本任务中，小李第2项事务内容的下一年工作展望，使用最常规的计划类文种"计划"即可。实际使用中，该项任务不需要分总结、计划两个文书来完成，而是在一份事务文书内部体现就可以，总结写作结构中本身就可包含对下一阶段工作展望的部分，该部分使用计划的写法即可。

另外，在实际应用中，也需要学会区分同一类型文种在不同情况下的使用规则。写作者根据具体工作情境判断出要使用的文种类型后，要进一步在该类型内部进行细分，以确定最终使用的文种是什么。如总结类文种、计划类文种、传播类文种等常用类型是统称，每一类型下包括多种文种，在选择与使用中，应注意各文种之间的功能差别。另外，对于一些特色文种应该灵活把握，如"通知"是典型的兼具事务文书与公务文书性质的"两栖"文种，是国家颁发的《党政机关公文处理工作条例》中规定的15种公文中的一种。作为一种正式且使用频率最高的公文，"通知"应该遵循公文使用的格式规范与写作要领，用于条例规定的各类场景；但在现实应用过程中，"通知"又常常被当作事务文书，因为适用场景多样、写作方便而广泛使用。

实训二　文书呈现

任务1　计划类文书

一、场景驱动

小张是××大学一名管理专业的大学生，进入大三后开始真正思考毕业后的去向与打算。经过一段时间的思考和抉择后，他在就业和继续深造中选择了考研，为了能够顺利考上研究生，他需要制订一份目标具体明确、方案切实可行、措施得力有效的"考研"计划，循序渐进、按部就班地进行复习准备，最终达到"上岸"的目标。

二、任务解析

1. 明确计划由以下要素组成：目标、步骤、思路、方法、要求等。

2. 为使计划有成效，每一个要素都有相应的规定：目标要具体，不能过大也不能过小，因此小张的大目标应设定为"考取××大学××专业研究生"。大目标下还可细分为小目标，如总分达到多少、各门课分数达到多少；步骤要条理分明，小张应根据主客观的现实情况明确复习的时间安排，使实施过程有条不紊；措施和方法应明确可行，小张应结合报考学校、专业、历年录取率等实际情况，考虑采取什么复习方法、如何安排精力、如何应对困难、采取何种保障措施等。

3. 计划不是一成不变的，它具备一定的弹性，可以动态调整。从该情境来看，小张可以根据模考及自测情况，有针对性地调整复习的进度和力度。

三、参考例文

张××备考××大学××专业研究生学习计划

大三是整个大学生涯的转折期，经过前两年的学习，已打下了良好的通识教育和专业教育的基础，这一阶段面临着大学毕业后的学业和职业选择。从社会大环境来看，硕士教育（学术或专业）是未来人才培养的大势所趋，个人也有在本专业或跨专业继续深造的决心和意愿，因此决定在接下来的10个月左右时间里全力以赴，实现目标，考上××大学××专业研究生。为了扎实推进备考进程，以各门课程学习任务为基本出发点，结合个人实际情况和他人备考经验，特制订本计划。

一、基本目标

通过6～10个月的复习，力争使自己达到以下目标：

1.达到考研院校及专业分数线。

2.专业课成绩力争达到前20%。

3.公共课成绩均在80分以上。

二、实施步骤

1.确定报考院校及专业。根据个人未来发展愿景和实际情况综合分析，确定合理的深造目标。

2.了解当年研究生招生工作流程，按照时间点操作具体事项。

7-8月	8-10月	9-10月	11月	11月15-12月14
考研大纲	招生简章	考研报名	现场确认	冲刺备考
政治|英语|数学	推荐免试办法	考研预报名时间	现场确认所需材料	冲刺备考攻略
专业课复习资料	简章|目录|书目	考研正式报名时间	报考点现场确认公告	

12月14-25日	12月23-24日	1-2月	2-3月	3月上旬
准考证打印	考研时间	在线估分	成绩查询	34所复试线
打印时间：14-25日	初试各科时间安排	初试后关注的八件事	考研成绩查询时间	历年复试分数线汇总
考研考场安排	英语|政治|数学答案	如何预判分数及复试准备	考研成绩查询入口	历年复试分数线公布时间

3-4月	3月18-4月30日	3-6月	6-7月
考研复试	考研调剂	择校择业	录取通知书
复试信息|经验	考研调剂信息	如何择校择业	
复试成绩计算	考研调剂指南	选校的方法和标准	

（以上流程参考中国研究生招生信息网信息）

3.搜集各门课程复习资料。根据报考院校的招生简章、参考书目等要求，多渠道准备备考材料。

4.分阶段制订备考任务单。根据基础阶段、强化阶段、冲刺阶段的不同要求，把总目标分解为每日、每周、每月的具体任务，制作成量化表格，对照完成。

三、措施方法

1. 增强信心。考研首先是考人的心理，保持良好的学习状态与心态是成功上岸的前提条件。备考过程中时常给自己鼓劲打气，不要有过大的压力，也无需患得患失，坚持到底就意味着成功了一半。

2. 保持恒心。考研是持久战，需要投入长期不懈的努力，复习备考不可三天打鱼两天晒网，确保每日有效学习时长不少于10小时。

3. 劳逸结合。身体是成就一切的基础和保障，因此在复习备考阶段应保持健康的饮食和日常的运动，适时休息，劳逸结合。

4. 定期评估调整。每隔一个月对前期复习情况进行复盘，对各门课程的复习进度和效果进行评估，发现问题及时调整。

（以上计划仅供参考，学生可根据实际情况制订个性化的计划、方案等。）

四、必备知识

《礼记·中庸》中说道："凡事预则立，不预则废。言前定则不跲，事前定则不困，行前定则不疚，道前定则不穷。"大意是，任何事情，事前有所准备就可以成功，没有准备就要失败；说话先有准备，就不会理屈词穷，站不住脚；做事先有准备，就不会遇到困难挫折；行事前计划先有定夺，就不会发生错误后悔的事。这里的"预"即是准备、计划。实践证明，事先有计划，工作起来可有的放矢，事半功倍；事前无计划，工作起来则盲目纷乱，事倍功半。

（一）计划的概念

计划是机关团体、企事业单位及个人对未来一定时间内要做的工作从目标、任务、要求到措施，预先作出设计安排的事务性文书。

（二）计划的种类

从性质、内容、时间等角度可划分不同种类的计划，从形式分有以下三种：文件式计划，分目标、要求、措施、步骤等环节，写作严谨具体，内容重大并有一定篇幅；条文式计划，以列出任务为主，较少涉及措施、步骤等；表格式计划，通常用于项目较多又具共性的内容，有时辅以适当文字说明，使计划简洁明了。

计划是个统称，是一类文种的称谓，可有不同名称。除"计划"外，还有规划、纲要、设想、方案、安排、要点、打算、预案等，有时意见亦有计划性。各类计划文种据目标远近、时间长短、内容详略、制订阶段及计划文本的成熟程度等情况使用有所区别，如表5-1所列。

表 5-1　计划的种类

名称	内容	例子
规划	一种时间跨度长（三年以上），范围广，内容较为概括的计划。	《××市城市建设总体规划》
纲要	和规划相同，都是各级领导机关根据战略方针，为实现总体目标对某个地区或某一事项作出长远部署。不同的是，纲要比规划更有原则和概括，一般只对工作方向、目标提出纲领式要求和指导性措施。	《××市202×年经济发展纲要》
设想	一种粗线条的、初步的、预备性的非正式计划。相对来讲，其适用时限较长。	《××市拓展就业安置门路的设想》
要点	将计划的主要内容择要摘编，使之简明突出，适用于时间相对较短的计划。	《××局202×年工作要点》
方案	从目的、要求、方式、方法、进度等都部署具体周密，有很强可操作性的计划。方案一般适合专项性工作，其实施往往须经上级批准。	《××市住房分配制度改革实施方案》
意见	属粗线条计划，适用于上级向下级布置工作任务并提供基本的思路、方法，交待政策，提出要求等。	《××公司关于下属企业202×年扭亏增盈全面提高经济效益的意见》
安排	短期内要做的，且范围不大、内容单一、布置具体的一类计划。	《××系第×周工作安排》
打算	一种粗线条的、想法不太成熟的非正式计划。相对于设想，内容范围不大且考虑要做的事项。	《××学校争创文明校园的打算》

根据形式，计划还可以采用文字、图表、幕布、四象限法等多种样式，使内容和形式更为匹配，更有助于完成计划的内容。

（三）计划的特点

1. 科学的预见性

计划不是对已经形成的事实和状况的描述，而是在行动之前对行动的任务、目标、方法、措施所作出的预见性确认。这种预想是以相关规定和指示为指导，以本单位（个人）的实际条件为基础，以过去的成绩和问题为依据，对今后的发展趋势作出科学的预测和设计。

2. 现实的可行性

计划是今后一个时期工作的依据，其中所提出的目标和任务、措施和步骤等，应当是可靠的和切实可行的。计划要尊重客观实际，目标既不能过高，也不能过低。目标过高，脱离实际，任务和指标不可能完成，计划会落空，从而挫伤计划主体的积极性；目标过低，会造成人力、财力、物力上的浪费，也不利于充分调动计划主体的积极性。

3. 明确的目的性

在一定时期内，要完成什么任务、解决什么问题，取得怎样的效果，达到怎样的目标，是制订计划时首要考虑的，是计划的核心内容，也是制订具体措施的依据。计划本就是为避免行动的盲目性而制订的，没有明确的目的，就谈不上计划。

4. 实施的灵活性

计划是事先对未来工作做出的设想和安排，在实施过程中，由于主客观条件不断变化，可能出现各种各样的问题，还会有一些预想不到的偶然事件冲击计划的执行。一旦出现这种情况，就需要对计划进行适当调整、修改、补充，并采取相应的措施。因此，在制订计划时，要留有余地、灵活应变。

（四）计划写作的原则

1. 从实际出发。这是制订计划的首要原则，既不能单凭个人的主观热情和愿望，也不能一味照搬上级下达的指示，而应该从客观实际出发，因地制宜。

2. 有全局意识。制订计划要有"一盘棋"的思想，正确处理局部与全局的关系，力求整体的优化。一方面要统筹兼顾，善于协调，使各个局部搭配合理，达到全局的综合平衡；另一方面，坚持局部服从全局的原则，优先考虑全局利益。

3. 要明确、具体。制订计划要解决为什么做、根据什么做、做什么、做到什么程度、怎么做、分几个阶段做等问题，务求事项具体而不笼统、表达明确而不含糊，以便于理解、实施、检查和修订。

五、写作结构

（一）一般结构

计划的一般写作结构图示如下。

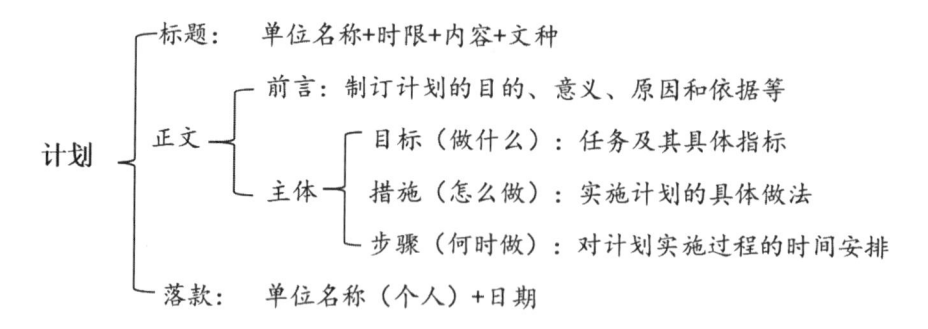

```
         ┌─ 标题：单位名称+时限+内容+文种
         │         ┌─ 前言：制订计划的目的、意义、原因和依据等
计划 ──┤ 正文 ┤         ┌─ 目标（做什么）：任务及其具体指标
         │         └─ 主体 ┤ 措施（怎么做）：实施计划的具体做法
         │                 └─ 步骤（何时做）：对计划实施过程的时间安排
         └─ 落款：单位名称（个人）+日期
```

（二）计划的写法及解析

1. 标题

计划的标题一般由四个部分组成：计划的制订单位名称、适用时间、主要内容及计划名称。视计划文本的成熟程度，计划的标题中有可能出现第五个部分，即在标题尾部加括号注明：草案、初稿、讨论稿、征求意见稿、送审稿等，如《××市关于开展群众性

体育活动的五年规划（讨论稿）》。计划的标题也不是一成不变的，如果时效不明显，计划标题中可以不出现时间，如《××市反时令蔬菜基地建设实施计划》；如果计划的内容或主题中已经包括计划单位名称，不宜在标题中重复出现，亦可将单位名称去掉，如《202×年中国杭州西湖国际博览会总体方案》等。

2. 前言

计划的前言主要是对计划的基本情况的分析或对计划的概括说明，依据什么方针、政策及上级指示精神，在什么条件下（分析完成任务的主客观条件，说明完成任务的必要性和可能性）制订该计划，要达到什么主要目的（提出总的任务要求，或阐释完成计划指标的意义）。这是计划制订的基础，应简明扼要，灵活多样。

3. 主体

如果前言回答了"为什么做"的问题，那么主体要回答"做什么""怎么做""何时做"等问题。

（1）**目标与任务**。目标引领任务，任务是目标的细化与达成。写作中，首先要明确指出总目标和基本任务，随后根据实际内容进一步详细、具体地写出任务的数量、质量指标。必要时再将各项指标定质、定量分解，以求将总目标、总任务具体化、明确化。

（2）**方法与措施**。用什么方法、什么措施确保完成任务实现目标，这是有关计划可操作性的关键一环。所谓有办法、有措施就是对完成计划须动员哪些力量、创造哪些条件、排除哪些困难、采取哪些手段、通过哪些途径等心中有数。这既需要熟悉实际工作，又需要有预见性，而关键在于要有实事求是的精神。唯有这样，制订的措施、办法才是具体的，切实可行的。

（3）**时限与步骤**。工作有先后、主次、缓急之分，进程又有一定的阶段性，为此在计划中，针对具体情况应事先规划好操作的步骤、各项工作的完成时限及责任人。这样才能职责明确、操作有序，执行无误。

4. 落款

在正文右下方署名署时即可。

（三）例文解析

"十四五"全民健身计划（2021—2025年）

标题＝内容＋文种＋时限

"十三五"时期，在党中央、国务院坚强领导下，全民健身国家战略深入实施，全民健身公共服务水平显著提升，全民健身场地设施逐步增多，人民群众通过健身促进健康的热情日益高涨，经常参加体育锻炼人数比例达到37.2%，健康中国和体育强国建设迈出新步伐。同时，全民健身区域发展不平衡、公共服务

前言交代了制订该项计划的目的、依据和背景，同时也指出了事物发展中存在的不足，为计划的目标留出了愿景空间。

供给不充分等问题仍然存在。为促进全民健身更高水平发展，更好满足人民群众的健身和健康需求，依据《全民健身条例》，制定本计划。

一、总体要求

（一）指导思想。以习近平新时代中国特色社会主义思想为指导，贯彻落实党的十九大和十九届二中、三中、四中、五中全会精神，坚持以人民为中心，坚持新发展理念，深入实施健康中国战略和全民健身国家战略，加快体育强国建设，构建更高水平的全民健身公共服务体系，充分发挥全民健身在提高人民健康水平、促进人的全面发展、推动经济社会发展、展示国家文化软实力等方面的综合价值与多元功能。

主体部分首先在总体要求的框架下说明了计划的指导思想和总体目标。

（二）发展目标。到2025年，全民健身公共服务体系更加完善，人民群众体育健身更加便利，健身热情进一步提高，各运动项目参与人数持续提升，经常参加体育锻炼人数比例达到38.5%，县（市、区）、乡镇（街道）、行政村（社区）三级公共健身设施和社区15分钟健身圈实现全覆盖，每千人拥有社会体育指导员2.16名，带动全国体育产业总规模达到5万亿元。

总体目标具体化为发展目标，包括时间、人数、区域、特色项目、效益等方面，并合理使用了数据，使每一个目标更为具体、明确。

二、主要任务

（一）加大全民健身场地设施供给。制订国家步道体系建设总体方案和体育公园建设指导意见，督导各地制定健身设施建设补短板五年行动计划，实施全民健身设施补短板工程。盘活城市空闲土地，用好公益性建设用地，支持以租赁方式供地，倡导土地复合利用，充分挖掘存量建设用地潜力，规划建设贴近社区、方便可达的场地设施。新建或改扩建2000个以上体育公园、全民健身中心、公共体育场馆等健身场地设施，补齐5000个以上乡镇（街道）全民健身场地器材，配建一批群众滑冰场，数字化升级改造1000个以上公共体育场馆。

第二部分回答了"做什么"的问题，将总目标进行了分解，制订了若干具体任务和分项指标，做了定性和定量的说明，使计划的目标更具体、明确。

开展公共体育场馆开放服务提升行动，控制大型场馆数量，建立健全场馆运营管理机制，改造完善场馆硬件设施，做好场馆应急避难（险）功能转换预案，提升场馆使用效益。加强对公共体育场馆开放使用的评估督导，优化场馆免费或低收费开放绩效管理方式，加大场馆向青少年、老年人、残疾人开放的绩效考核力度。保证常态化条件下学校体育场馆向社会开放工作。

（二）广泛开展全民健身赛事活动。（正文略，下同）

（三）提升科学健身指导服务水平。

（四）激发体育社会组织活力。

（五）促进重点人群健身活动开展。

（六）推动体育产业高质量发展。

（七）推进全民健身融合发展。

（八）营造全民健身社会氛围。

三、保障措施

（一）加强组织领导。加强党对全民健身工作的全面领导，发挥各级人民政府全民健身工作联席会议作用，推动完善政府主导、社会协同、公众参与、法治保障的全民健身工作机制。县级以上地方人民政府应将全民健身事业纳入本级经济社会发展规划，制定出台本地区全民健身实施计划，完善多元投入机制，鼓励社会力量参与全民健身公共服务体系建设。体育总局要会同有关部门对各省（自治区、直辖市）人民政府贯彻落实情况进行跟踪评估和督促指导。

（二）壮大全民健身人才队伍。（正文略，下同）

（三）加强全民健身安全保障。

（四）提供全民健身智慧化服务。

（范文来自中国政府网）

> 第三部分回答了"怎么做"的问题，规定了将要采取的具体办法，包括加强领导、壮大队伍、保障安全、提供服务等。

六、实训演练：计划类文书写作

1.大学校园里社团众多，每个社团都有自己的发展目标和规划，请为你所在的社团制订一份年度发展计划。

2.大学是人生中的重要阶段，也是未来职业的起点，请根据个人实际情况制订一份职业（学业）生涯发展规划书，可参考以下框架：自我评估+外界环境分析+确立目标+分解任务+保障措施。

3.北京吉运餐饮公司是一家经营北京传统小吃的饮食公司，考虑到公司发展需要，以及市民、游客对北京传统小吃不断增长的需求，经市场调研，于当年8月作出决定，要在立足于王府井本店的基础上，拓展10家分店，并在新的一年元旦前一周开业。为此，公司需要做一份计划，以指引并控制这项工作的开展。

任务2　总结类文书

一、场景驱动

2016年底，"最多跑一次"改革在浙江首次被提出。"最多跑一次"改革涉及政府治理、公共管理、地方政府创新等各领域工作，应群众需求而生、为解决问题而变，既植根于浙江行政审批制度改革形成的体制机制优势，又在价值取向、流程优化、信息共享、力量整合等方面有新的超越，是省委、省政府向全省人民作出的承诺，体现的是以人为本，蕴含的是观念革新，推动的是转型发展，是一场从理念、制度到作风的全方位深层次变革。该项政策实施以来，各地方、单位在政策运行过程中取得了显著的成绩，也积累了若干经验。现某县人力社保局需要就该单位前一阶段的政策实施工作进行阶段性总结。

二、任务解析

明确总结的基本内容和写作思路：

1. 成绩和收获：该县人力社保局"最多跑一次"的工作是在什么依据下，以什么为指导思想，以什么为重点，在什么背景和基础上进行的，取得了什么成绩和效果。

2. 基本做法和经验：这是该总结的重要部分，在对县局实施政策基本情况进行分析研究、归纳概括的基础上，把工作中之所以取得成绩的、具有指导意义的正面经验和有效的做法加以概括和说明。

3. 体会：应把实施工作的具体事项上升到理论的高度，使之更加系统化、条理化，宜使用夹叙夹议的手法。

4. 存在的问题和对今后工作的意见。总结以肯定成绩、汇总经验为主，但是对工作中存在的问题也不能回避，且应针对已有问题的修复给予进一步的计划和安排。

三、参考例文

××县人力社保局"最多跑一次"上半年工作总结

今年以来，我县按照省市的决策部署，以"服务发展、保障民生、促进和谐"为中心目标，以"一窗受理、集成服务"为基本原则，将"最多跑一次"改革作为提升人力社保工作的重要抓手，不断完善服务网络、延伸基层平台、优化服务品质，改革工作取得了初步成效。现将202×年上半年"最多跑一次"工作开展情况总结如下。

一、工作总体情况

（一）根据省厅"八统一"的指导目录，做到线上线下相一致

我局目前实现"最多跑一次"事项，主项为36项，子项为114项，均按照省厅的标准实现"八统一"，并将"八统一"后的事项、依据等内容，依次录入浙江政务服务网，实现"线上，线下相一致"。

（二）"四窗合一"整合服务窗口，推进跨部门"一件事"

一是推进跨部门"一件事"办理，将地税负责税款征缴的两窗口整合到人力社保分中心统一办公，牵头推进"申请补缴基本养老保险费"事项一站式办结，有效解决以往办事群众需两头跑的问题。二是我局将就业、卡中心及业务科室的窗口整合到社保窗口统一办公，实现"最多跑一次"事项百分之百入驻中心，并设立综合窗口，实行"一窗受理、集成服务"，有效解决以往办事群众因为需要盖章、开取证明而两头跑的问题，真正变"群众跑"为"干部代跑"。

（三）全力推进"全域一卡通办"，提升基层服务品质

一是深入推进"全域一卡通办"工作，将原有的"全市通办""一卡通办"事项进行比对结合。二是召集乡镇（街道）专职保障员开展专项培训，通过业务学习、技能比武等形式，提升基层平台的经办能力与服务品质，让改革为办事群众带来更多的获得感、幸福感。

二、工作创新亮点

（一）制作一次性告知单，开通特殊群体短信提醒，让"信息跑"代替"群众跑"

一是为让群众"最多跑一次"，避免出现材料不全的现象，人社所有业务都制作了一次性告知单，该告知单区别于成册的"最多跑一次"办事指南，仅在告知书上写明了所需材料、注意事项、经办人及联系电话等，在群众前来咨询时就将一次性告知单交于群众，避免出现"多次跑""来回跑"现象。二是针对特殊群体开通短信提醒功能。例如为解决部分学生在校期间没有时间前来进行未成年人社保卡更换的事项。寒假开始，我县社保卡中心便主动出击，多次给相关学生发送了短信提醒。1—2月份，收到短信并前来社保卡中心办理未成年人换卡事项的学生已达400余人。

（二）主动预约，服务上门，确保"事事有回音，件件有着落"

针对一些不方便前来办理业务的群众或服务对象人数较多的情况，我局主动预约办事群众，主动将服务送到企业、送到劳动者手中。例如，今年3月，我局主动走进县××钢铁厂开展"零距离"服务，送上宣传资料，并紧紧围绕企业及工人的实际需求解答各类社保问题；4月，为某停产企业提供"零上门"服务，主动前往该企业为失业职工办理失业登记和失业金申领业务，现场受理材料20余份；6月，针对某企业在我县参保，但厂址在异地的实际情况，工作人员利用周末休息时间前往异地，为该企业办理稳岗补贴，现场收齐材料、快速审核，让企业员工在家门口也能零距离享受到我县的惠民补贴，有效避免了以往群众办事因材料遗漏而来回跑的不便情况。此外，今年4—6月，我局共深入10余家玩具企业调研超龄人员用工情况，并陪同省厅调研超龄人员工伤保险省级试点工作，对企业提出的诉求进行"现场办公"，以切切实实的行动和举措帮助企业解决困难，实现精准对接和帮扶。

（三）自我加压，优化流程，落实"最多跑一次"精神

全局各科室、下属单位深入贯彻"最多跑一次"精神，将未列入"最多跑一次"的事项，通过进一步优化流程、缩短期限，让办事群众体验到"最多跑一次"服务。例如劳动监察大队的书面审查从原来的纸质报送变为现在的网上报送，实现零次跑；劳动仲裁审查"简易通道"，在当事人材料齐全的基础上实现当场申请、当场受理、当场审查、当场办结。该模式不仅能让当事人少跑路，快速调解纠纷，节省了当事人的维权时间和维权成本，更提高了基层调解组织的公信力和调解协议的执行力；劳动关系科则将电子化归档工作纳入日常工作范围，将浙江政务服务网产生的电子文件，直接以电子方式进行单套存档，改变了以往"纸质+电子"方式保存，形成"最多跑一次"事项电子文件在线归档、保存、移交和利用的长效机制，实现了电子文件的安全、可靠和有序管理，用大数据支撑起实实在在的智慧档案。

三、下半年工作打算

（一）做好养老医疗转移、退休待遇测算省级试点工作

依托政务服务网，结合人社一体化系统，实现关系转移、待遇自主测算"一网申办"。此项工作由××、××两县作为先行试点，接口、取数都需要市级支持，目前已与市信息中心联系，市信息中心正与省××公司对接接口相关事宜。

（二）继续拓展"移动办"事项

进一步拓展网上申报、移动支付等网络服务功能，实现参保人员在移动端自主缴费或为他人代缴业务。

（三）紧跟市局步伐，力推部门间"最多跑一次"

开展部门间"最多跑一次"是"最多跑一次"改革向民生事项外的政务办事事项的延伸，也是"最多跑一次"的创新工作，我局会结合自身的实际情况，紧跟市局步伐，做好有关科室的改革工作。

（四）着力建设人社"无差别"综合窗口

以今年2月以来推进的"对标赶跑"活动为契机，着力建设"一窗受理 集成服务"的人社无差别窗口，主要将采取以下几点措施：

一是组织实地考察学习，讨论拟定改革方案。近日，我县已组队赴××、××两县考察学习先进经验，接下来，将集中精力聚焦前台界面改造、后台内部流程优化、信息共享、力量整合等问题，科学拟订改革方案。

二是完善规章制度，加强业务指导培训。着力制订管理制度及工作人员考核办法，同步调整内部业务流程，完善内部控制制度。根据现有的业务员培训体系，通过多种形式加强综合业务知识的学习。重点对去年新研发的"社保业务经办规程"小软件进行升级更新，并投入使用（说明：任一工作人员只需在内网打开小软件，即能查询到社保、医保业务名称，点击任一名称，即会出现该业务的电子经办表，表中详细列有办理依据、办理条件、材料明细、办理时限、内外部办理流程等内容，点击链接即可预览下载相关政策文件及表格），进一步打破险种限制，提高前台工作人员的受理效率。小软件目前正在测试运行阶段，争取在优化完善到位后，延伸至乡镇（街道）基层服务平台使用。

三是选拔业务能手，调整窗口岗位职责。进行系统化培训后，通过知识考试、技能比武、科室推荐等方式，选拔出业务能手负责前台受理工作，并同步整合资源，精简窗口工作人员。

四是入驻行政中心，全面建成无差别窗口。争取在10月开启"一窗受理、集成服务"人社服务经办模式，在12月前入驻我县新行政服务中心，为广大企业和劳动者提供更加优质的人力社保服务。

四、必备知识

1. 总结的概念

总结，是人们对某一阶段工作或某项工作的回顾、分析、归纳经验教训，从中得出规律性的认识，以指导促进今后工作的一种文书。

2. 总结的应用

总结的使用范围很广，任何机关、部门和个人都会使用。在一项或一个周期的工作完结之时，对其进行复盘整理是整个工作流程中必不可少的重要环节。总结又是归纳工作规律的重要手段，任何一项事务、工作都存在其运行的内部规律、外部制约，遵循这些客观规律办事往往能顺利达到预期目标，反之则会遇阻甚至失败。总结还是培养、提高工作能力的重要途径。一个人运用所学知识处理实际工作的能力主要是通过实践活动培养起来的，总结回顾能帮助其提高专业知识水平和解决、处理实际问题的能力。总结还是领导机关积累经验、改进作风、提高效率的有效工具，有利于领导干部作出正确的决策。概言之，总结的根本目的是：总结经验、肯定成绩、解决问题、推动工作。

3. 总结的种类

从性质、时间、形式等角度可划分出不同类型的总结，从内容上分，主要有综合总结和专题总结两种。综合总结，又称全面总结，它是对某一时期各项工作的全面回顾和检查，进而总结经验与教训。专题总结是对某项工作或某方面问题进行专项总结，尤以总结推广成功经验为多见。总结也有各种别称，如自查性质的评估及汇报、回顾、小结等都具有总结的性质。

五、写作结构

（一）一般结构

总结的一般写作结构图示如下。

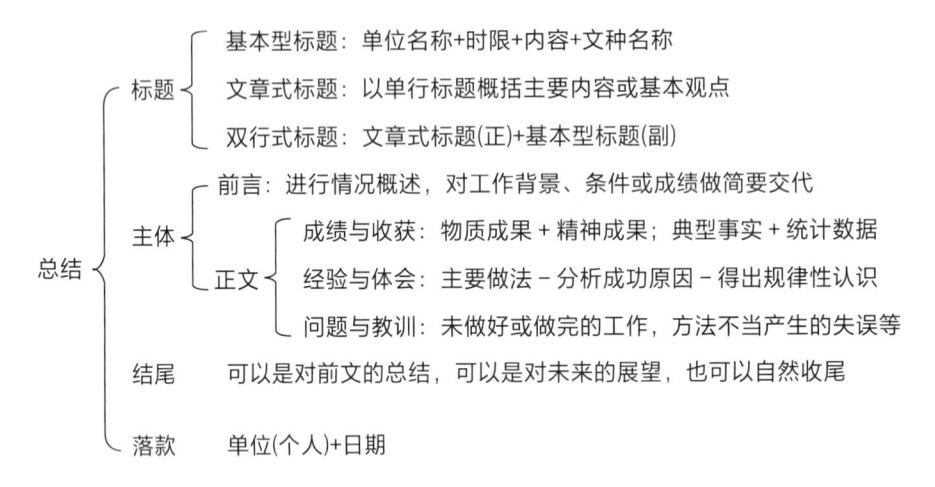

```
       ┌ 标题 ┬ 基本型标题：单位名称+时限+内容+文种名称
       │      ├ 文章式标题：以单行标题概括主要内容或基本观点
       │      └ 双行式标题：文章式标题(正)+基本型标题(副)
       │
       │      ┌ 前言：进行情况概述，对工作背景、条件或成绩做简要交代
总结 ──┤ 主体 ┤      ┌ 成绩与收获：物质成果＋精神成果；典型事实＋统计数据
       │      └ 正文 ┤ 经验与体会：主要做法－分析成功原因－得出规律性认识
       │             └ 问题与教训：未做好或做完的工作，方法不当产生的失误等
       │
       ├ 结尾   可以是对前文的总结，可以是对未来的展望，也可以自然收尾
       │
       └ 落款   单位(个人)+日期
```

（二）写法解析

参照以上总结的结构模式，结合例文，解析写法如下：

镇海区202×年五水共治（河长制）工作总结

　　202×年，镇海区始终以水质改善提升为总目标，以巩固"污水零直排区"建设成果、实施水质提升三年行动为主要抓手，扎实推进治水工程建设，全面深化河（湖）长制管理，全区治水工作取得了阶段性成效。202×年，市控及以上断面水质功能区达标率为100%，优良率为80%，与去年持平；全区监测断面主要污染物氨氮浓度较整治前下降60.23%，总磷浓度较整治前下降42.3%。省级水生态环境示范试点工作持续推进，"污水零直排区"建设省级样板镇九龙湖镇通过上级验收。

一、统筹谋划，全面系统部署全年工作

（一）确定路线图

　　两年来，我区以"污水零直排区"建设为重点，进一步深化治理、责任不断压实、机制逐步完善，治水成果有效巩固，顺利通过省级"污水零直排区"验收，入选省级生态环境示范试点。在此基础上，今年我区立足实际，制定202×年五水共治工作要点，进

基本型标题：单位名称＋时限＋内容＋文种名称

概述式前言，侧重概括介绍区五水共治专项工作取得的总体成效，数字的使用使成绩变得具体可感。

分五个部分详细介绍该项工作取得的成就。

五部分内容采取横式结构，分别叙述各项工作取得的成绩，各部分内部根据实际情况采取纵式或横式结构，按照时间、事物发展或并列等顺序进行排列，脉络清晰，夹叙夹议，有理有据，材料翔实。

一步压实责任、深化治理、完善制度、强化宣传，不断巩固治水成果，努力推动水环境质量持续提升，纵深推进三年行动计划并落实全区水环境整治提升行动方案，有目标有计划有阶段性成果，强化精准治理、科学治理、依法治理，推进水生态、水资源、水环境"三水统筹"，逐步实现水环境由"净"到"美"的提升，高水平创建"污水零直排区"2.0版。同时，理出"十四五"期间治水思路，以"五水共治"碧水行动为载体，围绕"2026年市控以上断面水质优良率达到100%，2027年区级及以上河道水质稳定达到功能区目标水质要求，完成省级水生态示范区的建设"目标，不断深化污染源管控，提升污水管网和污水处理厂的效能，实施水系连通工程，提高生态系统自净能力，推动水生态健康稳步恢复，筑牢河湖清水屏障。

（二）做好计划表

根据省、市"五水共治"建设工作要求，安排202X年工程计划表。坚持问题导向，有针对性细化治水基础设施建设、雨污分流改造、农业农村污水处理水平提升等项目安排，落实责任单位，严把时间节点。坚持工程治理，在全面完成"八大工程"的基础上进一步查漏补缺，加快推动污水处理厂扩建提升工程，提升污水处理能力，完善公共雨污管网建设。结合老旧小区改造工程，推进老旧小区雨污分流提升改造。排查已改造小区雨污分流工程实效，建立问题清单，逐个整改完善。排查全区生鲜店、停车场、废旧金属回收点和垃圾收集站等单元，分类分批实施雨污分流改造。实施学校雨污分流提升改造。深化村垃圾、厕所、污水"三大革命"，推进农村自然村生活污水进网纳管改造提升，落实农村垃圾归集点污水收集纳管。深化"肥药两制"改革，试点农田氮磷拦截沟项目，深化源头治理。制定《招宝山后海塘排水方案》。制定《镇海区沿河截污管线修缮方案》，明确标准，落实保障，查漏补缺，杜绝污水渗漏。制定《招宝山街道苗圃路以东片区雨污分流改造方案》，明确改造目标、阶段性任务，推进资金落实。

> 总结对应计划：如何评测工作完成的效度，很重要的一个指标就是与计划相对照。

> 该总结的第一部分强调该项工作严格按照总体路线、计划表和任务书按部就班展开，并指出了该项工作是如何结合本区实际情况逐步推进的。

（三）落实任务书（正文略）

二、双管齐下，补齐"污水零直排区"短板
（一）巩固完善城镇"污水零直排"基础

提高污水处理能力。完成北区污水处理厂三期扩建工程，处理能力达到35万吨/日，有效缓解污水处理压力。完成石化区尾水深海排放管建设。开展镇海污水处理厂总氮提标改造工程，达到省清洁排放要求。完成蛟川水处理公司提标改造。完成镇海港埠公司煤场污水处理提标改造。完善雨污管网系统。全年新建、改建污水管网8.17公里。新建污水管网建设工程4个：兴骆路（西大河至金华北路段）工程、盛家路（香山港至东河港路段）新建工程、蛟川街道德利路东西向延伸工程、九龙湖镇御水路（龙源路—金池路）污水管新建工程。完成污水管网改造工程4个：茗园小区综合改造、白龙小区综合改造、海苑小区综合改造、白龙片区背街小巷及环西散居综合改造。完成镇海看守所污水泵站改造工程。完成思源路管网改造工程。完成329国道沿线污水管网建设工程。完成蛟川街道污水管网改修复工程。完成贵驷街道中大河沿河截污管网改造提升。完成招宝山金属园区范围内园区主体管网改造。推进工业企业雨污分流。完成金属园区44家企业内部雨污分流改造。投入7500万元，开展电镀行业整治。持续深化住宅小区雨污分流。推进老旧小区"污水零直排"升级改造，完成白龙小区、茗园一区、茗园二区等8个老旧小区改造任务。

（二）深化农业农村污水治理（正文略）

三、多措并举，实现水环境质量稳定提升
（一）推进水质提升三年行动计划有序落实

计划通过三年的努力，实现区级河道水质功能区达标率100%、所有河道水质稳定在Ⅴ类及以上的目标。发挥河长职能，区级总河长亲自谋划、亲自部署、亲自督导；各级河长抓具体，重点做好去年的72条水质较差河道和21条甬江支流，共计85条河道（包括

第二部分根据工作进程分为"巩固"和"深化"两个部分，从打好基础到持续深化，采用纵式结构展示了工作的进程和成果。

第三部分采用纵式结构分别介绍了计划落实、推进建设、深化管理三个层面取得的成绩及发现的问题，并表明今后的打算。

14 条区级河道）的水质提升工作，今年计划提升 29 条河道。坚持深入开展重点区块的沿河排口、排水管网排查整改。针对上述河道建立河道水质数据"一月一测一通报"制度，对东邑河、东港、曹家河、路林港四条河道开展污染溯源暨整改治理工作，按照"地毯式排查—监测分析—整改治理"工作流程，全面排查入河排口、沿河雨水管线、店面楼宇等区块雨污分流情况，以现场快速检测、实验室检测为手段分析污染源，排出污染源头点位清单，交由责任单位制定整改方案，开展治理。其他河道均由责任单位据此模式形成"一河一策"整治方案。做好资金保障，将涉及河道治理项目作为 202X 年"五水共治"补充治理项目，落实专项资金 2940 万元。

（二）推进河道污染智慧溯源系统建设（正文略）

（三）深化河长制管理（正文略）

四、完善机制，推进治水护水责任落实

（一）严格督查，堵住漏洞

严格按照省、市部署，严密组织，积极开展"找寻查挖""大宣传大排查大整改"活动，充分发挥河长、网格员、志愿者等的巡河作用，建立完善问题自我发现、自我整改的工作机制，切实巩固治水成果，累计督查发现问题 194 个，整改销号 190 个，销号率 97.93%，县级互查发现我区 25 个问题，均落实整改完成。根据年度工作目标考核要求，按照省"污水零直排区"建设标准，对各镇（街道）村、小区、沿街店铺、医院、学校、菜场、企业等点位开展考核督查，累计发现问题 61 个。开展工业企业专项督查整治行动，累计发现雨污合流、雨污分流不彻底、雨水管网破损、隔油池油污渗漏等问题 22 个。制定《镇海沿街商户污水直排专项整治行动方案》和《镇海区污水排放专项整治行动方案》，对 202X 年集中整治过的沿街店铺及"十小行业"区块进行回头看，重点对大型商业综合体、餐饮集中区进行全面排查，累计出动执法队员 3965 名，发放责改文书 20 余份。做好中央环保

> 第四部分采用横式结构，从三个维度介绍机制完善工作的成绩、问题及整改措施，数据明确，信息丰富。

督察、长江经济带生态环境"举一反三"涉水问题整改工作。开展专项督察，各镇（街道）、有关单位全力以赴配合做好全国文明城市迎检工作。全面开展自查，围绕治水重点，通过自查发现问题、抓好整改。开展我区主要河道周边市政雨水管道排查工作，完成第一阶段排查任务，总长度137公里。严肃问责问效，年度累计下发书面提醒单10件、督办单5件，约谈10位河长，进一步压实责任，确保整改工作成效。

（二）理顺关系，明确责任（正文略）

（三）强化执法，高压推进（正文略）

五、凝聚合力，五水协同

（一）强化宣传，营造氛围

加大社会宣传力度。依托"镇海五水共治"微信公众号，全年累计发布治水动态60余期。发放五水共治宣传折页2万份，悬挂宣传横幅70条。联合电信、移动、联通三大运营商开展集中宣传活动，累计发送五水共治主题短信1400万条，朋友圈广告覆盖100万余户，有效提高群众对五水共治工作的知晓率、参与率。加强媒体宣传，在《人民日报》第6版（要闻）刊发关于九龙湖美丽河湖建设的图片新闻，在《浙江日报》第6版（要闻）刊发《镇海给水污染物建立"指纹库"用水质"指纹"锁定污染元凶》等，年度累计刊发我区治水宣传报道国家级媒体6篇，省级媒体5篇，市、区级媒体30余篇。积极推动公众参与。开展202×年度五水共治"同心同行 共治共享"大型主题活动暨镇海区水质提升三年行动启动仪式，活动现场参与人数超2000人次，宣传了水环境生态保护意识与健康生活理念，活动被区级媒体、甬派等报道。打造全民参与的多样化监督机制，形成社会化治理合力，加大志愿者团队的组织和保障力度，联合各镇（街道）、各部门形成及时响应机制，志愿者"5+2"发现问题，职能部门"5+2"整改治理。202×年，各护水志愿者队伍累计发现并报送有效涉水问题近400件，办结率、回复率均达到100%。积极开展"绿水币"公

> 该文属于全面总结，是对202×年"五水共治"专项工作所做的全方位总结，包括该项工作的基本情况、成绩、效果、做法、体会、问题及今后意见等，反映了镇海区五水共治工作的全貌。从内容上看，该总结成果充实、措施得力、可操作性强，且效果明显；从行文上看，结构合理、思路清晰、语言规范、文字流畅，重点工作与典型事例突出，成果定量定性分析到位，是一份很出色的总结。

众护水活动，完成"绿水币"公众护水平台有效注册 29878 人，在全市所有县（市、区）排名第 3，占常住总人口比例约 5.84%，在全市排名第 1，活跃度、问题发现率在全市排名前列。

（二）五水共治，整体推进（正文略）

（选自宁波市镇海区人民政府信息公开网 区五水共治办）

六、实战演练

项目实训：对于生活和学习，要进行阶段性或专题性的复盘，记录与回顾过去做的事情，总结反思，探求规律，以便更好地认识自己，提高解决问题的能力，进而形成自己的方法论。请根据上一年度计划的完成情况写一篇年度总结。

任务3 新闻类文书

新闻类文书（一）：简报的写作

一、场景驱动

人间四月芳菲尽，正是读书好时节。4 月 6 日，××大学一年一度的读书节拉开帷幕，在后续一个多月的时间里，学校将通过书展、竞赛、精读、视频、演讲、讲座、影视赏析等多种形式开展系列活动。李同学将负责组织五人小组对此次活动进行跟踪报道，并在实施活动后编制一份读书节简报，供校内师生了解、交流该活动的总体情况。

二、任务解析

从种类上看，这属于专题式简报，内容应为读书节活动的动态、进展、成绩等，侧重展示活动开展的亮点，建议以时间和活动主题为序排列结构，既可以反映系列活动的延续性，又能突出活动的典型性。

具体到各篇简报的撰写，要遵循简报的写作规则，内容包括前言、主体、结尾三部分。前言开门见山交代清楚时间、地点、活动主题等，主体对前言部分进行展开，说明活动的流程及效果，结尾部分可简要总结全文或自然收束。

三、参考例文

××大学第十六届读书节简报

第××期

图书馆文化建设部　　　　　　　　　　　　　　　　　　　　　　202×年5月23日

目　录

"翰墨拾慧 行方思远"——××大学第十六届读书节开幕……………………1

"薪火相传"——图书馆开展百名师生读党史接力活动 ······················ 1
"书香伴学"——师生共读经典共悟"初心" ·································· 2
"幽流读书堂"——启动"三寻"计划 ·· 2
"续墨明远志"——打造"达人"系列 ·· 2
"万卷求诸行"——深化"三一"样板 ·· 2
全民阅读 有你有我——××大学第十六届读书节主题晚会暨表彰大会隆重举行··· 3

报：校领导

发：各学院 （共印 30 份）

参考例文：

"薪火相传"——图书馆开展百名师生读党史接力活动

4 月 22 日，为迎接中国共产党百年华诞，由××学院和图书馆联合举办的"薪火相传——百名师生读党史接力活动"在全校师生的踊跃参与下如期开展。

百名学子在图书馆报告厅齐聚一堂，共读党史，用眼看，用耳听，用心说。《中国共产党的百年述职报告》建党百年视频向大家展示了中国共产党为了实现中华复兴梦付出的努力、为了实现中华富裕梦立下的决心、为了实现中国富强梦涌现的动力；"党员先行"由两位教师党员带领同学们回顾中国共产党的百年奋斗史，用温润话语展现百年大党始终如一肩负时代使命的气质和品格。学子们感慨万千，纷纷根据自身体会，用自己的语言，讲述中国共产党 100 年的岁月征程；用自己的情感，书写中国共产党 100 年的辉煌；用自己的体会，分享中国共产党 100 年的精神魄力。"青春为俊彦、国事担铁肩"，同学们立下了要成为一名有责任、有担当的新时代青年、成为一名优秀社会主义建设者和接班人的决心。

四、必备知识

（一）适用范围

简报是各级组织及所属部门为沟通情况、交流经验、汇报工作而编发的一种简短灵活的反映内部事务的文书。简报的特点是文字短、内容新、反应快、形式活。

简报和总结都有汇报性，区别是：简报事先、事中、事后都可以编发，讲究时效，而总结往往在工作或活动告一段落编写，而且时限不严；简报带有"刊"的特点，一期简报可载一篇或多篇文章，总结则独立成篇；简报的写法比较灵活，总结的写法相对固定；简报大多为短文，总结的篇幅可长可短。

简报和消息有相似之处，其区别是：简报属于内部文书，消息具有公开性；简报反映工作、情况、会议等信息，消息的适用范围更加广泛；简报除了报道式之外，还有其他写法，消息则多用报道式。

（二）简报的类别

根据不同的分类标准，简报可以分为多种。简报的名称很多，常见的有《××简报》《××简讯》《××信息》《××动态》《××通讯》《内部参考》《情况反映》等。目前最常用的简报分类方法主要有三种。

1.按内容性质划分，简报分为工作简报、会议简报和动态简报，其主要内容和作用如下表所示。

种类	内容	示例
工作简报	反映本地区、本系统、本部门工作情况的经常性简报。主要内容是反映工作开展情况，介绍工作经验，汇报工作中出现的问题等。	××高校党委、校长办公室编《××工作动态》
会议简报	会议期间反映会议情况的简报。它是一种临时性的简报，内容包括会议发言、会议决定等。规模较大、时间较长的会议常编发多期简报，以起到及时交流会议情况的作用。	大会秘书处编《××大学学代会简报》
动态简报	着重反映与本单位工作有关的新情况、新动向、新问题等，为领导和有关部门研究工作提供第一手材料，向受众报告工作、学习、思想等领域的最新动态。	××市气象局办公室编《气象工作简报》

2.按时间特征来分，简报分为定期简报和不定期简报。

种类	内容	示例
定期简报	按一定的时间周期定时编发、反映一个时间段内重要情况的简报，常见的有周报、旬报、月报等类型。	××大学教学督导委员会编《教学督导组情况反映》
不定期简报	随时反映新情况、新问题、新经验等的简报，没有固定的编发时间，根据是否有值得编发的内容来确定。	《××市防汛工作简报》

3.按内容涉及范围来分，简报分为综合性简报和专题性简报。

种类	内容	示例
综合性简报	反映本部门、本系统各方面工作情况和问题的简报，也称情况简报。主要报道本部门、本系统工作中发生的重大问题、重要情况以及新生事物、新经验、新办法等。涉及面广，情况复杂，材料丰富，能给人们提供较为全面的信息。	××大学综合改革领导小组办公室编《综合改革简报》
专题性简报	人们关心的、重要的专项工作的动态、进展、经验、问题等。内容集中、单一，篇幅短小，语言简洁。这类简报往往是针对某一时期的中心工作或专项工作而编发，中心工作完成后，简报即停办。	××市安全生产委员会办公室编《安全生产简报》

五、写作结构

（一）一般结构

简报的一般写作结构图示如下：

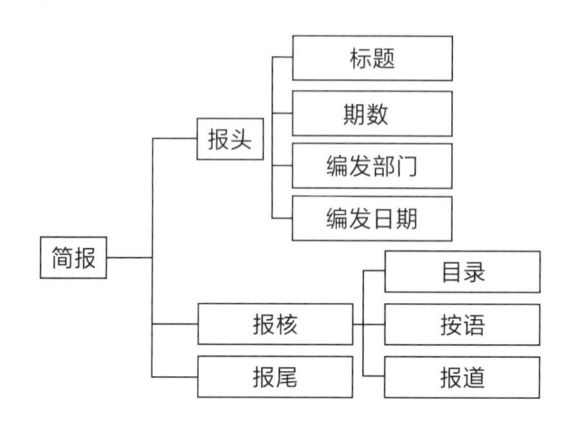

```
                    ┌─ 标题
              ┌─报头─┤  期数
              │     │  编发部门
              │     └─ 编发日期
     简报─────┤
              │     ┌─ 目录
              ├─报核─┤  按语
              │     └─ 报道
              └─报尾
```

1. 报头

简报的报头包含简报标题、期数、编发部门及编发日期四部分。视简报内容、保密要求，简报报头还可以增加简报编号（标注在右上角）、密级（或使用范围和要求，需标注在左上角）等要素。如下图报头示例。

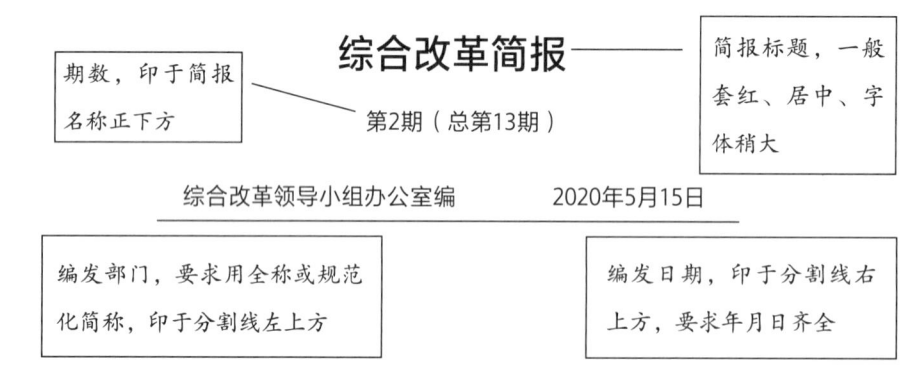

综合改革简报
第2期（总第13期）

综合改革领导小组办公室编　　　　2020年5月15日

- 期数，印于简报名称正下方
- 简报标题，一般套红、居中、字体稍大
- 编发部门，要求用全称或规范化简称，印于分割线左上方
- 编发日期，印于分割线右上方，要求年月日齐全

2. 报核

报头以下，报尾以上的部分都是报核。报核包含以下项目：

① 目录。由于简报内容单一，容易查找，目录一般不需标出页码，只需将编者按、各篇标题排列出来即可。

② 编者按。必要时可加编者按，主要内容是工作任务来源、本期重点稿件的意义和价值、征稿通知、征求意见等。篇幅不可过长，短则三五行，长则半页即可。

③ 报道。一期简报可以有一篇或多篇报道，可视重要性、专题性、栏目安排等需要排列。

嘉兴市红十字会简报

2019 年第 1 期

嘉兴市红十字会综合部　　　二〇一九年一月三十一日

目　录

◆　**工作要闻**

省红十字会慰问我市困难家庭……………………………………1
市红十字会认真学习贯彻市两会精神……………………………1

◆　**特别报道**

我们这一年——嘉兴市红十字会2018年工作纪实………………2

◆　**县市动态**

"博爱光明"项目惠及南湖区眼疾患者……………………………6
桐乡市梧桐街道实现基层红十字组织全覆盖……………………7

（选自嘉兴市人民政府网）

3. 报尾

在简报末页下 1/3 处用分割线与文稿部分分开，分割线下与之平行的另一横线间内标本期简报的"报、送、发"单位名称，右侧注明本期印数。如下图所示。

报：××××
送：××××
发：××××

（共印××份）

（二）写法解析

简报的格式比较固定，主要是正文部分的写作。正文一般有以下几种写法。

一是报道式。这种写法与消息相似，包括导语、主体、背景和结语。其中，导语是开头，用极简要的文字将最重要、最新鲜、最能吸引人的事实或观点概括出来；主体是导语之后的次要部分，通过典型材料让读者了解全部内容，层次安排有时间顺序和逻辑顺序等；背景是对信息产生的历史、环境条件及其他相关联系的说明；结语是收束，也可不设结语。

二是集锦式。围绕一个主旨，从不同的侧面选取典型材料，构成一组简讯，每则简讯用几句话概括。

三是摘要式。用于对公文、总结、调研报告、讲话稿等文章进行压缩，提取要点，便于快速阅读。

四是分述式。如果涉及的内容较多，可分若干部分介绍，每部分前面加序数或拟小标题，也可两者并用。

（三）例文解析

第二期：桂林市乡村振兴工作简报

我市定点帮扶"三送融合"

防返贫　谋振兴

我市各定点帮扶单位结合"送温暖防返贫"活动，纷纷到村入户，开展送方针政策、送帮扶措施、送发展思路"三送"帮扶，切实把党和政府的温暖关怀送到群众心坎上。据统计，全市各定点帮扶单位共走访慰问脱贫群众、监测对象6万多人次，慰问金和慰问品折合147.12万元。

送政策传精神，激发内生动力。我市各定点帮扶单位针对衔接政策新、变化大，群众熟悉不够、理解不透的实际，采取了多种形式，用通俗易懂的语言讲解政策，用脱贫致富的真实案例激励群众，用面对面的交流解惑答疑，让脱贫群众知政策、明事理、感党恩，有效地激发内生动力。市工信局、残联主要领导以"深刻领会全会精神，全面推进乡村振兴"为主题，为党员干部、第一书记、工作队员和脱贫户代表上专题特色党课。在与党员群众座谈时，脱贫户代表结合自身情况，讲述了自己的脱贫故事和生活变化，感谢党的好政策使他们脱了贫，并表示一定继续努力抓好生产，过上更好的生活。市民政局、人力资源和社会保障局、统计局干部在为帮扶对象送去新春祝福和慰问品的同时，详细了解他们的家庭情况、发展愿望和个人诉求，宣讲关于教育、医疗、就业、产业发展等方面的惠民政策，与脱贫户谋划了今后的发展思路和努力方向。

送帮扶办实事，坚定致富信心。（正文略）

送思路谋发展，加快振兴步伐。（正文略）

（刘艳）

这份工作简报，由两篇文章组成，总的主题是该市乡村振兴工作进展的汇报。

这则简报就该市"定点帮扶"工作的方针和策略执行情况进行了全面的反映，陈述了全市各单位执行乡村振兴总体要求的情况，为各相关单位部门了解动态、交流经验、沟通工作进展提供了参考。

雁山区："三个精准"激发乡村振兴人才活力

雁山区聚焦乡村振兴大局，从选拔、教育、激励方面精准发力，鼓励引导人才向乡村一线聚集，为推进乡村振兴战略注入强劲的"人才流"。

一、精准择才，搭建乡村振兴人才智力库。一是强化机制。出台《乡村振兴人才评价认定工作方案》，明确16个牵头单位，由牵头单位组织所属人员、乡镇（街道）、村（社区）干部深入辖区各大高校、科研院所以及38个行政村（含农村社区）、企业进行调查，精准掌握生产经营型、二三产业发展型、公共服务型、乡村治理型以及科技型人才基本情况，组建乡村振兴人才库。二是引进高水平人才。持续建设与广西师大、市农科所、吉福思罗汉果公司等辖区15所高校、院所、企业共同成立的人才合作联盟，推行校地企乡村振兴人才共享机制，构筑集信息沟通、人才培养、业务合作、资源共享、课题研究、政策咨询于一体的活动平台。联盟成立以来，引进辖区高校院所博士3名、硕士2名到区政府乡村振兴成员单位挂职锻炼。同时，兴建广西师范大学乡村振兴雁山调研基地，聘请高校和农科院11名高级职称专家担任雁山区乡村振兴战略技术顾问。三是选拔乡土人才。着力把乡村一线涌现的本土"田秀才""土专家"、农技示范户等选拔进乡村人才农村实用人才队伍，建立"新型职业农民后备库""乡村工匠库"，并分类实施动态管理。目前，全区已有124名乡土人才选拔入库。

二、精准育才，强化乡村振兴人才专业技能素质。（正文略）

（李平　李康）
（选自桂林市人民政府网）

这则简报主要对雁山区在乡村振兴工作中的经验进行交流，指出该区在选拔人才、教育人才、留住人才等方面的举措及取得的积极效果，简明扼要，不失具体，事迹典型，对其他部门有一定的借鉴意义。

简报报核部分正文的主要内容是基于对刚刚发生的事情的一种回顾，其写法类似于消息的写作，结构上略有不同。

六、实战演练

1. 编制一份月度校园活动简报，报道近一个月内校园中发生的新情况、新动向、新问题等，向师生报告工作、学习、生活等方面的最新动态。

2. 为你最近参加的一次会议编写会议简报，内容包括会议中的情况、发言及会议决定等。

新闻类文书（二）：消息的写作

一、场景驱动

2015年9月16日，北京时间下午1时，土库曼斯坦时间上午10时，在阿什哈巴德举行的第34届亚奥理事会代表大会，来到最扣人心弦的环节——亚奥理事会主席艾哈迈德亲王缓步登台，即将郑重宣布2022年第19届亚运会的举办城市。台下，杭州申亚代表团的成员们屏气凝神、默默谛听，焦灼的气息飘荡在燥热的空气中。

"中国杭州获得2022年亚运会举办权！"

话音刚落，各大媒体相继刊发消息向人们公布这一令人欣喜的结果。

二、任务解析

1. 消息的最大特点是快速和新鲜。从消息的种类来看，这是一则动态消息，其最重要的价值就是让人们快速知晓杭州申办2022年亚运会的结果，为快速发布，只需写作标题和导语部分即可。

2. 新闻根据发生的不同阶段所呈现出的信息含量是有所不同的，动态新闻发布后，读者也想了解其他的背景材料，因此后续的新闻可以从不同的角度展开报道。从下文列举的对同一事件进行报道的三篇新闻稿，可以看出背景材料的使用对于新闻事实所产生的补充、深化作用。

3. 标题是新闻的眼睛，消息的标题必须简明、准确地概括消息内容，帮助读者了解报道的事实。

三、参考例文

（一）

杭州获得2022年第19届亚运会举办权

【杭州成功获得2022年第19届亚运会主办权】来自土库曼斯坦阿什哈巴德消息，在第34届亚奥理事会代表大会上，亚奥理事会主席艾哈迈德亲王郑重宣布："中国杭州获得2022年亚运会举办权"。杭州成为继北京、广州之后，第三个举办亚运会的中国城市。

（2015年9月16日 12:26:34　来源：央视新闻）

（二）

中国杭州获得2022年第19届亚运会举办权

新华社阿什哈巴德9月16日电　亚奥理事会主席艾哈迈德亲王16日在这里举行的第34届亚奥理事会代表大会上宣布："中国杭州获得2022年亚运会举办权"。

杭州成为继北京、广州后，第三个举办亚运会的中国城市。

亚奥理事会第34届代表大会于当天在阿什哈巴德举行，大会主要议程之一是选出2022年亚运会举办城市。

（2015年9月16日 12:57:02　来源：新华社客户端）

（三）

杭州获2022年亚运会举办权

本报北京9月17日电　在土库曼斯坦首都阿什哈巴德举行的第34届亚奥理事会代表大会上，亚奥理事会主席艾哈迈德亲王宣布，杭州获得2022年亚运会举办权。这样，杭州成为继北京、广州之后，第三个举办亚运会的中国城市。

今年8月，杭州正式向亚奥理事会递交申办2022年第19届亚运会意向书，作为该届亚运会的唯一申办城市，杭州今天获得亚运举办权早在预料之中。

在亚运会几乎到了无人申办的尴尬境地时，成为第3座举办亚运会的中国城市，杭州以怎样的理念和方式举办亚运会受人关注。

"双赢"成为外界对杭州的期待，但广州亚运会的"烧钱"模式给国人留下深刻印象，杭州亚运会能避免走奢华路线，真正做到主办城市与亚运会"双赢"吗？著名体育学者、江西财经大学副校长易剑东今天下午在接受记者采访时表示，政府在组织、筹办亚运会的过程中要转变理念和思路，让一届体育盛会体现出体育、文化、经济、政治等多元化的价值，切忌过于追求某一方面的价值。同时，在城市基建、赛事运作等方面，政府应设定合理预算。

在杭州申办之前，2022年第19届亚运会距离产生主办城市的时间仅剩一个月，却没有一座城市表达申办意向。加上原获得第18届亚运会举办权的越南河内在去年4月突然宣布放弃举办权，印尼雅加达在去年年底临时将第18届亚运会承接下来。一时间，亚运会成"鸡肋"的声音不绝于耳，杭州亚运会的"双赢"也体现在亚运会能否就此扭转形象上。

易剑东认为，这一点是可能做到的，但也需要亚运会自身改革，比如"减少比赛项目，目前亚运会的项目设置比奥运会还要多，赛事规模过于庞大"。亚运会通过"瘦身"，可在一定程度上消除各个城市因担心投入太高而不敢申办亚运会的顾虑。

杭州作为长三角地区的经济发达城市，已经具有较为完善的城市基础设施条件。

一个多月前，亚奥理事会终身名誉副主席魏纪中曾在考察杭州后向记者表示，杭州利用现有的和正在建设的体育设施，无须再进行更多的城市建设就完全可以承办2022年亚运会。杭州不需要像广州那样为举办一届亚运会付出1200亿元的高昂代价，可以花不多的钱利用好"亚运"这张牌。

易剑东建议，比如在比赛场馆布局上，可以兼顾高校和浙江省内的其他城市，既减轻杭州的赛事压力，又可以让浙江的其他城市"沾光"；利用亚运会进行杭州和浙江的形象传播。易剑东表示，这原本应该是申办期间做的事，但由于杭州拿到亚运举办权之前的申办过程非常短暂，因此在今后的筹办过程中，可以做好城市形象在国内、国际的传播工作。另外，杭州也可以利用举办亚运的契机，与国际体育组织建立更广泛的联系。

易剑东表示，浙江是中国民营经济最活跃的地区，杭州举办亚运会应当让民间获得更高的参与度，这对于杭州来说也是减少政府投入，让亚运的经济效益更大化的体现。

（2015年9月17日 08:28　来源：人民网体育频道）

四、必备知识

（一）消息的概念

消息，即狭义的新闻，是以简要的文字迅速报道新闻事实的一种体裁。消息是网络、报纸、电台、电视台等媒体采用最广泛的一种新闻形式。

（二）消息的要素

消息作为新闻最具时效性的一种，严格说来，必须具备新闻的"5W1H"六要素：即何时（When）、何地（Where）、何人（Who）、何事（What）、为何（Why）、如何（How）。消息篇幅短，时效性强，文字简练概括，注重用事实说话，尽可能快地传递新闻事实。

（三）消息的特点

1.真实。这是消息写作的生命力所在，包括事件、时间、地点、人物及各项数据都必须是真实存在的，不能有一点虚假。

2.新鲜。消息新鲜包含三方面含义：一是内容新，消息报道的应是最新鲜的事实；二是认识新，新闻事实所反映的思想、说明的问题，要有新意，给人以启迪；三是角度新，选择新的报道角度，变换新的表现手法，从司空见惯的事物中发掘新的东西，给人以耳目一新的感受。

3.快速。这是消息的基本特征，是消息的优势，也是消息质量的重要体现。

4.简短。消息的字数一般都比较少，篇幅较短。特别是在当今微博、微信及自媒体日渐繁荣的时代，消息应做到篇幅短小、文字简洁、结构简明、内容精练。

五、写作结构

(一) 一般结构

消息的一般写作结构包含五个部分，可图示如下：

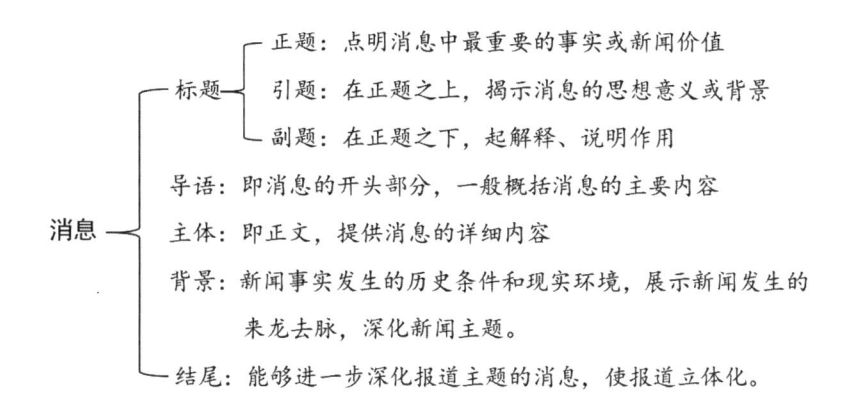

```
         ┌ 标题 ┬ 正题：点明消息中最重要的事实或新闻价值
         │      ├ 引题：在正题之上，揭示消息的思想意义或背景
         │      └ 副题：在正题之下，起解释、说明作用
         ├ 导语：即消息的开头部分，一般概括消息的主要内容
消息 ────┼ 主体：即正文，提供消息的详细内容
         ├ 背景：新闻事实发生的历史条件和现实环境，展示新闻发生的
         │       来龙去脉，深化新闻主题。
         └ 结尾：能够进一步深化报道主题的消息，使报道立体化。
```

(二) 写法解析

1. 标题

标题是用来概括消息的主要事实的，一篇新闻被接受通常是从标题开始的。消息阅读开始后，读者一般先看标题，然后再决定继续看下去还是不看。标题是新闻的题目，是消息的眼睛，有向读者进行阅读推荐的作用。

新闻标题的结构方式、写法多样。消息写作时，单行标题即为主题、正题，双行标题、多行标题则可能包括主题、引题、副题等部分。

主题：又名正题，标题中最主要的部分，说明最重要的事实或思想，排版时字号最大。

引题：又名肩题、眉题，位于主题之上的辅助性标题，主要作用是引出主题。

副题：又名子题，位于主题之下的辅助性标题，主要用事实对主题作补充和解释。

不同形式标题与标题的不同部分作用各异，表述的效果也各有不同，试体味：

单行标题：　　　　　　（主）国务院出台职工探亲假新规定

双行标题：　　　　　　　　国务院出台新规定
　　　　　　　　　　　（主）职工探亲假期有新说法

三行标题：　　　　　　　　人大常委会批准国务院新规定
　　　　　　　　　　　（主）适当延长职工探亲假期
　　　　　　　　　　　　　 已婚职工每四年也可探父母一次

2. 消息头

消息头是消息的独有标识，位于消息的开头，后紧接导语。一般用"本报讯""×社电"等表示。消息头是消息的外在标识，它表示报社或通讯社对发布的新闻消息负责，接受社会监督；同时，告知读者新闻的来源及时效。有的会署上采稿的记者或通讯员名字，如"本报讯（融媒体中心通讯员 ×××）"；有时候也将日期、地点点出，如"中新网 8 月 7 日电""本报杭州 8 月 12 日讯（记者 ×××）"等。消息头不尽相同，但各报纸一般有自己的固定格式，不轻易改变。

3. 导语

导语是消息的开头部分，一般以简要文字突出最重要、最新鲜及最具吸引力的新闻事实。导语的主要作用是以提纲挈领的表现形式，引领全文，吸引读者，揭示新闻的核心内容。导语有不同类型，大致有叙述式、提问式、描述式、引用式、评论式等。导语以简练的笔墨勾勒出消息的要点和轮廓，一语定意，为整篇报道定下基调，是消息写作中尤为重要的部分。

4. 主体

主体是消息导语事实的展开部分，它要用足够的材料、典型的事例，将导语所概括的事实或揭示的主旨加以丰富和展示，或者回答导语中提出的问题，对新闻事实作细致地叙述和展开。

5. 结尾

消息结尾一般是阐明事实的意义或指出事件发展的趋向，也可给受众留下思索的余地，通常有小结式、启发式、号召式、展望式等，但消息也可以没有结尾而自然收束。

6. 背景材料

背景材料，是指与新闻事实有关但并非当场发生的历史背景、对比情况、知识补充、环境因素及其他方面的联系等。背景材料的目的在于帮助读者深刻理解新闻的内容和价值，起到衬托、解释、深化主题等作用。背景材料位置灵活，在一篇新闻中可能有一条或多条背景材料，也可能没有。

（三）写作结构

消息有多种写作结构，其中有两种类型使用比较广泛，即倒金字塔式结构和金字塔式结构。

简而言之，倒金字塔结构是新闻价值递减的结构。倒金字塔结构起源于 19 世纪 60 年代美国南北战争时期。其时，电报刚刚发明，发报机在使用时常常出现故障，故战地记者在发稿时，总是先说最重要的内容，以免发报机出现故障时最重要的信息传不出去，从而形成"倒金字塔"的雏形。倒金字塔结构有着明显的优势：首先，便于记者迅速发稿；其次，便于编辑删改编排；再次，便于读者阅读接受；最后，能够促进消息的快速传播和交流。

倒金字塔结构可图示如下。

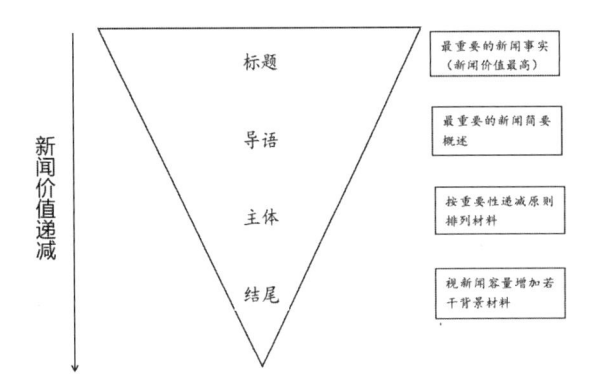

```
                    标题
新                  导语          最重要的新闻事实
闻                               （新闻价值最高）
价
值                  主体          最重要的新闻简要
递                               概述
减
                    结尾          按重要性递减原则
                                 排列材料

                                 视新闻容量增加若
                                 干背景材料
```

2. 例文解析

英国脱欧协议正式生效，结束 48 年欧盟成员国身份

海外网 1 月 1 日综合英国广播公司（BBC）、美国有线电视新闻网（CNN）消息《英欧贸易与合作协议》于当地时间 2020 年 12 月 31 日晚 11 时正式生效。这意味着英国脱欧过渡期结束，英国正式离开欧盟单一市场和关税同盟，彻底脱欧。

CNN 称，英国脱欧历经四年半时间，过渡期的结束是英国历史上一个重要时刻。在加入欧盟 48 年后，英国将开辟一条独立道路。BBC 刊文称，英国完成脱欧是一个新时代的开始。

2020 年 12 月 31 日，英国首相约翰逊在新年讲话中称，英国将是一个"开放、慷慨、外向型，秉持国际主义和自由贸易"的国家，可以自由地以不同方式行事，如果必要的话，甚至可以比欧盟做得更好。英国"掌握着自由"，现在漫长的脱欧进程已经结束，英国有能力"以不同的方式，做得更好"。

不过，也有专家提醒称，英国经济将受到脱欧影响，许多企业对未来的变化没有做好准备，尤其是英国仍处于新冠肺炎疫情冲击当中。现在英国正式脱欧，跨境货物将受到海关和其他机构的检查，延迟和中断的情况可能会发生。

不满英国脱欧的苏格兰首席大臣尼古拉·斯特金在推特上写道："欧洲，苏格兰很快就会回来。让灯开着吧。"

（2021 年 1 月 1 日来源：澎湃新闻）

标题采用单行正题形式，点明重要信息。

消息头点明了消息来源及时间；导语概述了最主要、最核心的新闻事实，是典型的倒金字塔结构。

引入"英国加入欧盟 48 年""脱欧历经四年半"等背景材料阐释与深化新闻事实的影响。

紧随导语后的是主体部分，对导语进行展开和补充，报告了英国脱欧的主要历程，并补充了各方媒体的评价、英国首相在新年讲话中提及对脱欧的态度。

该则消息的结尾属引用式结尾，引申出对此事件的另一些意见。

金字塔式结构实质是顺序法。它按照时间先后顺序安排段落层次，先发生的放在前面，后发生的放在后面；事件的开头就是消息的开头，事件的结尾就是消息的结尾。这种写法如同讲故事，随着情节步步推进，事件的高潮在后面出现。

　　例如下面这篇新闻：

车里贴满乘客的留言条，见证一个个温情故事

滴滴司机周正利：我的车就是"解忧杂货铺"

　　37岁的周正利是江苏盐城人，做滴滴专职司机3年了。去年5月份开始，他在自己的车里准备了便利贴、水笔和大头针，乘客可以随意记录自己的心情或心愿。

　　不到一年，车厢的顶上已经贴满了乘客的留言。"我买了10本小便利贴，1000张，现在就只剩下200张不到了。"周正利笑着形容自己的车就像是移动的"解忧杂货铺"。

　　这是周正利来杭州的第5年，之前他送过外卖、拉过货。3年前，他成为了一名滴滴司机。

　　而这个"便利贴"的灵感来自朋友圈。"很多人开心发一条，不开心也发一条，都是记录自己的小想法。"周正利说。另外，他想让乘客上车后有一种轻松自在感，不那么冷冰冰。去年五一假期回家，他先让自己的女儿和儿子写了两张。"他们都写了祝福，让我开车平平安安、开开心心的。"

　　回到杭州后，他把孩子们的留言条贴在了车顶，在椅背袋子里放了便利贴和笔。

　　第一个乘客留言，他还记得是在胜利河美食街接到的两个女生。"她们觉得挺好奇，问我这是什么？我说，在我的车上，可以把你想说的话记录下来，贴在车顶。"周正利说，她们觉得挺有意思的，就都留了言。

　　就这样，写的人越来越多，车顶都贴满了，层层叠叠有好几百张。每天收工的时候，周正利会稍微整理一下，特殊一点的会被他放到前排，比如有个抖音大V写给他的"出入平安"，还有塞尔维亚的足球教练给他的留言。

标题采用双行"引题+正题"形式，引题交代背景、烘托气氛，正题点明重要信息。

消息正文采用时间顺序编排内容，开头较为平淡，但随着情节的推进，读者了解到一辆普通的滴滴专车是如何成为乘客们的"解忧杂货铺"的，一个普通的司机又是如何写就这个温情故事的。

便利贴里的故事很多，在周正利的印象中，特别深刻的是在海创园接到的一个女生。"拼车的，她最后一个上车。当她下车的时候，对我说了句，师傅，其实我今天心情特别不好，但是看到你车上这些留言条，心情一下子好了。"周正利说，女孩还特地给他发了5块钱感谢红包。

"你知道吗？小朋友特别喜欢坐我的车，因为可以画画。"他说，经常会碰到接送小孩去上培训班或是幼儿园的客人，下车的时候小朋友常常会叫着："下次还要坐这个叔叔的车！"

周正利说，有时候还会遇上第二次打到他车的乘客。"有个滨江女孩，她很开心地告诉我，在车上许的愿望已经实现一半了，我也替她开心。"

"我做这个事儿也没什么其他想法，老实说对接单、收入都没影响，就是让乘客开心点，我的目的就达到了。司机和乘客吵架这种情况，在我身上没有发生过。"周正利笑着说，自己的车可以让乘客释放压力，变得开心起来，"我的车就是那个树洞，移动的解忧杂货铺。"

许多乘客坐进车一开始会有点惊讶，又会觉得很特别，和他说，那些留言看起来都挺正能量，让人心里暖暖的。这时候，周正利就会很自豪地说："是啊，我这个车是独一无二的呢。"

记者问，车里载着那么多的愿望，那你的愿望是什么呢？周正利笑了："世界和平！哈哈，我最大的愿望就是健健康康、平平安安。"

（选自《钱江晚报》2021年4月2日A12版）

> 一般说来，金字塔结构的新闻不是建立在一种以时效性见长的报道基础上。人物特写时间跨度比较大的新闻或通讯稿，常用金字塔结构。

这篇消息的结构就是按照事件主人公在车内打造"解忧杂货铺"的时间顺序来排列的，让读者从中了解到事件的来龙去脉。

此外，消息的结构还有并列式结构、对比式结构、悬念式结构、散文式结构等。

六、实训演练：消息写作

1. 任意搜集一条媒体上近期发布的消息，分析并指出其结构形式。
2. 从校园生活中选取一个事件，写作一篇消息，要求要素齐全，主体部分层次分明。

第六章

公务沟通与文种写作

公务沟通是国家党政机关施政过程中，使用语言、文字、图片、文件、行动等方式，进行上传下达、协调关系、有效沟通、达成共识以完成公务目标的行为。在我国，公务沟通十分广泛，是国家党政管理的重要渠道与有效方式，各级机关依据其所处的职权位置，使用合适的场景、语言、文件等进行沟通，将管理、履职、服务等目的融为一体，是一种富有我国行政特色与文化特色的沟通方式。

实训一　公务沟通

任务1　公务场景及沟通需求

一、场景驱动

6月初，××省委农办、省农业农村厅、省建设厅联合召开主题会议，计划于当年8月中旬在省内择地召开深化新时代"千万工程"推进和美乡村三大行动现场会，系统部署推进实施农房改造、管线序化、村道提升三大行动，打造彰显该省气质的诗画乡村，推动"千万工程"再出发再深化再提升。江城市近年在"千村示范、万村整治"工程工作中取得了显著成绩，为体现担当作为精神，同时彰显本市特色、推广经验，江城市乡村振兴局向上级主管部门申请承办该次会议，获批准后进入了紧锣密鼓的准备工作中。局办公室秘书小张作为会务组的核心成员，他所在的5人团队负责会议联络、文书拟写及发布、会务事项等工作。最终会议圆满召开，取得了各项预期成果，发布了纪要，通过了《××省和美乡村农房改造指引（试行）》《××省农村管线序化"两清两合"整治八法（试行）》《××省和美乡村村道提升指引（试行）》三个试行办法，成为该省落实《××省深化新时代"千万工程"推进和美乡村三大行动指导意见（2024—2027年）》精神的重要方案与行动指南。

请从该局办公室秘书小张的角度出发，厘清此次公务活动中可能发生的沟通场景及使用到的公务文书。

二、任务解析

这一案例实景化地还原了公务沟通过程中的典型场景，所要求完成的任务涉及公务沟通场景、公务文书使用两个紧密关联的关键方面。要完成这一任务，至少需解决以下五方面问题：

1. 此公务沟通任务中，小张的工作起点在哪？
2. 在这一会议运作过程中，将经历哪些流程与环节？
3. 各流程与环节将涉及哪些公务文书的使用？
4. 这些公务文书的使用各有何规则和效用？
5. 会议通过的三大试行办法以何种形式发布？使用主体是谁？

要解决以上五个问题，需要对公务沟通过程中工作环节、沟通技巧、公文格式、公文文种类别及适用场景、相关公文文种的写作等知识、能力进行学习和运用。

三、公文概要

（一）党政公文的形成与定义

在我国，公文写作的历史由来已久，是非常典型的先有经验后有归纳总结规律的人类沟通与实践方式。因此，公文乃至所有应用文写作的规范、程式、要求及适用等并非逻辑推断的结果，而多是一种实践经验与现实场景推演结果的总结性呈现。这种成因，使公文有了三方面的鲜明特征：一、它是规定的结果；二、它与现实使用场景高度契合；三、它具有统一规定性与权威性。

为了简化和规范公文处理方式，提高公务沟通效率，2012年4月16日，中共中央办公厅、国务院办公厅联合发布了《党政机关公文处理工作条例》（中办发〔2012〕14号）（以下简称《条例》），自2012年7月1日起施行。为配合《条例》的实施，同年6月29日，国家质量监督检验检疫总局和国家标准化管理委员会发布了《党政机关公文格式》国家标准（GB/T 9704—2012）（以下简称《格式》），自2012年7月1日起配套《条例》施行。

《条例》第三条明确：党政机关公文是党政机关实施领导、履行职能、处理公务的具有特定效力和规范体式的文书，是传达贯彻党和国家的方针政策，公布法规和规章，指导、布置和商洽工作，请示和答复问题，报告、通报和交流情况等的重要工具。

据此规定，公文既是在公务活动中产生的"文书"本身，又是日常公务沟通的"重要工具"，兼具特定效力和规范体式。它内容上具有公务性，多是机关与机关之间、部门与部门之间、机关与部门之间的公务行为，不涉及私人事务，不表达私人情感及思想认知。同时，公文具有法规规定的权威性与程式性，在格式上有严格的规范，包括党政机关公文的组成结构、命名规则及书写规定，各部分的字体、字号、排列方式亦有统一规范。

（二）党政公文种类及适用范围

按照《条例》第二章规定，我国目前党政机关通行的公文主要有以下15种：

1.决议。适用于会议讨论通过的重大决策事项。

2.决定。适用于对重要事项作出决策和部署、奖惩有关单位和人员、变更或者撤销下级机关不适当的决定事项。

3.命令（令）。适用于公布行政法规和规章、宣布施行重大强制性措施、批准授予和晋升衔级、嘉奖有关单位和人员。

4.公报。适用于公布重要决定或者重大事项。

5.公告。适用于向国内外宣布重要事项或者法定事项。

6.通告。适用于在一定范围内公布应当遵守或者周知的事项。

7.意见。适用于对重要问题提出见解和处理办法。

8.通知。适用于发布、传达要求下级机关执行和有关单位周知或者执行的事项，批转、转发公文。

9.通报。适用于表彰先进、批评错误、传达重要精神和告知重要情况。

10.报告。适用于向上级机关汇报工作、反映情况，回复上级机关的询问。

11.请示。适用于向上级机关请求指示、批准。

12.批复。适用于答复下级机关请示事项。

13.议案。适用于各级人民政府按照法律程序向同级人民代表大会或者人民代表大会常务委员会提请审议事项。

14.函。适用于不相隶属机关之间商洽工作、询问和答复问题、请求批准和答复审批事项。

15.纪要。适用于记载会议主要情况和议定事项。

以上《条例》所示15种公文，在行文方向有上行文、下行文、平行文和多向文的区分，这主要是由行文主体之间的工作关系而产生的区分。在我国，党政公文行文双方的关系可以分为隶属关系、平级关系和不相隶属关系。

所谓隶属关系是指行文双方在同一组织系统中存在领导与被领导关系，在同一业务系统中存在指导与被指导关系，与此相应，在公文使用中多用上行文（议案、请示、报告等）、下行文（命令、公报、决议、决定、公告、通告、通知、通报、批复）。

平级关系是指在同一组织系统中的同级机关之间的关系，不相隶属关系是指行文双方既不是同一组织系统也不是同一业务系统的机关之间的关系。平级机关与不相隶属关系机关行文多用平行文，主要文种是函，通知有时也作为平行文使用。

在15种公文中，意见和会议纪要在不同行文关系与行文方向上都可使用，可谓多向文。

（三）党政公文行文规则

《条例》第四章规定，行文应当确有必要，讲求实效，注重针对性和可操作性。行文关系根据隶属关系和职权范围确定，一般不得越级行文，特殊情况需要越级行文的，应当同时抄送被越过的机关。

1. 上行文行文规则

（1）原则上主送一个上级机关，根据需要同时抄送相关上级机关和同级机关，不抄送下级机关。

（2）党委、政府的部门向上级主管部门请示、报告重大事项，应当经本级党委、政府同意或者授权；属于部门职权范围内的事项应当直接报送上级主管部门。

（3）下级机关的请示事项，如需以本机关名义向上级机关请示，应当提出倾向性意见后上报，不得原文转报上级机关。

（4）请示应当一文一事。不得在报告等非请示性公文中夹带请示事项。

（5）除上级机关负责人直接交办事项外，不得以本机关名义向上级机关负责人报送公文，不得以本机关负责人名义向上级机关报送公文。

（6）受双重领导的机关向一个上级机关行文，必要时须抄送另一个上级机关。

2. 下行文行文规则

（1）主送受理机关，根据需要抄送相关机关。重要行文应当同时抄送发文机关的直接上级机关。

（2）党委、政府的办公厅（室）根据本级党委、政府授权，可以向下级党委、政府行文，其他部门和单位不得向下级党委、政府发布指令性公文或者在公文中向下级党委、政府提出指令性要求。需经政府审批的具体事项，经政府同意后可以由政府职能部门行文，文中须注明已经政府同意等字样。

（3）党委、政府的部门在各自职权范围内可以向下级党委、政府的相关部门行文。

（4）涉及多个部门职权范围内的事务，部门之间未协商一致的，不得向下行文；擅自行文的，上级机关应当责令其纠正或者撤销。

（5）上级机关向受双重领导的下级机关行文，必要时抄送该下级机关的另一个上级机关。

3. 联合行文规则

同级党政机关、党政机关与其他同级机关必要时可以联合行文。属于党委、政府各自职权范围内的工作，不得联合行文。

《条例》还规定，党委、政府的部门依据职权可以相互行文；部门内设机构除办公厅（室）外不得对外正式行文。

任务2　公文的规范格式认知

一、公文格式

本书主要介绍公文格式，但对《格式》中规定的公文用纸主要技术指标、用纸幅面尺寸及版面要求、印制装订要求等方面不作介绍，相关详情可参见书后附录2《党政机关公文格式》（GB/T 9704-2012）。另外，本节公文格式涉及的所有格式类型正文中均不列直观图片样式说明，同样请参阅书后附录2。

（一）公文的通用格式

《格式》将版心内的公文格式各要素划分为版头、主体、版记三部分。公文首页红色分隔线以上的部分称为版头；公文首页红色分隔线（不含）以下、公文末页首条分隔线（不含）以上的部分称为主体；公文末页首条分隔线以下、末条分隔线以上的部分称为版记。公文页码标于版心外。

公文的通用格式分成下行格式和上行格式两类，根据发文机关是单一还是联合行文，又可分为单一上行文、联合上行文、单一下行文、联合下行文四类，其格式略有差别。

1. 单一下行文格式

这里以"通知"的单一下行文格式为基准，解析法定公文通用格式示意图和各要素命名情况。

中华人民共和国国务院文件　→发文机关标志

国发〔202×〕116号　　　　　　　　　　　　→发文字号

国务院关于××××××的通知　　→标题

各省、自治区、直辖市人民政府，国务院各部委、各直属机构：　→主送机关

　正文：××××××××××××××××××××××××

×××××××××××××××××××××××××××××

×××××××××××××××××××××××××××××

××××××××××××××。

　以上通知，请遵照执行。　　　　　　　　　　　　　→结束语

　附件：1.×××××××××　　　　　　　　　　　→附件
　　　　2.××××××××

　　　　　　　　　　　　　　　国务院（印）　→署名及印章
　　　　　　　　　　　　　　　202×年8月16日　→成文日期

抄送：××××，××，××。　　　　　　　　　→抄送机关

国务院办公厅　　　　　　　　　　202×年8月17日印发

2. 单一下行文通用格式解析

（1）版头部分

1）发文机关标志＝发文机关全称或规范化简称＋文件

2）发文字号＝机关代字＋年份＋序号

$$发文字号 \begin{cases} ①发文机关简称＋年份＋序号 \quad 国〔202×〕116号 \\ ②发文机关简称＋发＋年份＋序号 \quad 国发〔202×〕116号 \\ ③发文机关简称＋×字＋年份＋序号 \\ \quad\quad\quad\quad\quad\quad 国（工、交、税、教）字〔202×〕116号 \end{cases}$$

年份写作要求：①须用阿拉伯数字；②加"六角括号〔 〕"；③使用全称。

序号写作要求：①须用阿拉伯数字；②前面不能加"第"字；③不设虚位。

（2）主体部分

公文的主体部分一般由标题、主送机关、正文、附件、发文机关署名、成文日期及发文机关印章等要素组成。

1）标题＝发文机关＋事由＋文种。

2）主送机关：指的是收文机关，又称受文机关，俗称"抬头"。

注意事项：①格式：标题之下，空一行顶格写，结束处加冒号；
　　　　　②使用全称或规范的统称、简称。

3）正文：文种不同，正文的写作方法不同，但格式要求不变。

4）附件：

①附件的位置，在正文下，空一行，左空两格，在发文机关署名之上；

②附件一般不加书名号，附件名称后不加标点符号；

③附件名称较长需回行时，应当与上一行附件名称的首字对齐；

④当附件在一个以上时，要用阿拉伯数字标明序号，后用圆点，如"1."。

5）署名、成文时期及印章：

①署名：须署发文机关规范化全称。

②成文日期注意事项：

A.须用阿拉伯数字书写，如"202×年8月10日"。

B.须写明具体的年、月、日，如"202×年8月"为错误用法，不完整。

C.年、月、日三个字不能少。

③印章。加盖印章要求是"端正、居中下压发文机关署名和成文日期，使发文机关署名和成文日期居印章中心偏下位置"。

（2）版记部分

1）版记中的分隔线

版记中的分隔线与版心等宽，首条分隔线和末条分隔线用粗线，中间的分隔线用细线。首条分隔线位于版记中第一个要素之上，末条分隔线与公文最后一面的版心下边缘重合。

2）抄送机关

在版记首条横线下一行左空一格标注"抄送"二字，后加全角冒号，抄送机关名称之间用逗号，回行时与冒号后的首字对齐，最后一个抄送机关名称后标句号。

3）印发机关和印发日期

印发机关和印发日期一般编排在末条分隔线之上，印发机关左空一字，印发日期右空一字，用阿拉伯数字将年、月、日标全，年份应标全称，月、日不编虚位，后加"印发"二字。

3. 单一上行文格式

当公文文种为议案、请示、报告及上行意见等文种时，其格式较通用格式有所变化。

（1）上行文必须在"版头"部分注明"签发人"。其位置变化为：发文字号于红色分隔线上居左空一字编排，"签发人"平行排列于发文字号靠右侧。

（2）主送机关单一，其他按规定须知晓所行公文的机关放置于抄送机关位置。

（3）当上行文文种为"请示"时，须在成文日期下一行居左空二字标注"附注"，写上联系人姓名、电话并添加圆括号。

4. 联合行文格式

当公文的发文机关有两个或两个以上时即为联合行文，有联合下行文、联合上行文两种情况。联合行文时，其格式较通用格式有所变化。

（1）联合行文需同时标注联署发文机关名称，一般应当将主办机关名称排列在前；

（2）发文机关标识中的"文件"二字，应当置于发文机关名称右侧，以联署发文机关名称为准上下居中排布；

（3）如公文为联合下行文时，除发文机关标志处发文机关为两个或两个以上外，其余规范同于通用下行文格式规范；

（4）当公文为联合上行文时，除发文机关标志处发文机关为两个或两个以上外，另有变化的是联合上行文只标注主办机关的发文字号，位置为红色分隔线上居左空一字编排，与最后一个签发人姓名处在同一行，其余规范同于上行文格式规范。

（三）公文的特定格式

《格式》规定的公文特定格式主要有三种：信函格式、命令（令）格式与纪要格式。特定格式是对通用格式的补充，这里根据使用实情，简单介绍信函格式与纪要格式。

1. 信函格式

信函格式是被各级行政机关广泛使用的一种特定公文格式，常见于通知、意见、批复、函等公文中，主要用于发布周知、传达执行、商洽询问、意见答复或者说明某件具体事项。《格式》图11提供了信函格式首页版式，详见附录2。

2. 纪要格式

《条例》规定，纪要适用于记载会议主要情况和议定事项。《格式》对纪要格式没有具体要求，亦无提供式样，只指出，纪要标志由"××××× 纪要"组成，各单位可根据实情设计文头。

五、实训演练

（1）课外认真阅读教材附录文件《党政机关公文处理工作条例》（中办发〔2012〕14号）和《党政机关公文格式》（GB/T 9704—2012），以学习笔记形式设计完成一份请示的基本格式，要求每个要素格式规范、规则到位，并能够在课堂上较熟练地演示。

（2）模拟设计一个公务沟通场景，复原实际工作场景，并指出这一沟通场景进行的过程中，要经历哪些流程与环节，使用了哪些公文或事务文书。

（3）分别为一个国家党政机关、一所高校、一个企业设计一份会议纪要格式模板。

实训二　公文写作

任务1　通知的写作

一、场景模拟

小徐大学毕业后入职××省医学研究会，岗位是办公室文秘。入职第三天，他的顶头上司陈主任布置他完成一项工作任务，让他负责请示该会常务会长确定今年全省医学年会的主题，并就已经商议多时的会议时间与地点做一个确切决定。陈主任还要求小徐联系妥当后拟写一个年会通知，以便向与会的各有关医疗卫生单位发布。小徐按照陈主任的交待和自己的理解，获得了相关信息之后，准备动手写年会通知，却不知该如何动笔。后来他又是跑资料室找公文写作宝典参考书，又是在网络上找模板，勉勉强强写完交给陈主任。陈主任看后不甚满意，说只有会议日期没有具体的时间点，没有交通提醒，没有差旅费解决方式等等，如果按照小徐这样的通知发布下去，各单位与会人员将疑问丛生，会给工作带来不便，最终陈主任自己动笔，大刀阔斧修改良久完成了该通知。

二、任务解析

（1）从该情景来看，小徐需要完成的是一个会议通知。

（2）一场省级医学学术年会规模大、参加人员多、有一定的时间容量，需考虑会议议题、日程安排、时间地点、食宿情况等。

(3) 为方便参会人员，会议费用、交通方式、联系人等也是必须考虑的因素。

三、参考例文

××省医学会关于召开"202×年××省病理学术年会"的通知

各有关医疗卫生会员单位：

近年来我国卫生事业不断发展，健康科技日益进步，为了展示我省病理领域出现的新进展、新方法、新动态和取得的新成果，推动我省病理学的发展和进步，进一步造福人民健康事业，省医学会定于202×年11月6—8日在南江市召开"202×年××省病理学术年会"。现将会议有关事项通知如下：

一、大会议程

1.专题内容及学术交流

2.青年委员会专场

3.202×年度××省病理中青年优秀科研论文表彰

4.读片会

5.病理技术专场

二、参加人员

1.××省医学会病理学分会委员、青年委员、病理技术学组成员、××省医师协会病理科医师分会委员；

2.会议论文作者；

3.各级医疗机构、高等院校从事病理临床、教学和科研的工作者等；

4.从事其他病理相关工作者。

三、会议费用及注册

1.参加年会的代表请提前登录学会官网注册缴费、预订房间；

2.本次年会缴费全部在官网完成，会务费为400元/人（缴完费用请打印凭证，会议现场开取发票，请务必带上本人身份证，提供所在单位发票税号）；

3.会议期间食宿统一安排，住宿费、交通费等自理，回单位报销。

四、会议时间地点

1.会议时间：202×年11月5日下午13:30—17:30报到，6—8日会议，9日上午离会。

2.报到地点：南江阳光豪生大酒店（地址：南江市曙光区松山东路1288号，电话：××××-55719999。

五、其他

11月5日20:30将召开省医学会病理学分会、省医师协会病理医师分会全体委员会，请全体委员准时参加；21:30召开青年委员会及技术学组会议，请全体青年委员及技术学组委员准时参加。

（联系人：徐××，电话：138××××××）

××省医学会（印章）

202×年7月20日

会议性通知的主体内容讲究具体全面，有非常明确的可执行性。其事项内容一般包括：召开会议的机关、主办机关、会议名称、会议议题或内容、会议起止时间、会议地点、参会人员范围和人数、报到时间及地点、与会人员须携带的文件材料及其他要求事项等。

四、必备知识

通知是党政公文中使用频率最高的文种之一。据有关统计，党政机关日常行文中，通知占75%以上，使用便捷，被称为是公文的"轻骑兵"。从行文方向来看，通知是下行文，有时也可以作为告知需有关单位周知或共同执行的事项的平行文种。

（一）适用范围

通知适用于发布、传达要求下级机关执行和有关单位周知或执行的事项，批转、转发公文。

（二）通知种类

1. 指示性通知

（1）发布性通知：有关行政法规和规章、办法、措施，不宜用命令（令）发布的，可使用这种通知行文。

（2）周知性通知：用于告知某一事项或某些信息的通知。如任免性通知等。

（3）事项（务）性通知：用于要求下级机关办理某些事项的通知。会议通知是事务性通知的一种，是告知有关单位或个人参加会议的通知。

2. 转文性通知

（1）批转性通知：用于批转下级机关的公文。

（2）转发性通知：用于转发上级、同级或不相隶属机关的公文。

五、写作结构

（一）一般结构

通知主体的一般写作结构可图示如下：

通知
- 标题：发文机关+事由+文种；也常见简省为"事由+文种"的写法
- 主送机关：作为公文的通知需要有受文机关，不可省略
- 正文
  - 缘由：即原因、目的、依据等
  - 事项：遵守什么、周知什么、执行什么等。可以是一段式或条文式
  - 结束语：习惯用语结尾，如"特此通知""以上通知，请认真贯彻执行"
- 落款：发文机关全称署名+印章+成文日期

（二）写法解析

不同种类的通知，总体写作结构不变，但有细微差别。下文结合常见不同种类通知例文进行解析，会议通知例文见上文，此处不另举例解析。

1. 发布性通知

上级机关要发布给下级的法规和规章、办法、措施等文件，往往以发布性通知的形式下发给相关单位。见以下例文及解析：

关于印发《关于加强网络直播规范管理
工作的指导意见》的通知

各省、自治区、直辖市和新疆生产建设兵团网信办、"扫黄打非"办公室、通信管理局、公安厅（局）、文化和旅游厅（局）、市场监管局（厅、委）、广电局：

  为进一步加强网络直播行业的规范管理，促进行业健康有序发展，国家互联网信息办公室、全国"扫黄打非"工作小组办公室、工业和信息化部、公安部、文化和旅游部、国家市场监督管理总局、国家广播电视总局等七部委联合发布《关于加强网络直播规范管理工作的指导意见》。现印发给你们，请结合实际，认真贯彻执行。

附件：关于加强网络直播规范管理工作的指导意见

国家互联网信息办公室（章）
全国"扫黄打非"工作小组办公室（章）
工业和信息化部（章）
公安部（章）
文化和旅游部（章）
国家市场监督管理总局（章）
国家广播电视总局（章）
202X 年 2 月 9 日

注解：
- 此标题为"事由+文种"的写法。作为发布性通知，其事由多为"印发+被发布文件标题"。
- 主送机关，格式上为左顶格结束处加右冒号。这是典型的多行主送机关的写法。
- 最后一句为发布性公文常用结束语。
- 发布性通知印发的文件，在通知正文不显示，一般作为附件另起一页开始附上全文。
- 此通知为七部委联合行文，正式行文时，署名处当有七份公章，其用章规则见上文公文格式解析处说明。

2. 周知性通知

这类通知用于告知下属单位及相关单位需周知的某一事项或某些信息。

**关于不再指导企业主办的商业性网络
安全会议、竞赛活动的通知**

各有关单位：

　　近年来，国内不同形式和规模的网络安全会议、竞赛活动日益增多，在促进网络安全技术产业发展、培养发现网络安全人才方面发挥了积极作用。同时，一些会议、竞赛以牟利、争名为目的，商业色彩太浓，在社会上造成不良影响。

　　为落实《关于规范促进网络安全竞赛活动的通知》（中网办发文〔202×〕8号），进一步规范网络安全会议、竞赛活动，营造公平公正、健康有序的环境，对于企业主办的商业性网络安全会议、竞赛（商业性是指通过收取门票、报名费等形式盈利），中央国家部委和相关司局原则上不再作为指导单位。

　　特此通知。

中央网信办秘书局（章）
工业和信息化部办公厅（章）
公安部办公厅（章）
202×年7月18日

旁注：
- 此标题为"事由+文种"的写法。
- 主送机关。一般无定例，视通知需要知晓情况定。
- 引言介绍该通知行文的背景及缘由。写法上肯定网络安全会议、竞赛活动作用，亦指出其不足，公允客观。
- 此一段主要阐述该通知行文的根据与目的。
- 该通知的核心事项为最后一句，简单直接、清晰呈现。
- 通知最常用结束语。
- 落款：联合行文各机关全称、印章及成文日期。

3. 事项（务）性通知

这类通知用于告知要求下级机关执行或办理的某些事项。事务性通知用于上级机关对下级就某一具体事项、活动或安排等布置工作、交待任务，一般有明确、具体的参与对象、流程、操作规范以及限定时效性，要求收文机关在规定的时间内办理完成。此类通知多半是完成一些非重复性、非延续性的事项，时效一过，该事项的效用通常也随之结束。

**农业农村部办公厅关于开展202×年主推技术
遴选推荐工作的通知**

各省、自治区、直辖市农业农村（农牧）厅（局、委），新疆生产建设兵团农业农村局，部属有关单位，有关农业院校，国家现代农业产业技术体系：

　　为贯彻落实党的十九届五中全会、中央农村工作

旁注：
- 标题为"发文机关+事由+文种"的完整写法。
- 主送机关。一般无定例，视事项落实情况定。
- 引言阐述通知的背景、意义、缘由等。

会议和全国农业农村厅局长会议精神，加快农业先进适用技术推广应用，提升科技对农业农村现代化的支撑引领作用，农业农村部将围绕确保国家粮食安全和重要农副产品有效供给、产业提质增效、耕地质量提升等目标要求，遴选推介202×年农业农村领域主推技术。现将有关事项通知如下。

一、推荐时间

202×年1月21日至2月26日

二、推荐数量

各省、自治区、直辖市农业农村部门，新疆生产建设兵团农业农村局推荐主推技术数量不超过3项。部属有关单位中，中国农业科学院推荐数量不超过5项，其他单位推荐数量不超过3项。农业院校推荐数量不超过2项。国家现代农业产业技术体系每个体系推荐数量不超过2项。

三、推荐条件

推荐的主推技术应具备以下条件：

（一）技术符合先进性、适用性、安全性等要求，在适宜区域进行过试验、示范，有较强的实用性、较高的经济效益和生态效益，并已有一定的推广应用规模。

（二）符合资源环境安全、耕地质量保护、优质绿色高效等高质量发展要求，技术有整套明确的技术规程和操作标准，为突出技术特性，推荐技术名称可为核心技术。

（三）知识产权归属清晰，涉及的投入品、农业装备等符合国家法律法规政策有关要求。

四、材料报送

（一）推荐单位认真填写《202×年主推技术推荐汇总表》（附件1），按照模板要求（附件2）撰写推荐材料，附技术水平、知识产权、获奖证书等相关证明材料或补充说明材料等。

（二）每项推荐技术请提供3—5幅有助于理解该项技术的高清图片（每张图片单独作为一个文件），并

> 作为事项（务）性通知，一般需要完成该事项的明确时间规定。

> 事项（务）性通知需要主送机关限期按要求完成或办理，因此，其要求、条件越具体，办理越高效。该通知有明确的数量、条件规定，有利于主送机关执行或办理。

> 材料报送要求也十分具体明确，方便执行、落实。

配备准确图名。图片要求清晰自然、颜色鲜亮，不出现曝光过度或不足等现象，JPG、JPEG、TIF、BMP等通用格式，不低于24位色，分辨率600万像素以上，大小不低于1.0M。视频（动漫）要求图像清晰、层次丰富、色彩自然，MP4格式，能准确、重点反映该项技术核心内容。

（三）请各推荐单位按照推荐条件及数量，推荐符合要求的主推技术，于202×年2月26日前以公文形式将《202×年主推技术推荐汇总表》及各推荐材料（2份）寄送至中国农学会科普处（国家现代农业产业技术体系推荐纸质材料须由首席科学家在首页签字）。推荐材料电子文档以光盘形式附在纸质文件后。

五、联系方式

农业农村部科技教育司技术推广处

联系人：郭冰、王航

电话：010-59194040，59194173

邮箱：nxhkpb@163.com

地址：北京市朝阳区麦子店街22号楼808房间

邮编：100125

> 提供联系方式，既可以为主送机关执行过程解疑答惑，又是上文材料提交与寄送的需要。

附件：1.202×年主推技术推荐汇总表
　　　2.202×年主推技术推荐材料撰写模板

> 注意多个附件的写法。

农业农村部办公厅（章）

202×年1月21日

> 落款无殊。

4. 批转性通知

批转性通知用于上级机关批转下级机关的公文。为方便理解，其运转流程可图示如下：

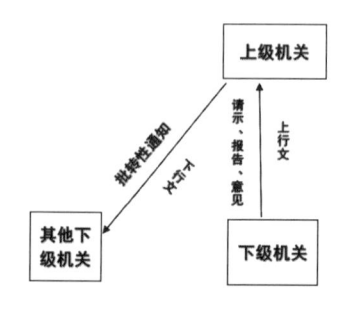

相较于其他类型的通知，批转性通知的写法有其特殊规范，现结合例文解析如下：

国务院批转国家发展改革委关于202×年
深化经济体制改革重点工作（的）意见的通知

各省、自治区、直辖市人民政府，国务院各部委、各直属机构：

　　国务院同意国家发展改革委《关于202×年深化经济体制改革重点工作的意见》，现转发给你们，请认真贯彻执行。

国务院（章）
202×年4月13日　

（此件公开发布）

关于202×年深化经济体制改革重点工作的意见
国家发展改革委

（正文略）

1. 批转性通知标题的写法："批转机关"+"批转"+"被批转机关"+"被批转文件名"+"通知"。

2. 被批转文件文种前的"的"字一般去掉。

此为国务院行文主送机关的固定写法。

正文第一段写法多采用以下固定句型："××机关同意××机关××文件，现转发给你们，请遵照（认真贯彻）执行。"表述也可稍微变动，但要体现出"同意（或批准）"并"转发"两层意思。

5. 转发性通知

转发性通知用于转发上级、同级或不相隶属机关的公文。为方便理解，其运转流程可图示如下：

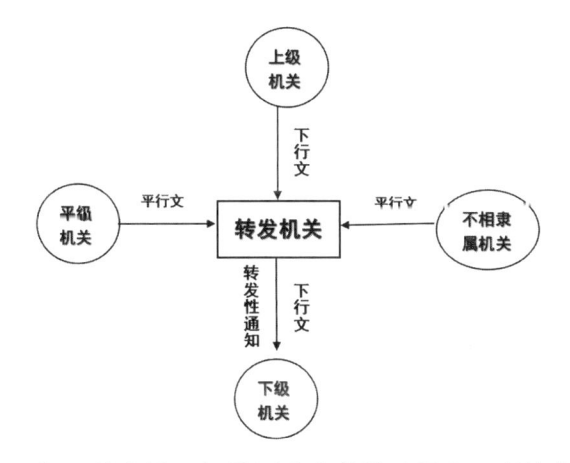

相较于其他类型通知，转发性通知的写法有其特殊规范，现结合例文解析如下：

**浙江省人民政府办公厅转发省发展改革委
关于深化公共资源交易平台整合共享
实施方案的通知**

各市、县（市、区）人民政府，省政府直属各单位：

现将省发展改革委《关于深化公共资源交易平台整合共享的实施方案》转发给你们，请认真组织实施。

浙江省人民政府办公厅（印）
202×年2月17日

（此件公开发布）

关于深化公共资源交易平台整合共享的实施方案
省发展改革委（正文略）

> 1.转发性通知标题的写法："转发机关"+"转发"+"被转发机关"+"被转发文件名"+"通知"；
>
> 2.如被转发文件亦为"通知"则只保留一个"的通知"，如：《浙江省财政厅转发财政部关于调整证券交易印花税的通知（的通知）》。
>
> 正文第一段写法多采用以下固定句型："现将××机关《××××××（文件名）》（发文字号）转发给你们，请认真组织实施（遵照执行）。"
>
> 被转发文件全文附通知中。

六、实训演练：通知的写作

项目实训1.根据下列给定的材料写作。

202×年8月16日，××省委农办、省农业农村厅、省建设厅在该省江城市召开了深化新时代"千万工程"推进和美乡村三大行动现场会，系统部署推进实施农房改造、管线序化、村道提升三大行动。经会议研究决定，通过了《××省和美乡村农房改造指引（试行）》《××省农村管线序化"两清两合"整治八法》《××省和美乡村村道提升指引（试行）》三个试行办法。会后，三部门联合发文，将三个试行办法印发给各下属单位各市、县（市、区）农业农村局、建委（建设局）；同时，因为三大行动推进过程中，需要涉及到的其他相关部门配合工作，因此，会议决定将该文件抄送各市、县（市、区）城管执法局、交通运输局、林业局。文件于202×年8月16日发布，要求各地贯彻执行。印发时间为202×年8月17日。请合理选择文种，按上述情况与相关写作要求拟写一份完整的公文。

提醒：拟写时，三个试行办法作为该公文的附件呈现，其具体内容可略。

项目实训2.根据下列给定的材料写作。

财政部曾经拟订一份《关于机关团体等单位所属宾馆饭店征税的规定》，上报给国务院。这份规定是为了加强事业单位的经营管理，增加国家财政收入，国务院认为一切有经营收入的单位，都应按规定收取一定的税金。这是企业事业单位对国家应尽的义务，因此同意并转发这一规定。

发文日期：202×年7月20日

发文机关代字：国发

发文序号：86号

任务2 报告的写作

一、场景驱动

当今时代，经济腾飞需科技先行。××省近五年在科技创新上花大力气，向全省发布了《××省"十四五"科技创新规划（2021—2025）》，并在政策、平台、经费等方面对全省各地实行大力支持科技创新举措，取得了阶段性成果。为总结"十四五"科技创新经验得失，谋划"十五五"科技创新规划新蓝图，该省人民政府办公厅要求下属各地报告近年科技创新情况，形成一份书面材料上交。××市政府要求科技局张副局长领头完成这一份情况报告，向省政府汇报近些年来该市的科技创新工作，同时为下一时期的相关工作提供经验与思路。

二、任务解析

1.从该情景来看，张副局长需要领头完成的是一份关于××市"科技创新"工作的专题报告。

2.情景所示任务，主要是对过去一个时期该市科技创新工作作回顾性概览，实质上是一个梳理、归纳、概括、总结和升华这一工作的过程。

3.工作报告作为《条例》规定的公文的一种，其主体内容写法上与作为事务文书的总结有一定的相通之处。

三、参考例文

××市科技局关于市科技创新工作情况的报告

省人民政府：

近年来，在市委正确领导和市人大监督指导下，全市科技创新工作抢抓新一轮科技革命和产业变革机遇，聚焦创新创业生态营造这个关键，发起科技引领城市建设攻势，科技创新对经济社会发展的支撑引领作用不断增强。

2017年以来，我市科技创新工作整体呈稳步攀升态势。科技投入方面，2019年全社会研发经费投入总量295亿元，居全省首位；研发投入强度2.51%，较2018年前进三个位次，升至全省第4。高新技术产业方面，高新技术产业产值占规模以上工业产值比重由2017年42%增至2019年53%，居全省首位。科技型企业方面，高企数量由2017年2053家增至2019年3829家，占全省1/3，副省级城市第7。科技成果方面，近三年共有34项科技成果获国家奖，占全省45%；218项科技成果获省奖，占全省1/3。知识产权方面，全市有效发明专利31929件，万人有效发明专利拥有量34.37件，PCT国际专利申请量1381件，三项指标均居全省首位。

特别是2019年科技引领城市建设攻势启动以来，瞄准关键"卡脖子"领域，中科院设立3个先导专项，其中"高端轴承自主可控制造"和"仿生合成橡胶"2个被引入我市。全市受聘的11家平台建设合作与创意咨询机构中，我们引进有启迪、华夏基石、创业黑马、前海方舟4家。近两年科技"双招双引"共落地项目超50个、投资超100亿元，目前在谈项目近40个。获批科技部外国人才外汇服务和外国高端人才R字签证申请确认函权限下放2个国家试点。海尔集团、青岛农业大学成功入选国家引才引智示范基地，占全省2/3。我市生产力中心从全国1000多家中脱颖而出，获评全国"先进集体奖"。全市科技创新发展不断升级提速。

一、工作开展情况

（一）积极建设高端创新平台

1.建设重大创新平台。海洋试点国家实验室自主研发万米级深海水下滑翔机，刷新下潜深度世界纪录，建成国内海洋领域首个冷冻电镜中心。国家高速列车技术创新中心建成轨道交通车辆系统集成国家工程实验室等重点项目，时速600公里高速磁浮试验样车下线并成功试跑。中科院、山东省、青岛市共建中科院海洋大科学研究中心和山东能源研究院，打造国家级创新平台。

2.培育大科学装置。依托中科院工程热物理所建设吸气式发动机热物理试验装置，依托中科院海洋所建设海洋生态系统智能模拟研究设施，两项均提交国家发改委评审，争取纳入国家规划。

3.布局产业创新平台。获批海洋科技成果转移转化、聚合物新材料、5G高新视频3家省级创新创业共同体，每家5000万元省资金支持。获批工业互联网等4家省级技术创新中心。新建市级技术创新中心202家，全部依托高企建设。

（二）积极培育科技型企业和高新技术产业

1.强化科技企业培育。实施高企上市行动，去年以来新增上市或过会高企8家，总数达28家。针对疫情建立科技资金审核绿色通道，会同市财政局提前拨付高企认定奖励和研发投入奖励7.62亿元，惠及科技型企业2900余家。

2.建设一流科技园区。青岛高新区连续两年获评国务院"真抓实干成效明显区域双创示范基地"。蓝谷"打造开放创新合作平台提升科技支撑能力"的做法获国务院大督查通报表扬。此外，依托崂山区、西海岸新区、李沧区国际院士港等创新资源集聚区，布局打造"四链合一"的科教产融合园区。

3.深化科技双招双引。生物医药领域，与军事医学研究院合作，建设生物医药军民融合协同创新中心，已有5个项目落地崂山，并在莱西建设疫苗和生物医药生产基地，总投资45亿元。高端制造领域，引进中科院"高端轴承自主可控制造"先导专项，建设高端轴承检测评价与产业化示范基地，3年内实现小批量、多品种生产，后期引进配套企业，拉动整条产业链，年产值将超百亿元。信息技术领域，推动"天地一体化信息网络"项目落地，一期投资50亿元，打造国家级空间信息产业科技创新园。依托春光里打造"中国智谷"，成立规模200亿元中国智谷基金，对接京东数科、京东方等100余家泛人工智能企业落户。

（三）积极优化创新创业生态

1.推动科技金融紧密结合。设立总规模500亿元科创母基金，重点支持成果转化及高端科技产业化项目培育。加快科技金融产品扩面增量，投保贷、科技贷、高企贷、专利质押贷等产品累计为1357家次中小微科技企业提供贷款43.5亿元。

2.开展孵化器提升行动。引进华夏基石、创业黑马等知名科技服务机构打造标杆孵化器。华夏基石在青成立区域总部，建设"产业孵化/加速器"+"上市公司北方总部基地"，已导入2家头部企业、5家上市公司和2家深圳行业协会。其中，唐人神集团总投资26亿元生态产业项目已在莱西启动建设，预计三年后实现年销售收入100亿元、税收5亿元。

3.促进科技成果转化。成立半岛科创联盟，协同胶东五市高校院所、知名企业、孵化器、创投风投、技术转移、行业协会等平台要素，打造区域创新共同体。建立"局校会商"制度，与驻青高校开展深入合作，推动成立青岛工业互联网学院。

4.深化科技管理改革。针对科技资金"撒芝麻盐"问题，出台《科技计划管理改革方案》，50万元以下160个项目全部砍掉，集中力量办大事。大幅压缩服务事项办理时限，对办理免税的技术开发和转让合同登记由30个工作日缩短至当天办结，将外国人工作许可办理时限由25个工作日缩短为10个，两项均达到全国同类城市最短水平。

二、存在问题

一是科技型企业数量和规模仍不够壮大，特别是缺少大体量的科技头部企业和高科技上市企业。二是科创企业尤其是中小微企业仍存在拿订单、拿融资比较困难的问题。三是科技研发和产业空间布局不够集中。

三、下一步工作

概括讲，就是"一个目标、三大支撑"。一个目标即"打造国际化创新型城市"，这是基于科技部对青岛定位与我市自身开放优势提出的。三大支撑即"提升科技创新策源能力、培育创新型产业集群、营造良好创新创业生态"。这"1+3"也是我们面向"十四五"科技创新规划的主要思路。

（一）提升科技创新策源能力。推进海洋试点国家实验室建设，争取早日入列。加快打造中科院海洋大科学研究中心、国家高速列车技术创新中心、山东能源研究院等重大创新平台。建设吸气式发动机热物理试验装置、海洋生态系统智能模拟研究设施等大科学装置。积极创建综合性国家科学中心。

（二）培育创新型产业集群。大力支持科技型中小企业，发展壮大高新技术企业，推进高新技术企业上市，构建科技型企业梯次培育体系。依托高科技头部企业集聚资源，完善产业配套，打造工业互联网、轨道交通、新能源汽车、现代海洋、新材料等创新型产业集群。

（三）营造良好创新创业生态。深入实施孵化器提升行动，以平台思维提升创新孵化能力。促进科技金融发展，推动科创母基金健康运作，引导金融机构加大对科技企业扶持。加快科技成果转化，深化产学研对接，开展职务科技成果权属改革，形成更灵活的成果转化机制。强化科技人才支撑，优化实施"领军人才计划"，深化外国人管理改革，打造创新创业人才集聚高地。

全市科技创新工作一直以来得到了市人大常委会的监督支持，在此表示衷心感谢。我们将进一步着眼长远，埋头苦干，做实功不玩花样，干实事不慕虚名，让干的每一项工作、花的每一分钱都经得起实践、人民和历史的检验，真正使创新驱动发展战略在我市落地生根！

四、必备知识

报告是一种陈述性公文，它是在向上级机关汇报工作、反映情况、答复上级机关的询问时使用，因此，在行文上一般使用叙述手法，即陈述其事，向上级如实报告情况。另外，报告为上级机关了解情况、进行指导或决策提供依据，一般不需要受文机关回复，因此是单向行文的上行公文，而同为上行文的请示上级需要批复。报告可事中、事后进行。

（一）适用范围

报告适用于向上级机关汇报工作、反映情况、回复上级机关的询问。

报告是党政公文中应用范围广泛、使用频率极高的上行文之一。报告的适用情况有：

（1）定期或不定期地向上级机关汇报工作，反映本单位贯彻执行各项方针、政策、事项的情况，反映实际工作中遇到的问题，为上级机关制定方针、政策或者决策提供依据；

（2）向上级机关反映工作中的突发、重大事件或情况；

（3）向上级机关陈述意见，提出建议，如针对本地区、本单位、本部门带有普遍意义或倾向性的问题，提示解决的途径；

（4）答复上级机关的询问。

另外，据我国有关法令规定，国内发生的生产安全事故或其他突发危机情况等也用"报告"这一文种。

（二）报告的种类

根据实际应用情况，报告可分为以下种类：

（1）工作报告：指汇报工作的报告（综合报告和专题报告）。
（2）情况报告：指向上级机关反映工作中的突发、重大事件或情况的报告。
（3）建议报告：指汇报或提出工作建议、措施的报告。
（4）答复报告：指答复上级询问事项的报告。

五、写作结构

（一）一般结构

报告主体的一般写作结构可图示如下：

```
       ┌ 标题：发文机关+事由+文种；也常见简省为"事由+文种"的写法
       │
       │ 主送机关：报告属于上行文，主送机关通常只有一个
       │
       │       ┌ 缘由：交代报告的起因、目的、意义等
报告 ──┤       │
       │       │ 事项：报告事项，是正文的核心内容，如基本情况、措施与办
       │ 正文 ─┤       法、成效与问题或者是经验与教训、意见与建议、打算与
       │       │       设想等；不同类型报告的写法不同
       │       │
       │       └ 结束语：习惯用语结尾，如"特此报告""专此报告"等
       │
       └ 落款：发文机关全称署名+印章+成文日期
```

（二）写法解析

不同种类的报告总体写作结构不变，但正文事项写法有差别。下文结合常见不同种类报告例文进行解析。

1. 工作报告

作为常规性汇报工作的报告类型，工作报告有综合报告和专题报告之分。综合报告是指对某一阶段该机关或单位各方面工作情况的全方位报告，是向上级机关或重要会议汇报工作情况的报告。它主要以总结工作的方式反映某一阶段贯彻落实政策、法令、工作事项的情况。在我国，各级政府向同级人民代表大会做的政府工作报告，就是典型的综合性工作报告，如《2024年浙江省政府工作报告——2024年1月23日在浙江省第十四届人民代表大会第二次会议上》。专题报告一般是针对某一项或某一方面工作的专门性情况报告，一般说来是一文一事项，如上文的《××市科技局关于市科技创新工作情况的报告》就是典型的专题报告，此不赘述。

工作报告的写法，其正文主体类似于总结文书的写法，现结合例文解析。

2024年浙江省政府工作报告
——2024年1月23日在浙江省第十四届人民代表大会第二次会议上

浙江省省长　王浩

各位代表：

　　现在，我代表省人民政府向大会报告工作，请予审议，并请省政协委员和其他列席人员提出意见。

　　一、2023年工作回顾

　　2023年大事要事喜事多，是"八八战略"实施20周年、杭州亚运会和亚残运会举办之年，特别是习近平总书记再次亲临浙江考察并发表重要讲话，赋予浙江"中国式现代化的先行者"新定位和"奋力谱写中国式现代化浙江新篇章"新使命，具有重大里程碑意义。

　　我们全面贯彻习近平总书记"简约、安全、精彩"的重要指示，举全省之力筹办杭州亚运会、亚残运会，杭州市以最高标准履行主办职责，宁波、温州、湖州、绍兴、金华等5个城市以主办姿态扛起协办责任，其他城市全力做好服务保障工作，向世界奉献了一场"中国特色、亚洲风采、精彩纷呈"的体育文化盛会。

　　——精心雕琢打磨开闭幕式、火炬传递等重大活动，彰显了"诗画江南、活力浙江"的独特韵味。

　　——深入践行绿色、智能、节俭、文明的办赛理念，打造了"绿色亚运""智能亚运"靓丽金名片。

　　——强化"办好一个会、提升一座城"，改善了城市环境面貌和人民群众生活品质。

　　——用心用情用力保障各项赛事圆满顺畅举行，展现了高效服务、专业办赛的一流水准。

　　——全面用好亚运这一舞台，讲好中国故事、传递中国声音，展示了中国力量。

　　——广泛汇聚各方力量，激发了团结协作、昂扬奋进的精气神。

　　政府工作报告属于报告有一定独特性的公文，其标题多以正副标题形式呈现，主标题为"年份全称+报告主体+文种"的写法，副标题为"年月日+会议全称"。

　　政府工作报告多系向其同级的人民代表大会口头所做，故主送机关称谓以"各位代表"代替。

　　工作报告开头引言亦是固定句型。

　　工作报告的第一部分，按惯例是回顾过去一年的工作。

　　对于工作报告来说，选择典型、新颖的材料非常重要，以体现出创新性、独特性与年度特色、地域特色等，这也是将形式与内容均比较固定的公文写出新意的重要方法之一。杭州亚运会是浙江省2023年最重要、最核心工作，是一举一动都影响到国家、世界的大事，也是浙江省8年筹办工作的美好结晶，因此，浙江省长工作报告中对之进行了全面、重点、深入的回顾。篇幅所限，此处仅呈现段首主题句，内容做了删减。

（一）经济运行持续回升向好。

（二）"8+4"经济政策体系精准高效。

（三）"千项万亿"重大项目扎实推进。

（四）产业结构加快优化升级。

（五）教育科技人才工作高效贯通协同。

（六）改革开放持续深化。

（七）共同富裕示范区建设迈出坚实步伐。

（八）文化强省建设取得新进展。

（九）社会大局保持和谐稳定。

过去一年经济社会发展取得的成绩，是以习近平同志为核心的党中央坚强领导的结果，是习近平新时代中国特色社会主义思想科学指引的结果，是省委带领全省人民开拓进取、奋力拼搏的结果。

对标新定位新使命，破解高质量发展"成长的烦恼"，还面临一些挑战和问题，主要表现在：国际环境的复杂性、严峻性和不确定性上升，对我省稳定外贸外资基本盘、保障产业链供应链安全等带来一系列重大考验；关键核心技术攻关能力不够强，部分领域面临"卡脖子"风险；战略性新兴产业和高新技术产业占比不够高，部分行业和中小微企业生产经营困难，推进新型工业化、培育先进制造业集群还需持续发力；有效需求不足，民间投资活力不够强，消费热点和爆款缺乏；民生领域还有不少薄弱环节，公共服务均衡性可及性有待提升；经济金融、房地产、安全生产等领域风险隐患不容忽视。同时，一些政府工作人员的专业能力、服务意识、担当精神、工作作风还不适应新形势新任务新挑战。我们将直面这些问题，采取有效措施切实予以解决。

二、2024年目标任务和重点工作

2024年工作的总体要求是：坚持以习近平新时代中国特色社会主义思想为指导，全面贯彻落实党的二十大精神及中央经济工作会议精神，深入贯彻习近平总书记重要讲话、重要指示批示精神，把坚持高质

政府工作报告因为涉及地域广，时间长，事项多，内容繁复，因此一般都很长，本例文报告原文13003字。故例文选择其中的代表性部分进行呈现，其他部分内容则仅留标题，以保持报告框架的完整性。

政府工作报告主体第一部分是对整年工作的回顾，结束后，一般有过渡性部分转至对下一年的工作展望中。

在综合性工作报告中，成绩是主要的，但也多简单提及存在的问题，一般概括性地表述，不展开。

政府工作报告的内容构成，主要由前一年度的工作总结和下一年度工作展望两大部分组成。工作展望实际上是工作计划，因此，这一部分的写作方法类似于计划的写法，先点明了2024年工作的总体要求与预期目标。

量发展作为新时代的硬道理，坚持稳中求进、以进促稳、先立后破，完整、准确、全面贯彻新发展理念，紧扣"勇当先行者、谱写新篇章"新定位新使命，持续推动"八八战略"走深走实，扎实推进共同富裕示范区建设，强力推进创新深化改革攻坚开放提升，以三个"一号工程"为总牵引，深入实施"十项重大工程"，推动经济实现质的有效提升和量的合理增长，为全国大局勇挑大梁、多作贡献。

主要预期目标为：生产总值增长5.5%左右，规上工业增加值增长6%左右，固定资产投资增长6%左右，社会消费品零售总额增长5.5%左右，研发投入强度达到3.2%，一般公共预算收入、城乡居民收入与经济增长同步；居民消费价格涨幅3%左右；城镇调查失业率控制在5%以内。

重点抓好十方面工作：

（一）聚焦聚力提升政策引导保障成效。

（二）聚焦聚力扩大有效益的投资。

（三）聚焦聚力建设现代化产业体系。

（四）聚焦聚力科技创新塑造发展新优势。

（五）聚焦聚力高水平对外开放。

（六）聚焦聚力深化改革、优化营商环境。

（七）聚焦聚力缩小"三大差距"。

（八）聚焦聚力推进中华民族现代文明建设省域探索。

（九）聚焦聚力提升绿色发展水平。

（十）聚焦聚力建设更高水平平安浙江法治浙江。

各位代表，民之所盼、政之所向。今年，我们继续以群众普遍有感有得为衡量标准，坚持尽力而为、量力而行，高质量办好十方面民生实事，推动共同富裕示范区建设成果更多更公平地惠及全省人民。

1.医疗卫生。2.教育助学。3.养老帮困。4.关爱儿童。5.就业创业。6.城乡宜居。7.交通出行。8.文化体育。9.暖心服务。10.除险保安。（具体展开内容删减。）

各位代表！实现2024年各项目标任务，关键是要

按照计划的写法，总体要求与预期目标之后，提出重点要抓好的十项工作，亦即十项重点任务。此处只罗列标题，原文在每一项任务之后，有更细化的工作内容与方法措施，是典型的工作计划的写法。从语言表达来看，十项重点工作的主题句均用了"聚焦聚力"四字开头的动宾句，显得整齐，有铿锵有力的表达效果，体现高质量完成来年工作的坚定决心与信心。

在上述十个方面的大发展、大任务之后，又着眼于全省人民的切身利益和现实需要，强调高质量办好十方面民生实事。

坚持高站位、实干事、见真功相统一，以忠诚干净担当的实际行动，提高政府履职水平，打造人民满意政府。各位代表！实干成就梦想，奋斗铸就辉煌。让我们更加紧密地团结在以习近平同志为核心的党中央周围，在省委的坚强领导下，干在实处、走在前列、勇立潮头，勇当中国式现代化的先行者，奋力谱写中国式现代化浙江新篇章，为强国建设、民族复兴伟业作出新的更大贡献！

> 政府工作报告通常以一段富于鼓舞人心、号召真抓实干的话语作为结束语。

（范文选自浙江省人民政府官网）

2. 情况报告

情况报告是向上级机关反映工作中的突发、重大事件或情况的报告，具有非常规性。情况报告写作中主要是要把情况和问题讲清楚，将事情的经过、原委、结果、性质写明白，便于上级机关掌握和处理；如果在报告中还提出了处理意见和建议，要写得具体、明确、简要，讲究合理可行。例：

关于茂南区袂花镇"6·1"油罐车起火事故的情况报告

××市人民政府：

> 此标题为"事由+文种"的写法。

2019年6月1日凌晨1时45分左右，在茂南区袂花镇宋村村委祥云村路口直入300米处的一个停放油罐车的临时停车场，发生油罐车起火，并引燃旁边多个固定罐体起火。现将茂南区袂花镇"6·1"油罐车起火事故的有关情况续报如下：

> 情况报告的前言，多直陈概述事件或事实情况，然后由过渡句引出下文。

一、事故的经过及救援情况

事故发生后，我区第一时间启动应急预案，区委书记李相、区长廖述毅分别作出批示指示，要求应急消防部门组织力量全力扑救，疏散受影响群众，确保群众生命财产安全。区委常委、常务副区长李发第一时间赶赴现场，组织区应急、公安、环保、交通等部门会同先期到场处置的消防大队及袂花镇开展抢险灭火、疏散周边群众、环境监测等工作。市应急管理局局长倪壁盛、市交通运输局副局长陈亚聪等领导也赶到现场指挥救援。我区立即成立了由区应急管理局、

> 情况报告是对事件经过及救援情况的报告，多遵循消息写作中的"5W1H"要求，将何时、何地、何人何事、为何发生及目前情况如何等进行较详细叙述。

消防大队、生态环境分局、公安分局、交通运输分局、市场监管局等部门组成"6·1"火灾事故现场处置组，由李发常务副区长任组长，在现场指挥救援，并邀请了市安全生产协会的危化专家到现场指导救援处置。截至6月1日凌晨5时，现场明火已全部扑灭，消防部门继续对现场的油罐进行冷却降温，防止复燃。经过排查，此次火灾事故没有造成人员伤亡。据初步调查，该起火灾事故的原因是工人在停车场内非法调油时操作不当引发起火，进而引燃停车场内停放的槽罐。

二、现场处置情况

6月1日9时30分，我区现场处置组开始对现场进行清点检查：该停车场面积约1200平方米，事故烧毁了8个油罐车槽罐、1辆油罐车、1辆经改装用作油品运输用途的五十铃厢式小货车。另外，停车场内还有2辆油罐车和7个油罐车槽罐。在1辆车牌号码为"粤K××××挂"的槽罐内发现疑似危险化学品的油品，已由市质检部门抽样送检，执法人员已对该油罐车的油品实施扣押。停车场的工人在起火时已全部逃离现场，截至目前，找不到事发时的当事人。该停车场地未取得任何许可，属于非法经营的停车场。

> 情况报告内现场处置情况，对于事件发生和处理过程中的事故认定、责任划分有非常关键的作用，因此，陈述要尽可能客观，用语一定要严谨，如做结论，一定要有事实依据及政策、法律依据等。

6月1日下午2时许，消防队员在冷却油罐的过程中发现有1个槽罐阀门被烧坏，罐体内的油品出现泄漏。常务副区长李发立即指示区应急管理局协调了专业的化工堵漏企业到现场进行堵漏。在堵漏不成功的情况下，经市安全生产协会的技术专家指导，我区组织人员用沙土围起防护堤，防止泄漏的油品向外扩散。截至6月2日凌晨1时30分，槽罐内的油品已全部漏完，油品全部围在防护堤内，未向外扩散。

> 现场处置情况依然遵循"5W1H"要求，注意表达准确、严谨。

6月1日晚上7时，区长廖述毅赶赴现场指挥处置工作，在听取了现场处置人员工作汇报后，要求相关部门派员在停车场内24小时值班值守，消防大队组织消防车和消防队员在现场待命，确保不发生二次事故以及衍生灾害。

三、后续处置工作

6月2日上午10时30分,在省委电视电话会议结束后,区委书记李相、区长廖述毅前往现场,召开现场工作会议,研究部署后续处置工作。会议形成后续处置工作方案:区生态环境分局组织专业人员对停车场周边进行清障,处理漏油污染的问题,并做好环境监测工作;区应急管理局做好应急救援工作,并组织有资质的企业对现场剩余的油品进行转移;区消防大队继续组织消防车和消防队员现场待命;区安委办牵头立即成立事故调查组,查清事故发生的经过、原因,查清责任单位和责任人员,依法依规严肃追责。

截至6月2日12时30分,区应急管理局已组织专业机构对油品进行抽样检验,待确定油品种类后,立即组织运输车辆进行转移。从13时开始陆续组织车辆进行油品转移,直至23时已全部转移。

> 后续处置工作是针对有较大影响、一时难以处置完毕或尚有后续情况需要处理的事件而制定的,类似于计划的措施情况,强调现实可行、操作性强,能切实有效改观或扭转事件危险情况。

> 最后简要交待目前事件的处置情况,多为较有改善情况的正面性消息。

3. 建议报告

建议报告主要是向上级机关陈述意见,提出建议,提示解决的途径,为上级机关解决某件或某类带有普通性的问题提供决策依据。例:

关于推进实体经济高质量发展的建议

市人民代表大会:

当今世界经济开始复苏,但贸易保护主义抬头;国内经济发展的不平衡、不充分问题较为突出。这几年,绍兴的发展有目共睹,许多工作和经济指标走在全省前列,同时也面临不少挑战。因此,我们必须抢抓难得发展机遇,扬长避短、顺势作为,大力振兴实体经济,着力构建现代产业体系,努力争当全省高质量发展排头兵。

一、绍兴实体经济高质量发展面临的问题

对照高质量发展要求,目前绍兴实体经济发展主要面临以下三方面问题:一是产业层次不够高端。仍以传统产业、低端制造为主,新兴产业培育、高端产业集群、新经济发展不快,产业优势不够明显。2017

> 此标题为"事由+文种"的写法。

> 建议报告一般是为了指引如何优化提升现状,因此往往前言概述现状或背景,为下文的意见或建议打基础。此报告开头即将国际国内相关背景铺开,引出改革与发展的必要,既体现该建议的合理性,又使受建议方产生适当的紧迫感。

年绍兴规上工业增加值率为17.17%，低于全省平均值4.1个百分点，高新技术产业增加值占比为36.11%，低于全省平均值6.2个百分点。二是创新能力不够强劲。中小企业创新实力不够、激情不高，自主创新能力较弱，科技对经济转型升级支撑与引领的持续动能不足。2017年全市每万人拥有有效发明专利授权量为14.15件，低于全省平均（19.64件），2016年全市的R&D经费投入强度、每百个规模以上工业企业科技机构数、规上工业企业研发人员占从业人员比重均低于全省平均水平（绍兴市：2.36%、22.37、5.29%；全省：2.39%、25.26、6.14%）。三是质量效益不够理想。2016年绍兴规模以上工业企业亩均税收8.5万元/亩，列全省第8位，与宁波的37.4万元/亩、杭州的30.9万元/亩存在较大差距。亩均增加值为88.2万元/亩，低于全省平均（101.6万元/亩），比温州、杭州分别低67.7万元/亩、50万元/亩。

二、高质量发展绍兴实体经济的建议

对此，为推进全市实体经济高质量发展，我们建议：

（一）要转变理念思路

一是确立新发展理念。高质量发展标定了新时代中国经济发展新方位，开启了由"数量追赶"转向"质量追赶"、"要素驱动"转向"创新驱动"、改变"落后的社会生产"转向解决"不平衡不充分发展"问题的三个新阶段。一句话，就是从"有没有"转向"好不好"。要实现高质量发展，转变理念是关键。必须彻底摒弃目前粗放型发展模式、以"追求规模和速度"为目标的传统发展理念，确立"质量第一、效益优先"新理念，推动绿色、科技、人文发展。

二是改变政绩考核指挥棒。从"唯GDP论"的传统政绩观中解脱出来，不要一味追求经济增速、投资规模等数量型指标，创新构建与高质量发展相适应的新型政绩考核体系，突出地区发展质量与效益的考核导向。

以较丰富数据指出绍兴市实体经济存在的发展瓶颈，同时，适当引入省内兄弟城市的发展状况作为对比或参照，为下文建议的提出提供充分的理由。

在描述现状与指出问题之后，使用适当的过渡段（句），提出建议。

"建议"是建议报告的思想核心，既要高屋建瓴，着眼宏观，又要讲究对症下药，注重落实，政策制定与落实要匹配企业的现状，有利于企业的发展。

三是调整企业政策取向。以新的政策导向，激活企业主体作用。坚持"亩均论英雄"，全面开展企业综合排序，实施分类差别化政策，试点工业投资项目"标准地"制度，从源头严把准入关。

（三）创新实施实体经济高质量发展的路径

一是大力发展数字经济。坚定实施数字经济"一号工程"，围绕产业经济数字化、数字经济产业化，推动数字技术与实体经济深度融合。培育发展以数字经济为核心的新经济，实现以新技术、新业态、新产品、新模式"四新"为代表的"三大"变革。大力实施"中国制造2025浙江行动纲要"，联动推进"数字化+""互联网+""智能化+""标准化+"，全面推进人工智能制造和"企业上云"行动，重点发展软件和信息服务业、集成电路、互联网、物联网等新技术新产业，率先在全省扶持创建一批数字经济示范区和标杆企业，力争使绍兴信息化发展指数和"两化"融合发展指数全省领先。

> 如果将建议视为要达成的"目标"、完成的任务或努力的方向，那么"实施路径"则指明了具体该怎么做的方法和对策，将建议与办法做了有针对性的对接。

二是着力培育新型产业集群。坚定不移推进传统优势产业改造提升，坚决淘汰高耗能和污染企业，全面推进全产业链、产品全生命周期的数字化转型，加快传统产业数字化、智能化，为全省传统产业改造提升提供绍兴方案。优先发展新兴产业，聚焦四大（高端装备、现代医药、新材料、电子信息）重点新兴产业领域，持续加大投入，集聚创新要素，跟踪科技前沿，提高产业协作配套水平，努力打造1～2个（高端装备、现代医药）世界级先进制造业集群。

三是创新构建现代企业梯队。企业是实体经济高质量发展的主体。要深化上市公司引领产业发展省级试点建设，实施"凤凰行动"计划，支持大企业尤其是上市公司和独角兽企业通过产业链并购、跨国并购等加快做强做大，提高行业集中度和话语权，培育一批标杆型、引领型跨国企业集团。深化隐形冠军、创新成长型和"小升规"企业培育制度。

> 报告的主体写法非常具有综合其他文种的特性，上文的"工作报告"便带有总结的特性，只是两者的功能和使用场景有所区分。而建议报告的写法与第四章调研报告的写法多有相通之处，本份例文"现状—问题—建议—对策"即与决策型调研报告的结构写法类似。

四是优化保障措施。一是建立高质量发展考核评价体系。尽快研究制定一套与高质量发展要求相适应的指标体系、统计制度和考核机制，同时建立经济运行质量的定期监测分析和督查制度。二是大力引育人才。争创全省一流营商环境，推动实体经济高质量发展。

六、实训演练·报告的写作

项目实训：1.学生分组以教材中例文或其他自找例文，课后讨论报告结构的特点与写作方法，可以采用情景模拟、小视频、故事穿插等方式分析各类报告的实际应用情况或场景。

2.按照总公司的工作部署，××人工智能开发有限公司杭州分公司的筹建工作已经于202×年5月完成，达成了事先的各项目标。请你代分公司向总公司就筹建工作情况写一份报告，报告内容中相关情况可根据你的经验进行适当补充。

任务3　请示的写作

一、场景驱动

××交通大学近些年来发展迅速，办学规模与层次提升很快，研究生招生专业不断增加，招生人数增幅较大，并于两年前获得了博士招生资格。学校发展形势大好，但也出现了住宿资源紧缺的情况。为此，××交大经校长办公会议讨论决定，将校园东部花园的一部分进行整修、清理，建一栋硕博楼，经费拟通过向有关部门申请专项指标和部分自行筹措的方式解决。张扬是该校校长办公室秘书，校长办公会议安排他负责起草向学校的上级主管单位××省教育厅递交的公文，以申请解决这一问题。

二、任务解析

1.从该情景来看，张扬需要完成的是一份关于学校向××省教育厅申请允许建硕博楼的上行公文。

2.据情景所示，核心任务是要适当地让上级感觉到紧迫感，表述中要解释事情的原委，特别重视理由的充分，表述能说服人，最终得到满意回复。

3.这种向上级行文，并期待上级回复的公文，一般是请示。请示是呈请性公文，上级需批复回文。

三、参考例文

××交通大学关于新建硕博楼的请示

××省教育厅：

随着教育形势的发展和就业市场对学历要求的提升，近年我校顺应这一发展形势，出台了一系列政策与措施，办学规模与层次得到了较大提升。研究生招生专业不断增加，并获得了博士招生资格。与此同时，招生人数增幅较大，在校研究生人数较10年前已增长了300%，达2560人。学校发展形势喜人，但也出现了住宿资源紧缺的情况，并存在用电用水不畅、安全隐患增多等问题。

为此，学校经校长办公会议讨论决定，拟将校园东部花园的一部分进行整修、清理，建一栋硕博楼，相关情况及位置见附件所附图示。所需经费初步估算为1900万元，拟通过向有关部门申请专项指标和部分自行筹措的方式解决。

以上请示妥否，请批复。

附件：1.××交通大学现有宿舍及使用情况报告
　　　2.××交通大学校园平面图
　　　3.硕博楼建设初步规划图

××交通大学（印）
202×年10月16日

（联系人：张扬，电话：136×××××××××）

四、必备知识

（一）适用范围

请示适用于向上级机关请求指示、批准。请示是期复性公文，对于下级机关所行请示，上级机关需要回复。

请示一般在以下情况中使用：

1.行文机关在处理本单位较为重要的事务和问题时，按上级机关和主管部门有关政策规定，不经有关部门批准则无权自行处理时，需要报请上级机关批准；

2.工作中出现了新情况、新问题需要处理，但无章可循、无法可依，需要上级机关做出指示；

3.从本地区、本单位的实际情况出发，需要对上级的某项政策、规定做出变通处理；

4.下级机关对上级有关方针、政策、指示或法规、规章不够明确或有不同理解，需要上级机关给出明确解释和答复；

5.下级机关在工作中遇到问题，虽然有解决办法，但由于职权、条件的限制，没有权力或没有能力实施这些办法，需要上级帮助解决。

（二）请示的种类

1. 求示性请示

这类请示一般用于请求上级机关指示应该怎么做。如涉及政策制度法规界限方面的疑难问题，请上级解释或答复；对于新事物、新情况、新问题或出现其他无章可循的事件等，请示上级时可用。

2. 求准性请示

这类请示一般用于请求上级机关答复能否这么做。这类请示多涉及人事、财物、机构等方面的具体问题，请求上级批准或同意自己这么做。

五、写作结构

1. 一般结构

请示主体的一般写作结构可图示如下：

请示
├─ 标题：发文机关+事由+文种；也常见简省为"事由+文种"的写法
├─ 主送机关：请示属于上行文，只有一个主送机关，不多头请示，不越级请示，不送领导者个人
├─ 正文
│   ├─ 缘由：请示的原因、目的、依据、紧迫性等
│   ├─ 事项：请示核心事项。请示强调一文一事，事项明确、具体
│   └─ 结束语：习惯用语结尾，如"以上请示，妥(当)否，请批复"等
├─ 落款：发文机关全称署名+印章+成文日期
└─ 附注：请示需要有附注，注明联系人姓名与联系方式

2. 写法解析

请示主体结构一般由标题、主送机关、正文、落款等四部分组成。为方便上级机关研究批复过程中联系和了解信息，请示还需加注附注。现结合例文解析其写法如下：

<table>
<tr>
<td>

杭州市园林文物局关于承办
第二届"中国—中东欧国家文化遗产论坛"的请示

杭州市人民政府：

  由国家文物局主办、中国文化遗产研究院承办的"第二届中国—中东欧国家文化遗产论坛"将于202×年4月底举行。此次论坛主题为"世界文化遗产申报与管理、考古研究和文物保护"。参加人员包括中东欧国家的代表32人和中方代表30人，届时还将邀请中

</td>
<td>

标题为"发文机关+事由+文种"的完整写法。

请示是上行文，主送机关单一，且不送领导者个人。

</td>
</tr>
</table>

国文化和旅游部、国家文物局、中东欧各国文化遗产主管相关部门领导出席。经初步测算，承办此次论坛总费用约为200万元。目前国家文物局拟在杭州、大足、郑州和洛阳四个城市中选取一地承办该论坛。

杭州市是国内少有的"双世遗"城市，世界遗产保护工作走在全国前列，得到联合国教科文组织和国家文物局的高度认可。目前杭州市正在积极打造国际化城市，我局认为承办此次论坛对于提升杭州城市的国际知名度和影响力、打造国际化世界名城具有积极推动作用，因此建议市政府能向国家文物局争取承办此次会议，我局将全力配合做好会议相关筹备工作。

以上请示，妥否，请批复。

附件："第二届中国—中东欧国家文化遗产论坛"工作方案

杭州市园林文物局（印）
202×年10月11日

（联系人：章××，联系电话：0571-8717××××）

> 请示的缘由强调充分，因此形成了请示正文结构相对于其他公文的独特之处：请示的缘由往往是整份请示中篇幅最长的。
>
> 请示开头即是行文的缘由，由于请示是目的性很强的公文，一般是行文机关工作与发展中比较重要的、紧迫的、瓶颈式的问题需要解决，因此，行文的理由一定要充分，要能说服上级机关给予肯定的回复。
>
> 缘由之后，即呈现请示事项。请示事项务必准确、简明、清晰和到位，尽可能让上级机关明白事项核心内容。
>
> 请示的附件非常重要，与所请示事项密切相关。在正文中不宜展开的细节，一般在附件中具体介绍详情。
>
> 落款为"发文机关+印章+成文日期"。
>
> 请示需要有附注，在落款后下一行左空两格，附上联系人姓名与联系方式。

六、实训演练·请示的写作

项目实训：请根据以下材料拟写一份公文，要求格式完整正确，行文规范。

今年入汛以来，××省气候异常，旱涝交错，6月进入主汛期后，出现三次较大的降雨过程，使该省江湾市等10多个县市发生了洪涝灾害。特别是最近一次强降水后，江湾市境内穿城而过的××江发生大洪水，灾害尤为严重（灾害统计情况表见附件）。近10天中，为战胜××江洪峰，确保沿江城、镇、铁路和人民生命财产等安全，全市每天出动8000多人、500多台机动车辆，日夜抢修加固堤坝，运送抢险物资。现已耗用柴油

2700吨，汽油1000吨，人力物资损耗巨大。由于抗洪战线长，洪峰消退慢，抢险工程量大，恢复生产、重建家园和修复水毁工程的任务十分艰巨。为此，202×年6月16日，江湾市人民政府向××省人民政府递交了一份公文"江政〔202×〕56号"，特请××省政府增拨抗洪抢险救灾用柴油3000吨、汽油2000吨，救灾款150万元。

任务4　批复的写作

一、场景驱动

夏季入汛以来，××省气候异常，旱涝交错，6月进入主汛期后，出现三次较大的降雨过程，使该省江湾市等10多个县市发生了洪涝灾害。为早日恢复生产、重建家园和修复水毁工程，202×年6月16日，江湾市人民政府向××省人民政府递交了一份公文"江政〔202×〕56号"，特请××省政府增拨抗洪抢险救灾用柴油3000吨、汽油2000吨，救灾款150万元。××省政府接到这一公文后即召开会议专门研究，决定同意江湾市政府的请求，全力支持其抗洪救灾，重建家园，并及时复文给江湾市政府。

二、任务解析

1.从该情景和上文请示的适用情况看，××省政府接到江湾市政府的公文为请示。

2.按照《条例》规定，对于下级机关的请示，上级机关需批复回复。因此，××省政府复文江湾市政府用的是批复。

3.批复与请示构成一一对应的关系，是下行文，其正文开头写法有固定句型。

三、参考例文

××省人民政府关于江湾市人民政府增拨抗洪救灾物款一事的批复

江湾市人民政府：

　　你市《江湾市人民政府关于增拨抗洪救灾物款的请示》（江政〔202×〕56号）收悉。经研究，同意增拨你市抗洪抢险救灾用柴油3000吨、汽油2000吨，救灾款150万元。所有物资和款项将于7月1日前拨付到位，请专项专用，高度重视抗洪救灾工作，领导全市人民早日恢复生产，重建家园。

　　特此批复。

××省人民政府（印）
202×年6月20日

四、必备知识

（一）适用范围

批复适用于答复下级机关请示事项，是由上级机关对下级机关所行的请示进行具体、明确的批示或答复。

批复是请示的反馈文种，是针对性非常强的下行文种，只与请示相对使用。只有下级向上级呈报请示后，上级才会有批复。如果是答复同级机关或者不相隶属机关的询问和审批事项，不能用批复，应使用函。

（二）批复的种类

1. 批准性批复

这类批复主要用于针对下级机关提出的求准性请示相关事项进行批复，一般是针对具体事项或问题进行认可和审批，具有表态性和手续性。批准性批复内容大多比较简单。

2. 批示性批复

这类批复主要用于针对下级机关提出的求示性请示相关事项进行批复。相对批准性批复而言，求示性批复则因为涉及解释、阐述或回应下级机关面临的新情况、新问题等，内容相对复杂，篇幅也相对较长。

五、写作结构

（一）一般结构

批复主体的一般写作结构可图示如下：

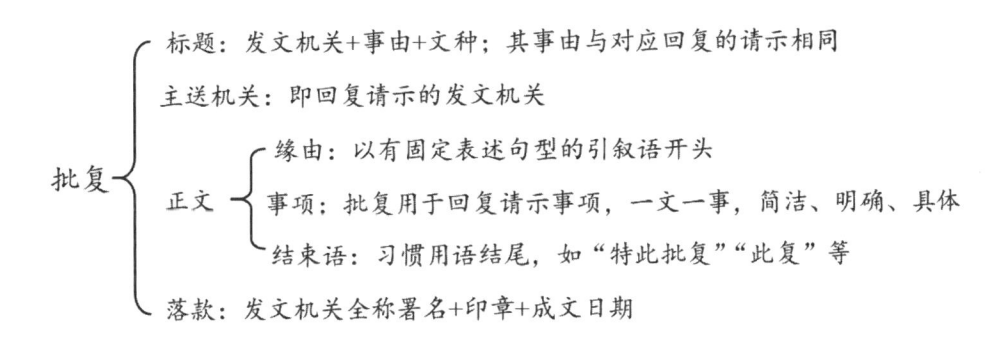

```
          ┌ 标题：发文机关+事由+文种；其事由与对应回复的请示相同
          │ 主送机关：即回复请示的发文机关
          │       ┌ 缘由：以有固定表述句型的引叙语开头
批复 ─────┤ 正文 ─┤ 事项：批复用于回复请示事项，一文一事，简洁、明确、具体
          │       └ 结束语：习惯用语结尾，如"特此批复""此复"等
          └ 落款：发文机关全称署名+印章+成文日期
```

（二）写法解析

批复主体结构一般由标题、主送机关、正文、落款等四部分组成，其正文开头通常用固定句型或固定写法的引叙语。批复开头引叙语的固定句型为"称呼对方+请示标题+（请示文号）+收悉"，即"你×《关于××××××的请示》（××〔20××〕×号）收悉"。有时也可直接引叙"请示标题+收悉"来开头。现结合例文解析其写法。

1. 批准性批复

批准性批复多为回复事项内容相对单一，且容易明确界定的请示事项。行文中，一般先明确表明态度，然后简要阐述理由、提出执行要求即可。上级对请示事项的表态用语一般包括"同意""原则同意"或"部分同意""不同意"。当态度为"部分同意""不同意"时，需要同时写清楚理由。

国务院关于同意设立"中国农民丰收节"的批复

农业农村部：

你部《关于申请设立"中国农民丰收节"的请示》（农业〔2018〕57号）收悉。同意自2018年起，将每年农历秋分设立为"中国农民丰收节"。具体工作由你部有关部门组织实施。

特此批复。

国务院（印）

2018年6月7日

（此件公开发布）

标题为"发文机关+事由+文种"的完整写法。

批复的主送机关即对应请示的发文机关。

开头引叙语为"称呼对方+请示标题（请示文号）+请示标题+收悉"的写法。用"同意"明确地对请示事项表明态度，然后简单提出执行要求。

固定的结束语写法。

落款为"发文机关+印章+成文日期"。

2. 批示性批复

批示性批复在表明态度之后，一般还要给予明确的解释或答复，分条分项提出具体的指示意见与要求。

关于同意上海虹口市容咨询服务中心改制为有限公司的批复

上海虹口城市建设发展有限公司：

你公司《关于上海虹口城市建设发展有限公司下属上海虹口市容咨询服务中心公司制改制的请示》（虹城〔202×〕38号）收悉，经研究决定，批复如下：

1. 经法定审计、评估、备案程序，同意上海虹口市容咨询服务中心公司制改制。改制后更名为上海虹口市容咨询服务中心有限公司（以登记机关核准为准）。

二、改制后公司注册资本人民币300万元，出资人为上海虹口城市建设发展有限公司。纳入你公司财务合并报表、年报审计和年度绩效考核体系，法人治理结构由你公司按相关规定进行决策和落实，并积极整合相关业务和功能，建立现代企业制度，推进规范化运作，提升市场化经营能力，推动企业发展。希接文后，按规定履行相关程序，尽快办理工商变更登记手续，并于上述手续完成后30天内将相关情况报送

标题为"事由+文种"的简省写法。

批复的主送机关即对应请示的发文机关。

以引叙语固定格式"你×《关于××××的请示》（××〔20××〕××号）收悉"开头，然后加"经研究决定"这一批复依据，再用"批复如下"过渡到具体批示事项。

表明态度：同意改制。

批示事项指导下级机关如何操作，落点主要在政策、制度及规范等方面，既给下级机关指明了方向，但又不过分具体，以免束缚其现实情况与未来发展。

具体提出执行要求。

我委。

特此批复。

固定的结束语写法。

虹口区国有资产监督管理委员会（印）

202×年1月13日

落款为"发文机关+印章+成文日期"。

六、实训演练·批复的写作

实训项目1：为任务中所有批复例文按公文格式要求添加规范的版首部分。

实训项目2：对上一节《任务3　请示的写作》中的两份例文《××交通大学关于新建硕博楼的请示》《杭州市园林文物局关于承办第二届"中国—中东欧国家文化遗产论坛"的请示》进行批复。

任务5　函的写作

一、场景驱动

根据《崇明区城市更新行动方案（2023—2025）》，上海市崇明区建设和管理委员会负责进行以旧住房更新改造、"城中村"改造、公共空间设施优化、产业园区提质增效等为重点的规划空间优化和城市更新行动。工作推进过程中，需要征用一部分目前由光明食品（集团）有限公司使用的地块，以筹建上海燃气崇明有限公司液化石油气储配站。为了合法进行土地征用并保证项目的顺利进行，委员会需要与该企业进行正式书面沟通。该沟通该用什么文种？其写作规范如何？

二、任务解析

1.从该情景来看，这一项公务沟通活动的关系主体是上海市崇明区建设和管理委员会和光明食品（集团）有限公司。

2.两者属于非上下级关系的不相隶属部门，按照《条例》文种使用规范，其适用的文种为函。

3.本公务活动场景中，这两个非隶属关系的单位一为政府部门，一为企业，相关部门在使用函这一文种时，除了写作格式与规范要符合函的写作要求外，在用语与语气上也需要注意得体合宜，体现平等对话的态度。

三、参考例文

上海市崇明区建设和管理委员会关于商请拟征用地的函

光明食品（集团）有限公司：

位于上海市崇明区城桥镇南门路350号的上海燃气崇明有限公司液化石油气储配站建成于上世纪90年代，因建造年代久远，与现行标准、规范存在多处不符之处，又因该站北侧接近居民区，南邻长江大堤，已无发展空间。根据我区国土空间总体规划，区政府拟对该站实施整体搬迁。

我区相关部门经过前期多次现场踏勘，方案比选，现拟规划选址在贵公司位于长江社区东侧2.4公里，北沿公路北侧一设施用地内，拟征用土地面积为55亩，约3.67公顷，该地块现为晒谷场。迁建后的储配站将作为崇明区液化石油气储存、充装、配送等功能的主要基地，更好地服务于全区广大液化石油气瓶装用户。

为确保迁建工作能够顺利进行，请予支持为感！

此函，盼复。

上海市崇明区建设和管理委员会（印）
202×年6月20日

（以上例文来自上海市崇明区人民政府官网）

四、必备知识

（一）适用范围

函适用于不相隶属机关之间商洽工作、询问和答复问题、请求批准和答复审批事项。函作为法定公文中唯一的平行文种，其适用范围相当广泛，行文方向上也自由灵活。函不仅可以在平行机关之间行文，也可以在不相隶属的机关之间行文，其中包括上级机关行文或者下级机关行文。

函主要用于平级单位之间、不相隶属单位之间以及有业务上的主管和被主管关系的单位之间的工作往来。向主管单位请求批准有关事项，主管单位用复函批准请求事项。因此，函作为一类文种，实际上包含了行文方向对应的两个文种，即"函"和"复函"。"函"默认为主动发出的去函，而回复或审批的函则使用"复函"文种。两者在行文目的、表达方式、结束语等方面都有所不同。

（二）函的种类

根据适用范围，即内容、用途，函可以分为三种类型。

1. 商洽函，指主要用于不相隶属机关之间商洽工作，联系有关事宜，以求对方理解和支持的函。

2. 问答函，指用于不相隶属机关之间相互询问和答复有关具体问题的函。

3. 批答函，指用于不相隶属机关之间请求批准和答复审批事项的函。

（三）函的特点

1. 平等性和沟通性

函主要用于不相隶属机关之间互相商洽工作、询问和答复问题或事项，体现着双方平等沟通的关系，这与其他所有的上行文和下行文不同。即使是向有关主管部门请求批准，在双方不是隶属关系的时候，一般也不使用请示和批复，而只能用函，在姿态、措辞、口气等方面也要体现平等性和沟通的特点。

2. 灵活性和广泛性

函对发文机关的资格限制很少，高层机关、基层单位及党政机关、社会团体、企事业单位，均可发函。函的内容和格式也比较灵活，而且不限于平行行文，所以运用十分广泛。

3. 单一性和实用性

为了提高效率，函的内容单纯，一般一份函只写一件事项。另外，函重务实，行文比较直接，直奔事项，以讲确切、说明白为要。

五、写作结构

（一）一般结构

函的主体的一般写作结构可图示如下：

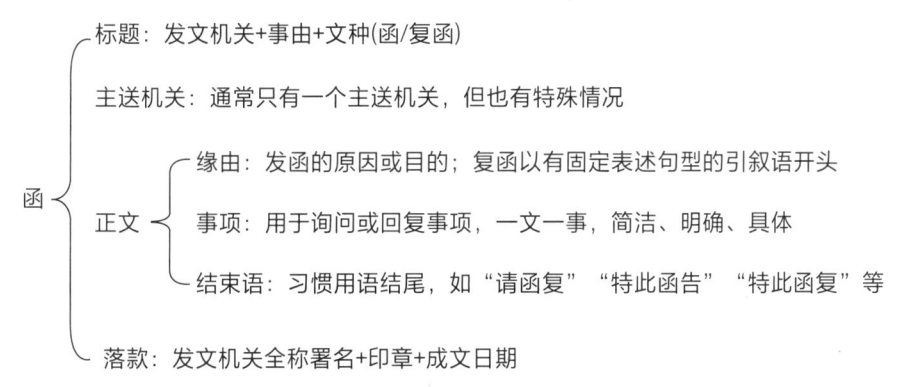

```
       ┌─ 标题：发文机关+事由+文种(函/复函)
       │
       ├─ 主送机关：通常只有一个主送机关，但也有特殊情况
       │
       │        ┌─ 缘由：发函的原因或目的；复函以有固定表述句型的引叙语开头
函 ────┤        │
       ├─ 正文 ─┤  事项：用于询问或回复事项，一文一事，简洁、明确、具体
       │        │
       │        └─ 结束语：习惯用语结尾，如"请函复""特此函告""特此函复"等
       │
       └─ 落款：发文机关全称署名+印章+成文日期
```

（二）写法解析

1. 函的格式

函的格式与一般公文格式没有太多区别，有的单位在使用时会将发文字号根据文种性质稍作改动，其格式为"发文机关简称＋函＋年份＋序号"，如"×建函〔202×〕×号"。函一般单独编号，以区别于请示、批复等公文。

2. 函的主体

函的主体结构一般由标题、主送机关、正文、落款等四部分组成。

（1）标题

函的标题文种有"函"和"复函"两种，注意根据写作实情使用。如《中国科学院××研究所关于建立全面协作关系的函》《××大学关于中国科学院××研究所建立全面协作关系的复函》等。

（2）主送机关

函的主送机关即函的行文对象一般情况下是明确、单一的，特别是向业务上的主管单位发函时，多数函的主送机关只有一个。但有时内容涉及部门多，也有排列多个主送机关的情况。

（3）正文

"函"正文开头即发函缘由一般简括发函的根据、原因或目的，而"复函"通常用固定句型引叙语"称呼对方+来函标题+（来函文号）+收悉"开头，即"贵/你×《关于×××××××的函》（××函〔202×〕×号）收悉"，有时也可直接引叙"来函标题+收悉"开头。

函的事项应尽量简洁、清晰、明了。一般"函"写明"商洽何事""解决何问题""了解何情况""请批何事项"等；而"复函"则针对来函事项进行简练、精当的回复，如果是简单的事项，则直接将缘由和事项合二为一，开头引叙语后直接接"经研究，同意××××××"；复杂的由过渡语"现予函复如下"引出具体答复事项。

函的正文结尾部分通常会提出希望请求，或希望对方给予支持和帮助，或希望对方给予合作，或请求对方提供情况，或请求对方给予批准等。

最后，另起一行以"请函复""特此函商""特此函询""请即复函""特此函告""特此函复"等惯用结语收束。

现结合例文解析各类函的写法。

1. 商洽函

××省工业和信息化厅
关于请予协助提供数据安全产业发展相关情况的函

各有关单位：

近期，工业和信息化部等十六部门印发了《关于促进数据安全产业发展的指导意见》（工信部联网安〔2022〕182号），对发展数据安全产业作出安排部署。为全面梳理掌握我省数据安全产业发展现状，现请各有关单位对辖区数据安全产业发展情况进行全面排查摸底并协助提供相关情况，为研究制定促进我省数据安全产业发展政策提供依据和参考。

一、工作背景

当前，数字经济业已成为世界各国经济发展的重要推动力，大力发展数字经济，成为国内外抢抓发展新机遇、塑造竞争新优势的新焦点。2022年9月27日，

> 标题为"发文机关+事由+文种"的完整写法。因为是一封去函，文种用"函"。

> 主送机关用了统称，一般是按其惯例使用。

> 正文开头的缘由部分指出了发文的根据、缘由、目的及具体要求。

省委召开全省同步推进"两个转型"暨促进数字经济全面发展大会，对我省抢抓数字经济发展机遇，激发××经济发展新活力进行安排部署，也体现了我省坚定推进"两个转型"和促进数字经济全面发展的信心、决心。

数字经济的关键要素是数据，数据安全是数据统筹利用的基石。抢抓数据安全产业勃兴机遇，布局数据安全产业新业态率先发展，对加速数据要素市场培育和价值释放，提高各行业各领域数据安全保障能力，夯实数字××建设和数字经济发展基础，意义重大。

二、需要开展的工作和提供的情况

（一）全面排查摸底。迅速在辖区组织开展一次以谋划推动数据安全产业发展为主题的调研活动（调研提纲可参考附件1），研究制定调研方案，科学开展调研活动，及时收集有关信息并填报《数据安全企业情况表》（见附件2）和《数据安全产业园区情况表》（见附件3，注意：工信部正在调研谋划创建国家数据安全产业园区，有创建意向的单位请认真梳理填写，后期省厅将据此向工信部推荐申报），确保调研对象全覆盖、调研成果可采信。

（二）形成情况报告。根据调研掌握的情况，整理形成调研报告，要全面、真实反映辖区数据安全产业的现状，研究提出发展数据安全产业的意见建议。

（三）及时上报沟通。各有关单位请于2月14日前将调研报告及《数据安全企业情况表》《数据安全产业园区建设调查表》纸质版和电子版（光盘）各一份报省工信厅。

联系人：×××

联系电话（传真）：

邮箱：

附件：1.数据安全产业发展调研提纲
　　　2.数据安全企业情况表
　　　3.数据安全产业园区建设情况表

为了突出此项工作的重要性，该函交待了工作大背景，展望国际、国内与本省数字经济发展形势，既高屋建瓴洞悉未来走向，又不失推动当下工作的紧迫感。这一背景的写作意图，一方面在于要求各有关单位重视该函所要求的具体工作，另一方面也对各有关单位起了一种紧跟形势的引领作用。

第二部分是该函的关键部分，对具体需要开展的工作和提供的情况进行了指导性强、富于可行性的交待，任务明晰，阶段目标清晰，措施明确，要求具体。

函中提供联系人姓名与联系方式，可增强沟通过程中的便捷性与有效性，符合一份细致的工作情境需要。

符合多个附件的写法要求。

　　　　××省工业和信息化厅（印）

　　　　2023年2月10日

落款为"发文机关+印章+成文日期"的规范写法。

2.问答函

　　问答函通常是对具体工作中的政策、原则、做法等有疑问，或者对出现的问题不知道如何处理时进行问询或答复用的函件。问答函包括一来一复两种函，即"询问函""答复函"。

××街道康文社区关于"15分钟社区生活圈"建设相关问题的询问函

市全面推进"15分钟社区生活圈"行动联席会议办公室：

　　自去年3月《××市关于"十四五"期间全面推进"15分钟社区生活圈"行动的指导意见》（×委办发〔202×〕29号）和《202×年××市"15分钟社区生活圈"行动方案》发布以来，相关的生活圈建设项目快速、高质推进，我社区居民深受鼓舞，感觉到生活品质有了很大提升，居民生活幸福指数得到提高。但我区也对于以下事项存在疑惑，故向贵处咨询，希望在百忙之中给予解释、指导答复。

　　问题1：康文社区属于地铁19号线"环湖路"站15分钟交通网络范围内，但是该站共有A、B、C、D四个出入口，其中与康文社区距离最近的D口自19号线运行多年以来一直没有开通，康文社区去其他三个出入口坐地铁所需时间均超出15分钟，给居民生活带来了不便。请问"环湖路"站D口长期不开通的原因是什么？是否有开通的计划？何时可以开通？

　　问题2：康文社区因为地理位置的原因，多年来饱受小区东西向"文潮路"夜间运行大货车影响。请问是否可请相关部门安装护栏和声屏障，解决多年严重困扰我区居民生活的这一问题？

　　特此函询，祈盼回复。

　　　　××街道康文社区居民委员会（印）

　　　　202×年8月17日

标题为"发文机关+事由+文种"的完整写法。因为是一封去函，文种用"函"。

正文开头阐明发文缘由、背景、意义、目的等。

正文事项部分，主要提出该函所要咨询的两个问题，即康文社区相关地铁开放不符合政策标准请求解决的问题，以及小区受大货车影响生活的问题。问题较为明确、清晰。

询问函的特色结束语的写法。

3. 批答函

批答函包括"请批函""审批函"两种，请批函用于向不相隶属的主管部门请求审批业务事项，而审批函则用于主管部门答复不相隶属机关单位的请批事项。按照文种使用规范，不相隶属机关之间行文应该用"函"文种，但现实工作场景中，也不乏向业务主管机关用"请示"来行文的情况，函也用来答复不同隶属机关的"请示"事项。

上海市水务局关于光明食品集团上海崇明农场海星河、江副河河道整治工程决算批复意见的函

光明食品（集团）有限公司：

你司《关于光明食品集团上海崇明农场海星河、江副河河道整治工程竣工决算的请示》（光明粮农〔2023〕213号）及相关材料收悉。经市财政局审核，函复如下：

一、同意光明食品集团上海崇明农场海星河、江副河河道整治工程决算投资2445.1480万元，其中：工程费用2214.8888万元，独立费用230.2592万元。

二、根据沪水务〔2021〕855号文的有关规定，在工程决算投资中，市财政专项资金承担1711.6036万元，光明集团承担733.5444万元。

三、接文后，请及时做好工程决算及资料的归档工作。

特此函复。

上海市水务局（印）
2023年12月28日

（此例文来自上海市水务局官网）

标题为"发文机关+事由+文种"的完整写法。这是一封复函，但其"复"体现在语意，文种用"函"。

以引叙语固定格式"你x《关于××××的请示》（××〔20××〕××号）收悉"开头，然后加"经市财政局审核"这一批复依据，再用"函复如下"过渡到具体审批事项。

首先表明了态度，即"同意"该工程，接着明确指出了工程决算投资款数目、性质、分担情况及决定依据等，同时提出了相关要求。答复事项清楚、明了，可执行性强。

六、实训演练·函的写作

实训项目1：请根据以下材料拟写函，要求格式完整正确，行文规范。

××市市场监督管理局经开区分局需要撰写该经开区市场主体年度分析报告，函请该区税务局协助提供全区市场主体税收贡献情况，附上联系人姓名、电话及一份《全区市场主体所属行业税收贡献分布情况》统计表，并请税务局于202×年6月20日中午12点前，将这份统计表格通过OA平台反馈至市场监管分局。

实训项目2：上述场景中，税务局完成相关统计后，准备复函该市场监管分局。这一封复函该如何写？

第七章

学术实践与科创文书

人才培养、科学研究、社会服务和文化传承创新是我国高等教育的四大职能。科学研究是指通过专业的研究方法，探索、发现和创造新知识的过程，具有探索性、创新性、系统性和实证性等特点，是人才培养的一种高阶形态。大学阶段的学术实践是人才培养和科学研究的有机结合，论文的写作、科创项目的申报带来的不仅是某种具体能力和技巧的提升，更重要的是，学术实践能够帮助学生形成一种科学严谨的思维方式，即发现问题（遇到难题）后，如何分析问题、解决问题。对于大学生而言，这种思维方式和处事能力无论在学习还是工作、生活中都大有裨益。

实训一　学术实践

任务1　毕业论文的问题意识与选题技巧

一、场景驱动

暑假过后，大学生小郭进入了大四，新学期伊始，学业导师就召集了指导小组会，布置毕业论文写作的相关事宜。导师是学院资深教师，经验丰富，两小时的小组会中，他深入浅出、声情并茂地介绍了毕业论文选题技巧、权威资料查找网站、资料阅读与分析准备、论证方法与技巧等，又结合学校规定对毕业论文的总体要求与基本流程方法进行了说明。然后，导师要求每位同学轮流谈一谈自己对毕业论文选题的想法，又说如果还没有较成熟思路的话也可以谈过去三年专业学习中自己感兴趣的论题或问题。小郭脑海中回响着导师关于毕业论文选题"逻辑上要自洽，现实中能举证""问题提得好不好，可以见出研究者的知识水准、领悟力和洞察力""苹果砸到牛顿的脑袋上和砸到别人脑袋上的效果可能是完全不同的"等话语，看着组员们侃侃而谈，只觉脑子一片空白，一时语塞。

二、任务解析

选题是学术科研的起点，需要综合考虑研究领域的前沿性、研究价值以及可行性。要圆满地完成毕业论文的写作，首先需要明确选题，即论文以什么作为研究和论述的对象。这是论文写作的基础和前提，决定完成的论文是否有价值，也是具有相当难度的一步。一个好的选题须有一定的学术价值或社会意义，同时具有较强的创新性——运用或提供新的材料、角度、观点。另外，题目的大小要适中，应与所规定学习阶段的毕业论文要求相匹配。论文写作的过程，实际上是一个发现问题、分析问题、解决问题的过程。此项任务的关键在于：

1.如何培养问题意识，如何在某一研究领域挖掘有一定价值，并能够运用充分的材料和合理的方法分析、解决的问题？

2.毕业论文选题与问题意识的关系如何？问题如何演化成选题？

3.如何定义一个学术选题的研究价值与创新程度?

三、必备知识

1.何为选题意义

某一学科领域往往有诸多具体的方向和重要课题,这些课题中包含许多需要研究和论证的论题。论题的研究范围明确,它的解决有助于推进这些重要课题的研究。毕业论文的选题便是这些具体的论题,能够在一定时间体现作者的研究目的和成果,如能从某一角度对领域内的重要课题做出补充、支持,便具有学术价值。若学科与现实联系紧密,选题还应具有一定的社会价值与应用价值。

2.何为问题意识

毕业论文是一种学术研究行为,无论何种学科的研究,"读书"必不可少,"读书"的方式并非泛泛地从书本中获得知识,而是要学会以"研究者"的眼光读书,即能够发现问题和解决问题。发现了问题,论文选题便水到渠成。发现问题不能靠天马行空的想象,问题意识的培养应建立在潜心读书、乐于思考的前提之上。提出问题,其实就是在读书治学中发现反常的现象,也即找到不同、分歧。由此出发,不妨留心以下几点:

(1)同一学术问题,不同论著是否有不同观点?如有,分歧产生的原因是什么?

(2)自己感兴趣的领域中,有哪些问题至今未解决?解决问题的关键点在哪里?

(3)前人的研究中有哪些错误和不足?是否还有未曾涉及的研究"死角"?

要找出这些反常现象,首先要了解"正常"现象,这需要长期的读书积累,非一朝一夕能够做到。因此,想找到好的选题来完成毕业论文,需要在平时的读书和学习中多留心、多积累。

3.何为创新选题

学术研究是一个代代累积、逐步向前的过程。选题的新意不是指完全丢弃学术演进史中的传统,凭空臆想博人眼球的新题目,而在于是否具有时代性与前沿性。创新性须立足于科学性的基础之上。看一个选题是否有新意,首先要看这一选题是否有前人做过,以新材料解决学界未曾涉猎的新问题为佳。若这一选题已有人做过相关研究,但能提供新材料、建立新观点亦不失为有新意的选题。如选题不新,材料也不新,但观点、方法创新,且具有科学性,也是选题创新。

4.何为选题大小

学术问题有大小之分,选题亦有。小的选题,往往比较具体、微观,属于某一领域重要课题中的一点。大选题往往是线索纷繁的宏观问题,是无数个"点"连成的"片"。毕业论文在选题时应充分考虑所处学习阶段的能力标准,以及具体的篇幅要求。宏观的大课题,常常需要拆分为多个子课题,逐个击破后才可显现全貌,需要多年的积累,最终成果甚至是一系列大部头的专著。选题范围过大,无论是本科还是硕士、博士,都不适合选作毕业论文的题目，而有的小问题，即使再现出"真相"，若过于细碎，对某领域的研究无关紧要，且论证过程极为简单，也是不适合作为毕业论文选题的。因此，选题的大小适中，极为关键。总体而言，应符合所处学习阶段的具体要求，以及写作者的能力和专长，力求做到"大处着眼、小处着手"。

四、途径方法

1. 搜集占有材料

尽可能丰富地占有材料是论文写作的基础。其实，收集材料并非确定选题后的首要工作，应在初步选题意向形成时就进行。上文说到，毕业论文的选题，应为对某领域重要课题有所助益的具体的研究论题。在该领域内确定大致方向后，越详尽地占有材料，越能够发现问题，判断该选题的学术价值、创新性，以及是否"撞车"。首先应了解本专业、本领域的学术史，对该领域的权威学者、重要著述、热点问题了然于心。在进行具体的材料收集和检索时，要立足原始文献、数据，相关领域的权威研究成果等；同时，还应善于利用各类数据平台。需要注意的是，要具有辨别材料的能力，注意收集材料的学术性。

2. 掌握研究现状

材料收集完毕后，应进行分类梳理，从中总结出这一研究方向有哪些热点问题、重要问题和悬而未决的问题。关于这些，前人已经做了哪些工作？做到何种程度？哪些问题前人没有涉及，但今天能够通过新材料、新方法进行突破？如果找到了以上问题的答案，好选题便呼之欲出。

3. 寻找切入点

从研究现状的分析中，我们能够得出许多具有学术价值的选题。但其中也许有一些论题并不适合毕业论文，应当注意筛选，尽量选择大小适中、材料充分可靠的，然后将这一论题抽丝剥茧，拣出最关键的一条线索，找到合适的角度切入，作为论文的题目。

五、实例解析

论题：人工智能（AI）在金融养老服务中的应用与创新研究。

1. 选题缘起

作为新一轮科技革命和产业变革的重要驱动力，人工智能技术推动人类社会迎来了人机协同、跨界融合、共创分享的智能时代，它与各个行业深度融合已成现实。产业融合是经济发展的大势所趋，人工智能与金融机构的深度融合也是必然趋势。但人工智能（AI）究竟如何服务金融养老，需求如何，前景如何等，都还是新命题，学术界研究成果也比较少，因此这是一个有新意且值得进一步探究的论题。

2. 找出问题的关键

这一选题要解决的关键问题，是探究如何在发展趋势与现有政策的结合点上，应用AI技术建立智慧金融养老生态圈，赋能老龄化社会到来时数目庞大的老年人群的金融需求。围绕这一关键问题，一条清晰的逻辑链与问题链可以建立起来：国家政策对于AI金融与养老行业的态度、发展与监管情况如何？目前我国60岁以上老年人的金融观念与金融状况如何？目前AI在金融行业的应用情况如何？如何通过理念、管理与技术的多重创新，来解决目前养老金金融产品创新能力不足、产品同质化现象严重等问题？AI应用于服务老年金融个性化需要的优势、路径与安全性何在？AI应用于服务老年金融产品需求的伦理问题如何解决？等等。

3. 寻找合适切入口

这个选题是跨学科研究的论题，又具有相当的学术前沿性，因此，寻找合适的研究切入口非常重要，将直接决定这一研究的思路、方式与价值。从本论题"人工智能（AI）在金融养老服务中的应用与创新研究"来看，合理的研究切入口应该是重应用与实践的，如金融机构如何利用AI技术深度挖掘老年人的养老需求，为他们量身打造个性化的养老金融产品；AI技术如何帮助金融机构实现业务流程的自动化和智能化，降低运营成本，提高服务效率；科技赋能养老金融也必须考虑一些可能出现的问题，如数据安全与隐私保护、技术迭代与兼容性问题、服务普惠与公平性问题等。

六、实训演练

请根据上文给出的方法，结合自己的专业，拟定10个符合你当前学习阶段的学术论文选题。

任务2　如何编写毕业论文写作大纲

一、任务解析

毕业论文的提纲，就是作者撰写毕业论文的思路要点、结构框架的文字体现形式，是作者用观点型语句或纲目的形式把构思谋篇的过程和成果具体地体现出来。从写作程序上看，拟定提纲是每一个从事论文撰写的人动笔行文之前的必要准备，在整个论文写作中可以起到提纲挈领、理清思路、布局材料、规范结构的作用。通过拟定提纲，作者能够对论文整体内容与结构有一个明晰的鸟瞰，是保证论文撰写有计划、有条理进行的重要方法。

二、必备知识

（一）编写论文提纲的必要性

1. 编写论文提纲有利于作者理顺思路

这一过程有助于作者理顺思路、形成粗线条的论文逻辑联系和框架结构，这是对论文蓝图的总体规划与设计。

2. 编写论文提纲有利于作者谋篇布局

论文提出什么问题，分析什么问题，解决什么问题；怎么提出，怎么分析，怎么解决；中心论点是什么，围绕中心论点分几个部分展开，分论点应该怎样确立，各部分在整个论文中占有什么地位，相互关系又是如何；哪些需要详写，哪些可以略写；如何进行论证，有步骤，有层次，有说服力地解决问题；怎么样一环扣一环，层层推进，触及核心；怎么样删繁就简，突出重点，把中心问题分析得精辟入理，令人信服。这些问题，如不事先编写提纲，通盘考虑，大局入手，细处着眼，按部就班，是不可能处理得当的。

3. 编写论文提纲有利于进一步选择材料

撰写论文时，我们需要对准备阶段收集的材料进行取舍。编写提纲时对材料的应用进行一个大致的规划，更便于取舍材料。何处需要例证，何处只需一个引证即可；何处需要一个例子，何处需要多个例子；何处材料不不够充分与完整，何处材料的收集与整理缺乏典型性，都写在提纲上，一目了然。

4. 编写论文提纲有利于及时调整构思

如果提纲拟定完了以后，放置一段时间再来加以考虑，或依据提纲具体进行论文写作中应用，往往会发现自己原来构思的缺陷，或是经过推敲有了完善的安排，或是出于灵感有了更好的想法，都需要及时把它们补充到提纲中去，构思也就会更趋于完善了。

（二）提纲编写的原则

1. 整体性

编写提纲，要把论题、观点、材料、结构组成一个统一的整体，尽管其中每个要素都有自身的特征与功能，然而作为一个整体内的有机组成部分，它必须要和其他要素相互联系，才能发挥其应有的论述作用，而且这个整体一旦形成，就具有不同于组成它的单个要素的新功能、新特征。

2. 均衡性

提纲反映了文章的总体布局，因此在编写提纲时，要特别注意总体布局的均衡性。论点与论据的分布，各个层次如何安排，乃至各部分的字数，一般都要根据总体构思作出协调安排。毕业论文的基本结构由提出问题、分析问题、解决问题组成，或者说是由绪论、本论、结论三大部分组成。一般来说，第一，第三部分无论是在整个文章中还是提纲中都应该比较简略。第二部分是全文的重点，要集中笔墨写深写透，因此，在编写提纲时，也要详细、全面一些。这部分一般要分两层以上，层层深入，层层推理，以便体现总论点与分论点的有机结合，把论题论述得明了、透彻。

3. 最佳性

编写提纲是为了给毕业论文写作寻找和提供最佳的写作方案，因此，最好的提纲编写方式是多编写几套提纲，进行对比分析，从中择优录取。不要认为对提纲进行反复斟酌是浪费时间的不必要行为，有句俗话叫做"磨刀不误砍柴功"，刀磨快了，砍起柴来既不那么费力，又可以省下不少时间，为毕业论文编写最佳提纲也是同样的道理。

4. 详略得当

一般来说，提纲应尽可能详细一点。若仅是随意地写几个大标题，一旦真正动笔写起来，还是不知如何下手。当然，提纲毕竟只是提纲，要有全局性和框架性，不用写得太详细，否则费时费力，具体的写作阶段调整起来难度又大，且脉络不突出。太详细的提纲在某种程度上会限制人的思维，不利于在撰写中进一步完善论文思路。其中度的把握，需在实践中体会。

（三）写作结构

1. 论文提纲的内容

（1）论文标题及副标题。

（2）论文写作意图。包括选题理由、选题价值、中心思想、总论点等。

（3）内容纲要。这是提纲的主要部分，也是论文结构的骨干，包括从哪些方面，以什么顺序论述总论点，大的部分安排妥当之后，再逐个安排每个部分内的下一层次的论点，直到段落一级，写出段落一级的论点句。

（4）文章注释与主要参考资料、书目。

2. 论文提纲的编写方法

（1）标题式。标题式提纲以简要的文字写成标题，把构思中该部分要表达的观点与内容概括出来。这种提纲编写方式的优点是简洁、扼要，缺点是过于笼统，他人看不明白。

（2）序号标题式。序号标题式大部分就是每个提纲前既标出序号，又有标题，这是比较常见的提纲编写方式。需要说明的是，序号的编排使用有统一的规定与标准，一般是由大到小按顺序排列的。使用的方法是：在标注文章大一级层次时，常用的序码应为汉字的"一、二、三、四、……"，不宜用汉字的"壹、贰、叁、肆、……"或阿拉伯数字的"1.2.3.4.……"；标注文章较小的层次时，所用的序码为"（一）、（二）、（三）、（四）……"或"1.2.3.4.……""（1）（2）（3）（4）……"，而且序号的大小排列不能用混，大一级的序号排列在前，小一级的序号排列在后。当然，在具体的写作中，可以视层次的多寡跳过其中的层级，但由大到小排列的顺序仍不能错，而且较小层次的区分多采用文字表述或分段的方式加以区别。

（3）论点式。论点式提纲的编写方法是指作者将研究的问题进行高度综合，提炼出近似成形的文章论点，然后按照"中心论点—分论点—小论点—论据"由大到小的顺序编写提纲。这种论点式写法十分强调前期准备工作的充分性，对论文全盘思考的成熟程度要求也比较高。按照论点式写法编写的比较成熟的提纲，所确定的各级论点和所选择的论据可以直接写入论文中；所列出的层次，往往就是文章所要形成的格局的雏形。

（4）提要式。提要式写法提纲是文章全部内容的粗线条的描述，以要点的形式，概括地写出各个层次的基本内容。这种提纲有利于论文的正式撰写，有的文字甚至可以正式用入论文，但这种提纲费时费力，而且不能一目了然，不利于修改和补充。

（四）例文批注

《论屠格涅夫笔下的"多余人"》撰写提纲

一、前言部分

"多余人"内涵概括性阐释。与俄国文学史上其他作家相比较，屠格涅夫是"多余人"形象的集大成者。

二、第一部分："多余人"的本质特征及历史意义

1. "多余人"是浪漫主义的理想家

罗亭一生追求光明未来，以浪漫主义和唯心主义哲学看待人生，企图改变黑暗现实，牺牲于巴黎街头。其他的"多余人"也或多或少具有理想主义特征，这是他们进步性之所在。

2. "多余人"是革命思想的宣传家

罗亭、拉夫列茨基等人以充满热情的言论激励青年一代起来斗争，语言是"多余人"为先进理想而斗争的武器。

3. "多余人"是动摇怯懦的空谈家

"多余人"无具体行动，无实现理想的勇气和意志，在关键时刻退却、动摇。罗亭不敢接受娜达丽雅的爱情，其他的"多余人"或与社会妥协，或者堕落。

4. "多余人"的历史意义

当时的俄国先进思想只能以爱情故事通过文学作品来曲折表达，屠格涅夫以女性形象代表祖国和未来，借"多余人"表达对重大社会问题的见解。"多余人"在俄国进步中起了巨大作用。（引高尔基、赫尔岑的论述）

这篇提纲，从编写方法来讲，综合了序号标题式、提要式两种方法，是一篇实用性、操作性很强的毕业论文提纲。总体而言，框架构建合理，综合性、完整性强；对每个分论点的论证充分有力；内容详细全面，中心集中、层次分明。

第一部分从进步性与局限性两个方面入手，比较全面客观地评价了"多余人"的特征，就理想家、宣传家以及空谈家三个方面的本质特征引申出"多余人"出现的历史意义。先说进步性，再论及局限性，再评价历史意义，前后顺序得到合理安排，显示出很强的逻辑性。

三、第二部分："多余人"形象的生成及屠格涅夫的贡献

1. "多余人"的发展史

（1）普希金、莱蒙托夫的"多余人"是当代英雄、贵族阶级逆子，具有动人特点，作者借助他们批判当代社会。

（2）十九世纪四十年代起，贵族知识分子进步性减弱，消沉颓废，屠格涅夫看到这一点，加以批判，提出"多余人"的名称。

（3）同时，部分贵族知识分子受平民思想的影响，成为优秀人物，屠格涅夫也看到这种变化，"多余人"正面特点体现在他们身上，他们与其他"多余人"有极大不同，但终究被历史淘汰。

（4）农奴制度改革后，"多余人"进步作用完全丧失，堕落为"不可救药的人"。屠格涅夫反映出末代"多余人"的结局。

2. "多余人"产生的时代背景

农奴制时代俄国社会分化，贵族知识分子受先进思想影响成为民主解放运动的启蒙者、领导者，这是"多余人"理想家、宣传家本质特征所产生的根源。但是他们由阶级立场所决定不能与人民大众结合，只能是语言上的巨人、行动上的矮子。在别的社会条件下，他们会成为真正优秀的人物（引杜勃罗留波夫语）。罗亭个人品格相当高尚，但社会使他成为"多余的人"。拉夫列茨基也无力与社会作斗争。他们的失败反映出贵族社会的没落衰败。

四、第三部分："多余人"与屠格涅夫本人的关系

1. 作家选材的原则，屠格涅夫处理题材的真诚态度。（引托尔斯泰语）他的生活环境养成了他优柔寡断的性格，他的生活经历使他具有"多余人"的特征。他本人同"多余人"在气质上相像。（引高尔基语）

2. 对"多余人"的同情反映出屠格涅夫的宿命论自然观，人们受到超越一切大自然和爱情力量的制约，

全面、详细，但并不显得啰嗦、混乱，结构安排井井有条，可看出作者扎实的功底和较强的科研能力。

前三部分，内容已经相对完备，增设第四部分，探讨了"多余人"形象与作为作者的屠格涅夫本人的关系，能更加全面深入，又促使论文主体部分形成三足鼎立的结构，显得完整平稳。

悲剧由命运注定。但是"多余人"更反映出屠格涅夫现实主义大师的严肃创作态度。(引高尔基语)他那大艺术家的素质使我们通过"多余人"认识十九世纪四十年代到七十年代的俄国社会。

五、实训演练

请根据"任务一实训演练"中拟出的题目，选择其中3～4个，分别拟定标题式提纲、序号标题式提纲、论点式提纲和提要式提纲。

任务3 毕业论文的结构与论述技巧

一、任务解析

有价值的选题、科学的构思和充分的材料准备，是高质量地完成毕业论文的基础，但并非全部要素。将这些落实到文字，并不是一件简单的事。正式进入到毕业论文的撰写阶段，需把握好论文结构、学术规范，熟练运用论述技巧。

二、必备知识

（一）毕业论文的基本形式

毕业论文包括前置部分与主体部分。前置部分包括标题、责任者及声明、摘要、关键词等。主体部分包括引言或绪论、本论、结论、引文注释和参考文献等。以下将要点逐一说明：

1.标题：大号字标注于明显位置，字数一般不超过20字。需紧扣论文内容，体现作者写作意图、文章主旨。同时，还应注意到措辞，在概括主题的前提下以给人留下深刻印象为宜。

2.摘要：整篇论文观点和方法的浓缩。通常不加注释和评论，也不举例，应阐明研究目的、方法、结果和结论，300字左右。具体操作时，可在论文完成后再进行撰写。位置可在封面之后单独成页，也可在标题之下、正文之上，根据毕业院校的具体要求而定。

3.关键词：通常可选用3～8个词来表示论文内容信息，以显著的字符另起一行排在摘要左下方，与摘要在结构上紧密相连。

4.引言或绪论：简要说明选题研究的目的、范围、相关领域的前人工作和知识空白、理论基础和分析、研究设想、研究方法、预期结果和意义等，应做到言简意赅，不与摘要雷同。

5.本论：论文的核心部分，是作者所持观点得以成立的必要论证过程。一般包括以下几方面内容：作者个人观点及论据，他人的研究情况，与自己不同或截然相反的观点及材料，研究的重点、难点，本论题的研究历史、现状、发展趋势等。在展开论证时应实事求是、客观真实、准确完备、合乎逻辑、层次分明。

6.结论：论文的结尾部分即结论部分，需注意首尾一贯、前后呼应、简要具体。一般可从结论性意见、探索性看法、某种设想等方面进行写作。

（二）论文的结构布局

从论文思路和内在逻辑出发，根据论点和记述意图的需要，把零散的材料进行合理的组织安排，使之条理化、系统化。一般要服从两个原则：一是以内在逻辑发展为基础；一是服从于毕业论文中心论点的表达与论证需要。完整、严密的同时又要生动灵活、富于变化。注意层次、段落、过渡、照应、开头、结尾部分的合理排布。

（三）学术规范

毕业论文的写作是一种学术实践，必须遵守学术规范。学术规范要求论文中所有引用的文献皆要注明出处。如转引他人在论著中所引用的材料，须核对原始文献。如果有重要的新材料被别人先发现，使用时应加以注明。如果引用他人观点，除众所周知的观点，以下情况均应注明出处：

1.不仅观点相同，文字也完全相同，应算引文，加双引号详细注明出处；

2.观点相同，文字不同，可不加引号，但应注明出处；

3.观点部分相同，文字完全不同，但对自己有启发，应注明出处；

4.对别人提出的观点，虽然自己增加了新材料、提出了新证据，但也应注明出处。

三、方法途径

（一）本论部分的结构方式

本论部分是整篇论文中的关键，篇幅也最多。需根据论题性质，或正面立论提出自己的观点，或批驳不同看法，或解决论题研究中的疑难问题，从而周详地论证文章中的全部思想和新的见解。根据演绎与归纳的论文结构安排根本原则，常见结构方式如下。

1.并列式结构。并列式也叫平行式、横向式，是按内容之间的关系用并列性的分论点，组织内容的次序安排。它们彼此平行，不存在主从关系、隶属关系，各分论点也不是上、下位论点的关系，在顺序上谁先谁后对论述的影响不大。这种方式采用的是从具体到抽象，从个别到一般的思维形式，它将中心论题展开，分成几个不同的、彼此平行并列的方面，从一个个具体的分析中求得综合。如复旦大学中文系王兰同学的论文《〈方言〉和宋元笔记杂谈中的少数民族词汇》，就是用并列的结构方式考证了汉代《方言》中"於菟"和宋元笔记杂谈中"苗人呼妻为夫娘""称地为双""木征"四个词条的语源，这四个词条不存在从属关系，适用于并列结构。

2.递进式结构。递进式也可称为推进式、纵向式，即按内容之间层层深入的关系，以内涵不同而且意义逐渐深入的分论点组织安排论文的内容。按递进式结构写的论文，各部分之间次序不可随意颠倒。如论文《试论文艺创造的三个主要环节》中提出：任何作家从事文学创作，尽管存在着思维进程、思维节奏的快慢之分，但不管怎样，都要经历三个基本的或说主要的环节，即"体验感受期—孕育编码期—物化表现期"。作者在论文展开的过程中,就是按这样一个产生时间上和内在逻辑上存在着先后关系的顺序来进行论证的。如果这一顺序被打乱,在论述中先对"物化表现期"这一环节的过程、特点进行说明,必然会造成逻辑混乱、论述不清的结果。递进式结构方式,体现出思维渐次深入的过程,文章具有严密的逻辑性。

3.总分(分总)式结构。这种层次结构组织形式,按内容的隶属关系来组织文章结构,或先对论题的整体作概略的认识,再分别对论题的各个内在要素和组成部分进行局部阐述;或不先从局部分析而是先把握论题的整体,形成"总论—分论"或"分论—总论"的结构。由于各分论点在层次上是一种并列关系,它们的次序可以前后调换而不影响读者的理解。

4.综合式结构。所谓综合式结构,就是交错运用并列、递进、总分几种方式来结构论文。这样的论文结构往往是以其中的某一种方式为主,中间加以另外的结构方式,通常适用于内容复杂、层次多、篇幅较长的学术论文。在毕业论文撰写中采用综合式方式来结构论文,一方面是论证本身的复杂性所决定的,单用某种方式不能很好地论述论题;另一方面也是避免论证结构过于呆板、单调、缺乏变化的一种有效方法。

以上是毕业论文撰写中常常采用的结构方式的一般规式。对于这些规式,既不应视为"定法"而墨守成规,也不能看作可有可无而任意为之。任何形式无不是因为其内容而产生并为其内容服务的。只有恰当地、灵活地掌握这些规式,组成严谨、科学的论文逻辑体系,才能有助于深刻透彻地说理和论证。

(二)初稿的撰写

初稿的撰写是整个毕业论文写作过程中的核心环节。在前期充分的准备工作基础上,应抽出集中、充足的时间完成撰写。在这一过程中,有几个问题值得注意。

1.撰写顺序可以因人因时而定。毕业论文的写作不同于可以在几个小时内完成的议论文,往往篇幅长、容量大,非一时一地能够完成。不同的作者实际情况各异,并无一定之法。常用的顺序如下,供参考:一是以提纲为蓝本,按正常顺序分阶段写作;一是按内容的熟悉情况和对论点的把握程度分阶段进行。另外,要学会捕捉与认真对待论文撰写过程中的"灵光一现",及时将想法形成文字记录下来,有时这些零星的想法正是新颖独特且有价值的观点产生的征兆。

2.行文力求一气呵成。一气呵成的写法既有利于文章的气势连贯,又能保持作者的思路一致;而且连贯的思路也有利于主观能动性的发挥,或许会有意想不到的收获。写作时要防止瞻前顾后,写写停停,这样会使思路中断,精力分散,浪费时间。在写作时,如遇困难和问题而突然卡壳,不要死钻牛角尖,先停下片刻,转移思路与注意力,或许有柳暗花明的情况出现。也有可能一时找不到合适的语句来表达某个意思,可以先跳过去往下写。另外,在论文写作中,如果出现材料不够或暂缺的情况,也不要停下来去另找,先做上记号,待基本完成后再去寻找。同时,撰写中也要注意大局,不要在细枝末节上做过多停留，最好把细节问题留到修改阶段去完成。

3.写作初稿宜密不宜疏。在初稿的写作中，尽可能地把自己在准备阶段，尤其是提纲所列内容全面写进去。否则，初稿简略，留待修改阶段去补充，会徒增难度和工作量，甚至会遇到不得不"返工"的状况。一般情况下，初稿的篇幅应长于定稿。它所包含的内容要尽量充分、丰富，即使有些重复也不要紧。当然，也要防止"为充实而充实"，一味地堆砌材料。初稿"宜密"的原则也指逻辑严密、行文有序、表达完整。因为毕业论文是我们的科研成果，反映了我们对某一专题较系统、深入的科学认识。因此，尽管只是初稿，也应该写得条理清晰、内容充实，这样才可以全面检验毕业论文的论证是否严密、结构是否完整、论述是否充分。

（三）论文的修改

初稿完成并不意味着毕业论文的撰写结束。初稿往往不完美，只能算作半成品，经过反复推敲修改，做到各方面尽可能周密严整，形成定稿，毕业论文才算完成。论文修改有广义和狭义两种含义。广义的修改包括写作过程中每一个环节的修改。构思酝酿阶段对材料的取舍，拟定提纲时缜密的思考，写作阶段从内容到形式的选择，每一个环节都离不开修改。狭义的修改，则专指初稿完成之后直到定稿之间的加工修改。不管是狭义的理解还是广义的理解，论文修改的内容和范围一般都包括论点的修改、材料使用的修改、结构的修改、语言的修改等。

1.论点的修改。第一，要立足全篇，纵观全局，审视文章的中心论点是否正确、集中、鲜明、深刻，是否具有创新性，文题是否相符，若干从属论点与中心论点是否一致，某些提法是否全面、准确。如果中心论点把握不准确，不能把最典型、最具本质意义的思想和规律揭示出来，就要动"大手术"，进行一次大改写甚至重写；或者所阐述的论点有某种失误和偏颇，观点比较模糊，致使论点的表述发生较大偏差，致使前后不一致的论点，也要进行较大修改。第二，对于论文中出现的主观、片面、空泛的地方，就要进行强化、增补等，使偏颇的变得中肯，片面的走向全面，模糊的逐渐鲜明，松散的趋于集中，有失分寸的改恰当，陈旧的改新颖，立意太低的加以升华。第三，修改论文的标题。论文的标题是论文的"眼睛"，如果标题短小精炼鲜明，就能传神生辉，使人一看就有兴趣。所以对初稿的标题进行斟酌推敲和改动，是非常重要的。同一论题，同一观点，可以用不同的标题来进行表述，而不会使意思发生变化。在毕业论文的写作中，内容和标题是互相作用、互相影响的。内容要切合标题，标题要能统率内容。如果文不对题，题目过长或太笼统，都必须进行修改，使标题能概括地表达论文的中心论点和讨论的范围，起到"画龙点睛"的作用。

2.材料的修改。材料的修改主要指对毕业论文引用的材料进行查核、校正、增加、删节或调整。第一步是查核校正，即先不考虑观点、结构、语言，只查核材料本身是否真实、可信、准确，包括对初稿中的论断、典型事例与现象、引文出处等进行核对。若发现疑点和前后矛盾的地方，一定要搞清楚、弄明白。第二步，根据论证中心论点和各分论点的要求，对材料进行增补、删改、调换。对于缺少材料或材料单薄、不足以说明论点的，就要增补有代表性、有典型性的新材料，使论据更加充实，使论证变得更充分有力。对材料杂乱、重复，或材料与观点不一致的，则要删减，以突出观点，不能以材料多而取胜，应以适度为佳。对于陈旧、平淡、缺乏典型性的材料，则要进行调换，选择更合适的材料。第三步，材料次序的调整。所谓材料的安排是指材料应该在论文的什么部位举证，如果需要运用到多条材料，那么应该考虑哪一条在前、哪一条在后。所谓逻辑效果指的是所运用的材料，是否能很合理地反映论点与材料之间的内在联系，是否对观点的论证有较大的帮助。就论证一个论点而言，材料的举证一般出现在两个位置，即用在论点之后或论点之前。在进行修改时要考虑哪一种位置更合适，不恰当的要调整过来，以更好地体现论文的逻辑力量。

3.结构的修改。修改结构，应主要抓好以下三个方面：第一，层次是否清楚，思路是否通畅。一般可以先从大小标题之间的关系来看文章的思路和层次。如果论义不设小标题，则必须从内容去判断。例如，文章在内容上是否符合"提出问题，分析问题，解决问题"的逻辑联系；全文的布局、层次和段落的安排是否有条理；层次的脉络是否分明、顺畅；各段的分论点是否明确、协调；对杂乱无章的阐述要梳理通顺；删去重复和矛盾的地方，补上缺少的部分，达到全文意思上连贯通畅的目的。第二，结构是否完整。论文要有一个完整的结构——绪论、本论、结论三大部分。一篇论文要有引人入胜的开头，有材料，有分析的论证，有鲜明、正确的观点和深刻有力的结尾；同时还要审视各个部分的主次、详略是否得当。第三，结构是否严密。一篇论文论点与论据、大论点与小论点之间必须有严密的逻辑性。如果论文结构松散，要加以紧缩，删去那些多余的材料，删去添枝加叶、离题太远或无关紧要的句段。为使结构严谨和谐，对全文各部分的过渡和照应、结构的衔接、语气的连贯等方面，也要认真地考虑和修改。

4.语言的修改。论文的语言修改，主要是在三方面下功夫：一是表达清楚而简练，用最少的文字说明尽可能多的问题，这是一篇高质量论文必不可少的条件。为了使文章精练，必须把啰唆、重复的地方，改为精练、简洁的文字。二是文字表达的准确性。为了语言的准确性，就要把似是而非的话，改为准确的文字。三是语言的可读性。为了提高语言的可读性，要把平淡的改为鲜明，把拗口的改为流畅，把刻板的改为生动，把隐晦的改为明快，把含混、笼统的改为清晰、具体。另外，标点符号是文章的构成要素之一，是文章的有机组成部分，用得恰当，能够准确地表达内容，反之，就会影响内容的表达，甚至产生歧义。写毕业论文使用标点符号时，一定要按照最新国家标准的规定执行。

能恰当地表达出作者的论证意图，而且所举证的材料已经过核实是真实可靠的，论证的条理也比较清楚，具备了毕业论文的规模体制，文字表达也基本没有什么错误了，毕业论文的撰写就可以进入定稿阶段。在定稿阶段要完成的工作有引文、注释、参考文献的进一步核实和著录格式的规范化，以及将毕业论文按标准格式打印、装订两项。要再次检查引用是否有误，注释是否清楚规范，参考文献的列举是否确凿、有无遗漏等。在打印、装订问题上，根据不同学校的要求行事即可。

（四）论文的语言要求

毕业论文是学术论文的一种，具有科学的性质。因此，毕业论文的语言应符合准确、思辨、严密的原则；同时，也要在此基础上讲究语言的简洁明快、生动活泼。既不要把一篇毕业论文的语言用得漏洞百出、含糊不清，经不起检验，也不要把毕业论文写得面目可憎、死板呆滞，使读者看起来味同嚼蜡。

1.撰写毕业论文要求语言准确。"准确"是从总体上要求语言讲究科学性和逻辑性，能准确地表达论文的内容和思想感情。论文中用词和造句必须恰如其分地反映事物的本来面貌，并能如实、贴切地表达作者的意图和思想感情。因此，要使语言准确无误，必须做到用词准确、无误，符合事实，造句要合乎语法规则，句子成分要完整，词语要搭配得当，词序要有条理，事理要合乎规则。总之，要表述严谨，注意分寸。

2.毕业论文的语言要有一定的思辨性。思辨性是学术论文语言的突出特点，它是由毕业论文的论题阐发性，即以说理作为自己的宗旨所决定的。毕业论文语言的思辨性特点，要求做到论述切中要害，议理要严密，详略要得当，对比要鲜明，驳异要尖锐。

3.毕业论文语言要简洁明快。论文用语"贵乎精要"，以最简洁的语言表达尽可能丰富的内容，做到"文约而事丰，言简而意赅"。要善于提取最精粹的词语，节约用字，删繁就简。毕业论文在撰写中强调语言要精练，是以能否清楚地表达思想为准。

4.毕业论文语言要生动形象。毕业论文在具备观点正确、鲜明，语言准确、简练的前提下，要力求做到语言生动，让人读起来不枯燥乏味。为使毕业论文语言生动形象，可以使用形象化的语言，用词新颖，选词和造句都要有适当变化，切忌反复使用同一表达方式。另外，适当的修辞手法也是使论文生动活泼的一种重要手段。

四、实训演练

请运用本章提供的方法，完成一篇课程论文或毕业论文。

实训二　科创文书

任务1　科创项目申请选题与技巧

一、场景驱动

本年度"浙江省大学生科技创新活动计划（新苗人才计划）"的申报工作开始启动。该项目针对在校全日制普通高校研究生和本科生及其团队，由浙江省教育厅、浙江省科技厅、共青团浙江省委、浙江省财政厅主办，有以下三种申报类别：①大学生科技创新项目。申请对象为在校本科生及其团队。旨在培育一批大学生创新研究成果。②大学生科技成果推广项目。申报对象为在校本科生、研究生及其团队。旨在培育一批具有一定应用价值和商业潜力的科技成果推广项目。③大学生创新创业孵化项目。申请对象为在校本科生及其团队。旨在搭建大学生创新创业实践的指导、服务、交流平台，为学生创业提供良好的场地环境、创业指导和培训等相关服务，培育和发现优质的科技经济项目和高素质的创新人才。学校要求各学院评审排序后上报申报书书面材料和电子材料，申报人需提交项目正式申报书一式2份及电子稿，项目盲审申报书一式7份及电子稿，要求格式规范。电子稿上交需Word版本和PDF版本各一份。

二、任务解析

这一任务是高校中常见的科创项目的申报，要求根据自身的兴趣、专长与能力选择一类项目，确立选题，拟写申报书，并在获得立项后完成相关的工作。完成此项任务的第一步是选择合适的项目类别、拟定有价值的选题。以下几个问题需要了解清楚：

1. 自己的个性特征和兴趣、专长更适合哪一类项目？
2. 历年的立项率大致是多少？个人申报和团队申报，谁更有优势？
3. 梳理近三年这一科创项目立项情况，了解其关注点及选题偏好。
4. 了解此类科创项目立项与结项的要求、周期、成果级别与形式等。

三、必备知识

（一）大学生科创项目的意义

科创项目，即科研创新项目。大学生科研创新项目，旨在培养与鼓励学生的自主能力、学习能力、创新能力，要求学生关注当下社会，关注时代背景下科学、技术、经济、政治、文化、教育、生态、安全等重大问题。学生从自身出发，结合专业知识，自主开展科学研究、社会调研和创业实践活动，最终形成具有科技创新、实物创新、制度创新含量的科技产品、研究报告、创业报告或实体创业。

从这一点出发，我们可以明白，科创项目的申报算一种广义上的学术实践，但不完全等同于论文写作这样的学术实践。它更强调与现实的紧密联系，看重实际效应，贯穿着"经世致用"的思想。

（二）申报书的作用

项目申报书是申报项目的敲门砖。实际上，申报书从本质而言，是开展研究、实践的一份详细计划。申报者要将这项工作的意义、方法步骤和已具备的条件详细地用文字和图表展示出来，由审核部门评估该计划的价值和可行性，从而决定立项与否。在撰写申报书时，应试着站在审核部门的角度进行换位思考。

三、途径方法

确立选题，是申报项目的第一步，也是非常关键的一步，有时甚至是项目能否申报成功的决定性因素。选题首先应该是与当下科技、经济、政治、文化、生态等重大问题相关联且具有一定社会现实意义的题目，其次还应具有一定的创新性与较大的可行性。具体而言，选题时以下几点值得注意：

1. 选题并非一拍脑袋空想出来的，应在既有知识和经验的积累中产生。如有一定的研究或实践基础，项目的可行性会大幅提升。

2. 关注该项目历年的立项名单，避免"撞车"。

3. 综合考虑项目的规定年限、研究经费，选择大小适中的项目。选题过大，可能无法顺利开展。若不愿放弃选题方向，可选择一个侧面或角度进入。

4. 充分考虑开展选题需使用的方法是否具有可操作性，否则即使获得立项，后期也无法完成相关工作。

某高校 202×年度"新苗计划"立项名单选录
科技创新类

地方生态转移支付政策环保效应和动态激励效应的研究——以浙江省为例
财政支出结构：有形之手如何引导区域创新？
专业邦——基于双规划模式的后向一体化职业拓展平台
基于 BIM 技术的高层建筑火灾消防动态管控系统
基于 GAM 和 SEM 的空气质量健康指数研究——以杭州市样本为例
中国化 ART 和农业保险体系对分散巨灾风险的构想——基于农业互助保险的双规机制
"振"才实"学"，脉动乡村——基于 AISA 模型的乡村振兴战略下大学生就业意愿调查及激励机制构想
电商之道，直播"盈"销——电商直播营销满意度及下单行为影响因素研究
财政民生支出对劳动力流动的门槛效应研究
基于区块链技术的药品安全监管系统研究与开发
E 时代下基于图书馆功能转变的内部装置更新设计
艺享——基于视频识别技术艺术教育分享平台
信为先，利在后——淘宝网商家信誉等级体系建设问题治理及优化研究
闻音成字——基于隐马尔可夫模型与机器深度学习的语音识别算法改进
大规模飓风数据时空动态可视化及灾害建模智能预测分析
浙江中小型民营企业营商环境调查及其评估分析
婴幼儿益智感官培养玩具

续表

外包管家——基于人脸识别的外包管理平台
基于数据挖掘的高校贫困生资助等级智能评定系统的研制与推广
基于 AI 智慧人脸的 Facekey 云门禁系统
好孕营——产后抑郁倾向的关注与防治
资管新规下银行理财产品对浙江省金融稳定的影响
特色小镇建设推动地区经济发展了吗？——基于浙江样本的"反事实"因果检验
"Job Here"——"一带一路"背景下在华留学生求职中介网的构建研究
AJLAW——区块链+仲裁法庭系统后端开发程序
二十一世纪浙江省高校戏曲社团发展状况的调查与研究
当旅游遇上养老——杭州地区旅游养老状况调查

成果推广类

跨界水资源智能调控系统的研究
绿色能源效率的空间集聚及传导机制研究——基于浙江省 11 个地市
城乡融合发展的测度方法与实证研究——以浙江省为例
农村"僵尸"小水利确权与管护模式创新——基于产权制度的理论分析与浙江经验
基于水质改善的自来水价格调整模型与实证研究——以杭州市"引千入杭"为例
浙江省天然气消费市场价格结构与交叉补贴问题研究
浙江省长期护理保险试点政策效果分析及其扩面发展研究
浙江省居民家庭消费决策研究
基于智能推荐算法的教育机构导流空间系统研发与推广

创新创业孵化类

大规模协作环境下众智驱动的数字图书馆知识图谱构建和可信服务社会化推荐研究
盒布环保——购物、快递、外卖包装租赁服务
数据文献数据简化表达与特征增强可视分析
基于数据挖掘的乡村振兴战略下"浙江书法村"的评价体系构建

续表

传统产业与新兴产业企业创新绩效的阶段演化——基于网络关系强度和技术创新模式研究
O2O 互联网招聘 APP "实习帮"的开发与应用——基于多特征融合的企业实习信息语义相似度算法
积极绿色情感对绿色购买行为的研究——情感唤醒度和中庸价值观的调节效应检验
浙江省居民家庭消费决策研究
基于智能推荐算法的教育机构导流空间系统研发与推广

五、实训演练

请根据"场景驱动"中的相关信息，结合你感兴趣的领域与应用场景，拟几个项目选题，并简单介绍项目的研究内容。

任务 2　如何设计一份科创项目申请书

一、任务解析

不同的科创项目，申报书不尽相同。但总体而言，项目申报书常常包括项目的基本信息（项目名称、性质、起始时间、项目简介等），主要申报人（成员）的基本信息及分工、前期成果等，项目的背景、意义，项目的研究目标、主要内容与操作方案，项目的预期成果，项目的财务预算六大部分。其中，尤以项目的研究目标、主要内容与操作方案为最关键的部分。

二、途径和方法

（一）了解申报书的基本样式

一般说来，项目主管部门或主办方会随通知发布统一规范的申报书，申报书通常以表格的形式呈现，前有封面，并有具体的"填写说明"，最后有审核意见栏。

（二）掌握申报书的隐含规则

1.篇幅。申报书中的主要内容，如项目的基本信息，项目的背景、意义，项目的研究方案等，有的申报书会限定字数，有的则不会明确给出要求。若无明确规定，或注明"可加页"，则在版面美观的前提下，将空白处"填满"为宜；如加页，也应填满整页为佳，至多空 1～2 行，不可留过多空白。

2.排版。通常情况，专家审阅申报书工作量较大，时间有限。因此，申报书的排版应美观清晰，使关键信息一目了然，让专家在最短的时间内明白申报人要做的工作和步骤，并注意到申报书中的亮点。在操作层面，可将关键信息、项目重要意义、创新性的方法和丰硕的前期成果等加粗。大段文字表述需有条理性，语言精练，每个自然段不宜过长。必要时可以用图表替代文字。

3.破题和创新点：在项目简介或项目描述中，首先要用约两到三行的篇幅进行破题，即简明扼要地说明该项目为什么要用什么方法做什么事情。对题目进行说明和范围限定。无论表格中是否有"创新性"这一项，都应在申报书中亮明，但不宜生硬刻板，可放在简介、意义或方法中自然地表述。

三、例文解析

基于 AGIL 模型的浙江县级融媒体
中心功能定位研究

一、项目主要内容简介

县级融媒体中心建设是我国的一项国家战略，并已在全国范围内形成试验性的"半结构化"布局。但是，发展过程中，县级融媒体中心的战略功能定位始终存在分歧：一是认为县级融媒体中心应当作为地方融媒体建设的治理主体，二是认为其应当作为以新闻传播为主业的媒体单位，三是认为其可以推动产业化进行盈利。

浙江省位于全国县级融媒体中心建设的最前沿。浙江长兴县融媒体建设的"长兴经验"为当下唯一的国家级案例。浙江省还推出"长兴模式""三门模式""德清模式""青田模式"四种县级融媒体中心模式，供全国参考。今年 10 月 14 日，全国首个县级融媒体中心建设地方标准在浙江省湖州市发布。

本项目试图以浙江省的四种县级融媒体中心建设模式作为研究样本，通过查阅数据文献、实地调研、问卷调查等形式获取相关资料，利用社会学的 AGIL 模型（AGIL analysis scheme）对这四种模式进行功能分析。通过比较四所县级融媒体中心在其所在社会系统中的功能，分类探讨四个样本自身的定位。最终，以所得的分析结论作为依据，利用目标倒推法，倒推出县级融媒体中心可能的功能定位，为浙江今后的县级融媒体中心建设提供参考。

> 项目内容简介建立在对相关事实进行大量调研的基础上，对全省县级融媒体的发展状况、国家地位都进行了清晰定位，显得高屋建瓴，宏阔高深。

二、项目背景、研究现状及意义

（一）项目背景

1. 建设上升至国家战略，已在全国范围内搭建基

> 以国家战略和区域建设为背景，也凸显了项目的重大意义。

本框架

2018年1月全国宣传部长工作会议上，中央宣传部启动全国范围内推进县级融媒体中心建设的相关工作。8月21日，习总书记在全国宣传思想工作会议上提出"要扎实抓好县级融媒体中心建设，更好引导群众、服务群众"[1]，县级融媒体中心建设成为一项国家战略。9月20日，中宣部在浙江省长兴县召开全国县级融媒体中心建设现场推进会，提出"2020年底基本完成全国的全覆盖"[2]，同时将浙江长兴县融媒体建设的"长兴经验"作为国家级案例。11月14日，中央全面深化改革委员会审议通过《关于加强县级融媒体中心建设的意见》。

2019年1月15日，中宣部与国家广电总局联合发布《县级融媒体建设规范》与《省级技术平台规范要求》。至此，作为县域节点的融媒体中心的总体布局基本成型。1月25日，中央政治局第十二次集体学习活动上，习近平总书记对包括县级中心融媒体在内的媒体融合工作提出了新的要求："推动媒体融合向纵深发展，形成全媒体传播体系。"[3]2月25日，中宣部部长黄坤明指出"着力构建从中央到省市县的全媒体传播矩阵"[4]。在新的布局思路中，县级融媒体中心被纳入全媒体传播矩阵的考量，由一个相对独立的县域节点被嵌入全国传播网络当中。（见表1）

项目的选题紧扣国家、时代的前沿命题和发展趋势，显得尤其有切实意义和现实价值。

对于时间性或阶段性比较明显的内容呈现或安排，使用表格最为方便，同时也可使内容更加清晰、直观。

---

[1] 《习近平：举旗帜聚民心育新人兴文化展形象更好完成新形势下宣传思想工作使命任务》，《人民日报》，2018年8月23日。
[2] 《县级融媒体中心建设全面启动》，《浙江日报》，2018年9月22日。
[3] 《推动媒体融合向纵深发展巩固全党全国人民共同思想基础》，《人民日报》2019年1月26日。
[4] 《积极适应全媒体时代发展大势加快推进媒体深度融合》，《人民日报》2019年2月26日。

表1　县级融媒体中心建设大事记①

阶段	时间	事项	关键词
第一阶段	2018年1月3日	2018年全国宣传部长工作会议召开	全面启动
	2018年8月21日	2018年全国宣传思想工作会议召开	国家战略
	2018年9月20日	县级融媒体中心建设现场推进会在长兴召开	时间表/长兴经验
	2018年11月14日	中央全面深化改革委员会第五次会议审议通过《关于加强县级融媒体中心建设的意见》	布局轮廓初现
	2019年1月15日	《县级融媒体中心建设规范》《省级技术规范要求》发布	建设标准/技术规范、参数
第二阶段	2019年1月25日	中央政治局就全媒体时代和媒体融合发展举行第十二次集体学习	向纵深发展
	2019年2月25日	媒体深度融合座谈会召开	全国一盘棋

2. 浙江位于建设前沿阵地，创新推出四大发展模式

2014年起，浙江省委常委会多次专题研究媒体融合工作，省委全面深化改革领导小组将媒体融合发展列入重点突破改革项目，下发《关于推动传统媒体和新兴媒体融合发展的实施意见》。2017年，全面推进县域媒体整合和融媒体中心建设，浙江形成了良好态势。2018年9月20日，中宣部在湖州市长兴县召开县级融媒体中心建设现场推进会，交流各地县级融媒体中心建设的经验，正式提出"长兴经验"，浙江成为县级融媒体建设的前沿阵地。截至2019年4月，浙江省89个县（市、区）中，已有56个挂牌成立融媒体中心，力争今年年底基本实现全省全覆盖。在浙江省的县级融媒体建设过程中，共有四大建设模式在浙江全省内脱颖而出，即利用多元化传播矩阵，年营收超

> 在进行背景研究与探讨时，所选取的案例非常有代表性，且总结和阐述得非常到位，可见对相关发展现状了如指掌。

---
① 中国社会科学院新闻与传播研究所：《新媒体蓝皮书：中国新媒体发展报告 No.10（2019）》，社会科学文献出版社2019年版。

过两亿的长兴模式;将资源、机制、流程彻底融合的三门模式;建立一个"中央厨房",形成多元生成,多平台发布的德清模式;达成首个省县合作的青田模式。这些县级融媒体中心建设的典型,在全国建设框架的基础上大胆创新,赢得丰硕成果。2019年10月14日,全国首个县级融媒体中心建设地方标准在湖州市发布。

(二)研究现状

"媒体融合"成为当下新闻传播领域研究热点。根据知网检索,2014年至今,国内期刊发表的关于"媒体融合"的论文数量不断增长。从2014年的798篇变成2018年的3441篇。而在县级融媒体中心建设的有关研究领域,通过中国知网对"县级融媒体中心建设"进行文件检索,共有230余篇文献,绝大多数都是基于讨论现实问题,介绍成功经验、思考未来路径。这些论文大体从宏观、中观和微观三个层面对县级融媒体建设做了深入分析。

> 研究现状调查得深入、全面,给出数据能够增强说服力。在叙说研究现状时,能将调查的材料有序整理,从宏观、中观、微观三个层面,全面系统地阐述清楚。

1.宏观层面:分析县级融媒体中心建设的顶层设计与战略对策

宋建武、乔羽从县级融媒体中心建设的历史方位出发,阐述县级融媒体中心的功能作用,分析县级融媒体中心建设的关键问题,指出县级融媒体中心建设的路径,着重强调要努力做到依托平台、移动优先、服务为本。[①]谭天指出县级媒体深度融合不是最终目的,转型升级才是根本。[②]朱春阳通过对比大传媒集团"中央厨房"模式提出了县级融媒体中心建设要重视三个维度:经验坐标、发展机遇与路径创新。[③]杨明品从县级融媒体中心建设的几个关键问题入手,指出一定要做好基层媒体巩固扩大基层舆论阵地这项核心业务,做好基层媒体新型服务这篇大文章,其中,体制机制创新是关键,深耕本地化服务是抓手,巩固强化基层

---

① 宋建武、乔羽:《建设县级融媒体中心,打造治国理政新平台》,《新闻战线》,2018年第23期。
② 谭天:《移动社交平台:构建县级融媒体融合新平台》,《中国记者》,2018年第10期。
③ 朱春阳:《县级融媒体中心建设:经验坐标、发展机遇与路径创新》,《新闻界》,2018年第9期。

思想舆论阵地是根本①。

2. 中观层面：探索县级融媒体中心建设的现实困境与发展路径

栾轶玫指出，县级融媒体中心的建设通过吸引基层群众的普遍关注，增强用户黏性，进一步构建县级融媒体的公信力和影响力，在全方位融合中最终实现县域媒体传播力与舆论引导力的提升，进而加强基层媒体的宣传与舆论引导功能。②胡芳认为要践行新时代基层主流媒体建设的使命，必须深刻把握"社会治理思维"，深度理解"数据思维"，积极培养"产品思维"。③

3. 微观层面：分析县级融媒体中心建设经典案例与典型做法

王晓伟以"长兴模式"为例，探讨如何构建县级融媒体、强化平台建设、深化创新广度的问题，分析了成功的经典做法主要是实施移动优先战略，坚持创新技术驱动，加快融媒体人才培养。④沙垚介绍了"玉门经验"，提出了"新闻+政务+应用服务"的融媒体建设思路，认为玉门实施"一中心+四系统+爱玉门APP"云技术构架的融合媒体共享平台项目，一定程度上补齐了长久以来的功能重复、内容同质、力量分散的短板，有效推动全媒体采编和内容生产转型升级。⑤王晖注重顶层设计，创新传播手段，着力打造并建好服务江西全省的"鄱云"融媒体智慧平台，是建设县级融媒体中心可资借鉴的理想路径之一。⑥

（三）项目意义

1. 理论意义：通过科学的研究方法，对县级融媒

---

① 杨明品：《县级融媒体中心建设：要紧紧抓住几个关键问题》，国家广电智库，微信公众号，2018年9月19日。
② 栾轶玫：《信息传播与公众服务：县级融媒体中心建设的"双融合"》，《视听界》，2018年第5期。
③ 胡芳：《媒体融合发展需要把握三种思维》，《光明日报》，2019年1月21日。
④ 王晓伟：《长兴模式：县级融媒体中心的建设探索》，《新闻与写作》，2018年第12月。
⑤ 沙垚：《审时度势谋发展媒体融合纵深行——县级融媒体融合发展与加强基层主流舆论阵地建设论坛会议综述》，《传媒》，2018年12月。
⑥ 王晖：《创新传播手段打造舆论新平台》，《新闻战线》，2018年第5期。

体中心的社会职能进行分类，能够明确定位县级融媒体中心在当下社会中所履行的功能，填补功能主义视角下对县级融媒体中心建设研究的空白。

2. 现实意义：帮助浙江省其他从事县级融媒体中心建设的部门了解省内标杆中心的发展方向，在中国目前还具有试验性的"半结构化"布局中有建设方向的尺度把控。

（四）实施必要性

全国县级融媒体中心建设呈一种"开放而非封闭、渐进探索而非先期规定的'半结构化'的布局"[①]。由于缺乏中央的统一领导规划，地方县级融媒体中心的运行束手束脚。当下，地方多将县级融媒体中心看作是地方治理实践中扮演重要角色的治理主体，但操作时却发现这样的部门难以运转。县级融媒体中心的成员多由地方宣传部门、电视台、报社的相关人员抽调而来，中心运营资金原则上由政府全额拨款，这也就导致许多融媒体平台出现虽然服务类型多元，但填充内容单一；虽然机构集约整合，但人员构成分散；虽然平台范围扩张，但后继运营乏力；虽然县县均有建立，但统筹协调困难。反观上级部门所树立的先进模范典型，似乎无一不在走产业化发展道路。县级融媒体中心究竟该怎么做？因为缺乏指引，当下的县级融媒体中心的建设往往实际并不是单一地扮演地方治理的主体，同时还要作为一个以新闻传播为主业的媒体角色，甚至是商业运营模式中的一分子。机构运行的尺度究竟在哪里？红线又在哪里？这就是中心大多数问题的根源，即功能定位的模糊性。

三、项目研究方案

（一）主要内容

由于浙江省县级融媒体中心在不同地区同时扮演类似于"治理主体"（政府机关）、"媒体单位"（事业单位）与"产业化机构"（公司企业）等多重功能，利用

> 该项目是基础研究，但又具有应用性，故不仅有理论意义，还有现实意义。这些在选题时就应考虑，在申报书中，若是具有应用型的项目，宜更加突出现实意义或实际效益。

> 论证必要性时结合工作中切实存在的困难，如项目能够使其困难得到解决，则实施迫在眉睫，立项水到渠成。

---

① 中国社会科学院新闻与传播研究所：《新媒体蓝皮书：中国新媒体发展报告 No.10(2019)》，社会科学文献出版社 2019 年版。

传统粗略的归类方法很难具体界定各个县级融媒体中心在社会中的功能。我们团队认为以社会学功能主义的视角，利用AGIL模型（AGIL analyiss scheme）能够更好地分析县级融媒体中心的具体社会功能。（见表2）

> 先从理论角度解释方法的可行性，然后结合实际，论证使用该方法的必要性。

表2 社会中的四个基本功能分工

所履行的功能	组织形态	实例
适应（adaptation）	从事经济生产	企业、公司
目标达成 (goal attainment)	从事政治领导活动	政府机构
整合（integration）	调解冲突，促进社会团结	法院以及与法律有关的行业
潜在模式维持 （latency pattern maintenance）	维持基本价值和行为准则	文化、教育、宗教团体

在社会学者帕森斯的理论框架中，任何行动系统都必须满足四个基本功能要求：适应（adaptation，系统适应世界并从外部获取所需资源的手段，主要指经济）、目标达成（goal attainment，社会的生产与领导，主要指政治）、整合（integration，系统维持其稳定，主要指法律及各种社群机制）、潜在模式维持（latency pattern maintenance，社会中的维持，如文化与艺术等，提供社会化的结果，主要是学校等）。

帕森斯认为，以AGIL（整个社会）来看，负责治理的政府位于G，媒体单位位于L。以媒体单位这一系统为例，也分AGIL。如广告部门属于A，高层领导属于G。换而言之，每个系统都可以分为四个格子，而每一个小格又可以继续分为四格，一直下去。然后，每一格之间存在沟通、影响，他称为"普遍交换媒介"。

浙江省县级融媒体中心建设的四大典型模式都有其主要推广的特色项目。在我们团队浏览其宣传页面后发现，这些特色项目正让县级融媒体中心在社会中处于AGIL模型下的不同功能。

我们将从三个维度，即上层政府、县级融媒体中心、基层群众三个部分进行探究；同时，结合团队自主分析，来具体分块判断该种模型下研究对象的自我功能定位，并由功能定位出发倒推目标，为建设中存在的问题出谋划策。

（二）思路方法

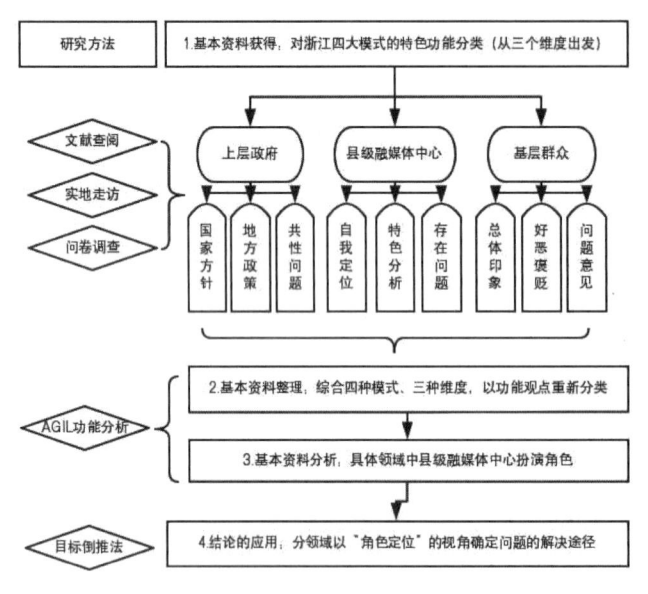

图 1　思路方法与技术路线

> 清晰美观的图表很好地解决了文字表述思路不够简明和占用篇幅的问题。同时，图表更直观、清晰地呈现了逻辑思路，并使行文显得比较活泼。

（三）计划目标

1. 完成研究所需基础资料的收集（从上层政府、县级融媒体中心本身、基层群众三个维度出发）。了解国家、浙江省及各市县的有关政策法规，收集浙江省四大典型县级融媒体中心自身的具体运行模式，明白基层群众对于县级融媒体中心的预期与评价。

2. 完成具体运营模式中各项活动的功能分类。对四大县级融媒体中心建立以来的具体各类举措与活动进行 AGIL 格式分析，明白其在社会中充当着怎样的功能，并绘制图表对其分类进行划定，得出现有的四大模式下，县级融媒体中心扮演着怎样的社会角色。

3. 完成《浙江省县级融媒体中心功能定位研究》学术论文。在完成对县级融媒体中心角色分类的基础

> 目标宜把握"度"，太高太低都不好，应考虑可行性和实施过程中的变数。

上，利用目标倒推法倒推出县级融媒体中心可能的功能定位。探讨在不同功能定位下县级融媒体中心建设该如何解决现存问题，并提出相关优化路径，为浙江省有关方面以后的建设提供参考。

（四）组织实施与进度安排

（1）第一阶段，2020年9月至2020年12月：完成国家、地方的方针政策与法律法规的查阅（目前已基本完成）。项目申报人A同学及项目成员B同学结合法学、政治学专业知识开展本项工作。针对国家与地方试验性的"半结构化"格局，粗略摘选能够体现党和国家意志的相关具体政策与方针，并就《中华人民共和国网络安全法》《电视广播法》等已有法律的有关条款，对县级融媒体中心建设的大方向做一个基本把握。研读国家、省、市的县级融媒体中心建设的有关规定。

> 进度安排越具体越好，更具真实性，也能更好地指导立项后工作的开展。

（2）第二阶段，2021年1月至2021年4月：四大县级融媒体中心所在地调研。负责人A同学及B、C、D三位同学对四大主要县级融媒体中心以及县宣传部门进行实地调研，分别以经济效益、行政管理、社会功能、新闻传播的视角进行材料收集、初步研究与分析。在此期间，关于县域居民对县级融媒体中心的认识进行问卷调查。A同学与C同学负责调查问卷的拟定，最终通过纸质稿与"问卷星"调查平台两者进行发放，团队所有成员共同负责问卷发放与调查。最后的结果由B同学负责梳理，根据预定项汇总成图表。

（3）第三阶段，2021年1月至2021年4月（每次实地调研后）：资料的归类整理与AGIL分析。依据各团队成员的专业划分，A同学先初步将材料进行整理，以表格的形式进行展现。随后，由四位同学进行具体功能的归类与划分。其中，E同学负责适应功能，C同学负责目标达成功能，D同学负责整合功能，B同学负责潜在模式维持功能。最后，再由A同学进行整体复查，并梳理、总结出各项业务的分类表格。

（4）第四阶段：2021年5月至2021年7月：以目

标倒推法对当下县级融媒体中心存在的问题进行分析。对步骤三的分析综合成果，团队成员各进行"县级融媒体中心的角色判断"，对于得到的结果相悖部分再进行讨论，并达成共识。最终的研究报告再由对应专业同学书写、组合。最后的综述性内容由A同学负责。

四、项目研究条件及创新之处

（一）项目实施基础与优势

1.指导老师方面：指导老师A的研究方向为新媒体与公共治理，同时本人在该领域已做出深入研究，包括"当前浙江省社会公众信任指数研究，省委宣传部重大舆情专项""突发群众性事件中地方政府政务微博管理机制研究，国家社科基金青年项目""网络社会背景下地方政府开放式决策研究，教育部人文社科青年项目""利益冲突、沟通梗阻与地方协调机制建设，省社科规划项目"。另外，作为重要参与人指导老师A参与国家社科基金重大攻关项目、教育部哲学社会科学重大攻关项目、国家社科基金项目等国家、省部级项目10多项。指导老师B的研究方向为媒介研究、新媒体对受众影响、城市传播等方面，目前正主持国家社科基金"媒介形态变迁背景下的受众研究"，参与国家社会科学基金课题"文化资源产业化开发路径与机制研究"（第三）以及教育部课题"新媒介环境下的消费主义与城市新生代社群社会适应性研究"（第二），主持完成浙江省哲学社会科学规划后期资助项目和浙江省社会科学重点研究基地课题，参与教育部课题"沉迷与抵抗——新媒体环境下'迷'与'反迷'的文化生产力研究"（第二）（已结题），近年在《社会科学战线》《电影文学》《青年记者》等CSSCI期刊发表论文10篇。两位指导老师都具有丰富的有关项目经验。

2.团队成员方面：项目申报人A同学暑假期间有在市级宣传部门实习的经历，了解政府内部县级融媒体中心建设现状。B同学曾获得第四届"互联网+"创新创业大赛浙江省铜奖，具有推进项目的有关经验。此外，六位项目成员来自学校的五个不同专业，成员的

> 项目研究条件不仅包括申报人自身，还应有参与者的能力与已完成的基础工作。必要时，项目实施的物质条件、政策支持、地域便利等也可作为实施基础与优势。

专业选择对应 AGIL 模型中的四种功能，同时注重法学、行政管理与新闻传播在团队中的权重。一来，县级融媒体中心建设是国家的重大战略，需要有一定的政治觉悟与敏感度；二来，融媒体中心的媒体单位身份也能在调研中得到重视与表现。

（二）项目风险

1.实地调研时间存在冲突。团队成员大多为大二学生，下半学期课业压力繁重，可能难以找到统一的工作日时间到实地进行调研，导致原本各自负责的任务难以完成。团队将确保去往每一个地方有三人及以上的人数，让在调研过程中获取的信息尽可能具有全面性和客观性。

2.基层群众调查问卷的含金量不高。县级融媒体中心建设本身虽属于国家战略，但距离群众的生活距离较远，群众对于县级融媒体中心建设的情况可能不甚了解。鉴于团队中有成员属于实地考察目的地的本地人，家中亲属或在行政机关、事业单位内部工作，团队可能会考虑以匿名填写调查问卷的形式，让知晓国家政策方针的人员以个人的立场出发填写调查问卷，了解这部分群众对于本地县级融媒体中心的设想与评价。

（三）项目创新点

1.从功能主义视角探讨融媒体中心建设，采用 AGIL 分析方法。区别于传统采用"政府机关、事业单位、企业公司等"模糊的分类方法，而是利用社会学功能主义的模型，确保县级融媒体中心的每一种项目都能明确区分承担某项具体的社会角色。区别于以往粗略地对县级融媒体中心的社会职能进行梳理，本方法具有科学性。

2.非预先给予融媒体中心功能定位，采用目标倒推法。区别于传统在理论上先给县级融媒体中心预设功能定位。而是基于现有的典型案例，倒推出当下县级融媒体中心应当充当的功能定位，思路具有开拓性。两种方法相结合，既避免了太过保守、故步自封，又

> 项目风险宜中肯、客观，但风险不宜过大，影响项目的最终成果。其实，若该项目存在过大风险，选题时就应放弃。

> 项目两大创新点主要从方法方面进行定位，无论是总体方法还是目标路径的反向倒推，都体现出其创新性。

防止过于激进、忘记自身的功能定位。

五、项目预期成果

（一）项目的预期成果及知识产权归属情况

1. 本项目理论成果发表于国家二级以上核心刊物一篇以上。

2. 本项目的知识产权归属于项目下发单位浙江省大学生科技创新活动计划暨新苗人才计划实施办公室、依托单位浙江××大学及项目研究团队所有。

> 成果与"价值"相对应。常有理论和社会现实两方面，这是规范的写法，但要注意与项目本身进行针对性结合。

（二）项目预期社会效益

县级融媒体中心建设作为一个国家战略，是我国推动媒体融合的一项重要举措。本项目对浙江省现有的县级融媒体中心四大运行模式进行社会功能分析，对于研究对象而言，有助于其了解自身在社会中所充当的功能地位。对于其他县级融媒体中心而言，有助于其在自身县级融媒体中心建设过程中，了解自身品牌建设的基本定位。从全省范围内，为统筹规划县级融媒体中心建设，实现各层次联动提供参考。

五、实训演练

以学校每年发布的各类学科竞赛或创新创业竞赛项目为对象，选择一项符合个人情况的科创项目，从现实需要与选题价值出发，在进行充分设计、论证的基础上，写一份科创申报书。

附录一

党政机关公文处理工作条例

（中共中央办公厅 国务院办公厅　中办发〔2012〕14号　2012年4月16日）

第一章　总则

第一条　为了适应中国共产党机关和国家行政机关（以下简称党政机关）工作需要，推进党政机关公文处理工作科学化、制度化、规范化，制定本条例。

第二条　本条例适用于各级党政机关公文处理工作。

第三条　党政机关公文是党政机关实施领导、履行职能、处理公务的具有特定效力和规范体式的文书，是传达贯彻党和国家的方针政策，公布法规和规章，指导、布置和商洽工作，请示和答复问题，报告、通报和交流情况等的重要工具。

第四条　公文处理工作是指公文拟制、办理、管理等一系列相互关联、衔接有序的工作。

第五条　公文处理工作应当坚持实事求是、准确规范、精简高效、安全保密的原则。

第六条　各级党政机关应当高度重视公文处理工作，加强组织领导，强化队伍建设，设立文秘部门或者由专人负责公文处理工作。

第七条　各级党政机关办公厅（室）主管本机关的公文处理工作，并对下级机关的公文处理工作进行业务指导和督促检查。

第二章　公文种类

第八条　公文种类主要有：

（一）决议。适用于会议讨论通过的重大决策事项。

（二）决定。适用于对重要事项作出决策和部署、奖惩有关单位和人员、变更或者撤销下级机关不适当的决定事项。

（三）命令（令）。适用于公布行政法规和规章、宣布施行重大强制性措施、批准授予和晋升衔级、嘉奖有关单位和人员。

（四）公报。适用于公布重要决定或者重大事项。

（五）公告。适用于向国内外宣布重要事项或者法定事项。

（六）通告。适用于在一定范围内公布应当遵守或者周知的事项。

（七）意见。适用于对重要问题提出见解和处理办法。

（八）通知。适用于发布、传达要求下级机关执行和有关单位周知或者执行的事项，批转、转发公文。

（九）通报。适用于表彰先进、批评错误、传达重要精神和告知重要情况。

（十）报告。适用于向上级机关汇报工作、反映情况，回复上级机关的询问。

（十一）请示。适用于向上级机关请求指示、批准。

（十二）批复。适用于答复下级机关请示事项。

（十三）议案。适用于各级人民政府按照法律程序向同级人民代表大会或者人民代表大会常务委员会提请审议事项。

（十四）函。适用于不相隶属机关之间商洽工作、询问和答复问题、请求批准和答复审批事项。

（十五）纪要。适用于记载会议主要情况和议定事项。

第三章　公文格式

第九条　公文一般由份号、密级和保密期限、紧急程度、发文机关标志、发文字号、签发人、标题、主送机关、正文、附件说明、发文机关署名、成文日期、印章、附注、附件、抄送机关、印发机关和印发日期、页码等组成。

（一）份号。公文印制份数的顺序号。涉密公文应当标注份号。

（二）密级和保密期限。公文的秘密等级和保密的期限。涉密公文应当根据涉密程度分别标注"绝密""机密""秘密"和保密期限。

（三）紧急程度。公文送达和办理的时限要求。根据紧急程度，紧急公文应当分别标注"特急""加急"，电报应当分别标注"特提""特急""加急""平急"。

（四）发文机关标志。由发文机关全称或者规范化简称加"文件"二字组成，也可以使用发文机关全称或者规范化简称。联合行文时，发文机关标志可以并用联合发文机关名称，也可以单独用主办机关名称。

（五）发文字号。由发文机关代字、年份、发文顺序号组成。联合行文时，使用主办机关的发文字号。

（六）签发人。上行文应当标注签发人姓名。

（七）标题。由发文机关名称、事由和文种组成。

（八）主送机关。公文的主要受理机关，应当使用机关全称、规范化简称或者同类型机关统称。

（九）正文。公文的主体，用来表述公文的内容。

（十）附件说明。公文附件的顺序号和名称。

（十一）发文机关署名。署发文机关全称或者规范化简称。

（十二）成文日期。署会议通过或者发文机关负责人签发的日期。联合行文时，署最后签发机关负责人签发的日期。

（十三）印章。公文中有发文机关署名的，应当加盖发文机关印章，并与署名机关相符。有特定发文机关标志的普发性公文和电报可以不加盖印章。

（十四）附注。公文印发传达范围等需要说明的事项。

（十五）附件。公文正文的说明、补充或者参考资料。

（十六）抄送机关。除主送机关外需要执行或者知晓公文内容的其他机关，应当使用机关全称、规范化简称或者同类型机关统称。

（十七）印发机关和印发日期。公文的送印机关和送印日期。

（十八）页码。公文页数顺序号。

第十条 公文的版式按照《党政机关公文格式》国家标准执行。

第十一条 公文使用的汉字、数字、外文字符、计量单位和标点符号等，按照有关国家标准和规定执行。民族自治地方的公文，可以并用汉字和当地通用的少数民族文字。

第十二条 公文用纸幅面采用国际标准A4型。特殊形式的公文用纸幅面，根据实际需要确定。

第四章　行文规则

第十三条 行文应当确有必要，讲求实效，注重针对性和可操作性。

第十四条 行文关系根据隶属关系和职权范围确定。一般不得越级行文，特殊情况需要越级行文的，应当同时抄送被越过的机关。

第十五条 向上级机关行文，应当遵循以下规则：

（一）原则上主送一个上级机关，根据需要同时抄送相关上级机关和同级机关，不抄送下级机关。

（二）党委、政府的部门向上级主管部门请示、报告重大事项，应当经本级党委、政府同意或者授权；属于部门职权范围内的事项应当直接报送上级主管部门。

（三）下级机关的请示事项，如需以本机关名义向上级机关请示，应当提出倾向性意见后上报，不得原文转报上级机关。

（四）请示应当一文一事。不得在报告等非请示性公文中夹带请示事项。

（五）除上级机关负责人直接交办事项外，不得以本机关名义向上级机关负责人报送公文，不得以本机关负责人名义向上级机关报送公文。

（六）受双重领导的机关向一个上级机关行文，必要时抄送另一个上级机关。

第十六条 向下级机关行文，应当遵循以下规则：

（一）主送受理机关，根据需要抄送相关机关。重要行文应当同时抄送发文机关的直接上级机关。

（二）党委、政府的办公厅（室）根据本级党委、政府授权，可以向下级党委、政府行文，其他部门和单位不得向下级党委、政府发布指令性公文或者在公文中向下级党委、政府提出指令性要求。需经政府审批的具体事项，经政府同意后可以由政府职能部门行文，文中须注明已经政府同意。

（三）党委、政府的部门在各自职权范围内可以向下级党委、政府的相关部门行文。

（四）涉及多个部门职权范围内的事务，部门之间未协商一致的，不得向下行文；擅自行文的，上级机关应当责令其纠正或者撤销。

（五）上级机关向受双重领导的下级机关行文，必要时抄送该下级机关的另一个上级机关。

第十七条 同级党政机关、党政机关与其他同级机关必要时可以联合行文。属于党委、政府各自职权范围内的工作，不得联合行文。

党委、政府的部门依据职权可以相互行文。

部门内设机构除办公厅（室）外不得对外正式行文。

第五章 公文拟制

第十八条 公文拟制包括公文的起草、审核、签发等程序。

第十九条 公文起草应当做到：

（一）符合党的理论路线方针政策和国家法律法规，完整准确体现发文机关意图，并同现行有关公文相衔接。

（二）一切从实际出发，分析问题实事求是，所提政策措施和办法切实可行。

（三）内容简洁，主题突出，观点鲜明，结构严谨，表述准确，文字精练。

（四）文种正确，格式规范。

（五）深入调查研究，充分进行论证，广泛听取意见。

（六）公文涉及其他地区或者部门职权范围内的事项，起草单位必须征求相关地区或者部门意见，力求达成一致。

（七）机关负责人应当主持、指导重要公文起草工作。

第二十条 公文文稿签发前，应当由发文机关办公厅（室）进行审核。审核的重点是：

（一）行文理由是否充分，行文依据是否准确。

（二）内容是否符合党的理论路线方针政策和国家法律法规；是否完整准确体现发文机关意图；是否同现行有关公文相衔接；所提政策措施和办法是否切实可行。

（三）涉及有关地区或者部门职权范围内的事项是否经过充分协商并达成一致意见。

（四）文种是否正确，格式是否规范；人名、地名、时间、数字、段落顺序、引文等是否准确；文字、数字、计量单位和标点符号等用法是否规范。

（五）其他内容是否符合公文起草的有关要求。

需要发文机关审议的重要公文文稿，审议前由发文机关办公厅（室）进行初核。

第二十一条　经审核不宜发文的公文文稿，应当退回起草单位并说明理由；符合发文条件但内容需作进一步研究和修改的，由起草单位修改后重新报送。

第二十二条　公文应当经本机关负责人审批签发。重要公文和上行文由机关主要负责人签发。党委、政府的办公厅（室）根据党委、政府授权制发的公文，由受权机关主要负责人签发或者按照有关规定签发。签发人签发公文，应当签署意见、姓名和完整日期；圈阅或者签名的，视为同意。联合发文由所有联署机关的负责人会签。

第六章　公文办理

第二十三条　公文办理包括收文办理、发文办理和整理归档。

第二十四条　收文办理主要程序是：

（一）签收。对收到的公文应当逐件清点，核对无误后签字或者盖章，并注明签收时间。

（二）登记。对公文的主要信息和办理情况应当详细记载。

（三）初审。对收到的公文应当进行初审。初审的重点是：是否应当由本机关办理，是否符合行文规则，文种、格式是否符合要求，涉及其他地区或者部门职权范围内的事项是否已经协商、会签，是否符合公文起草的其他要求。经初审不符合规定的公文，应当及时退回来文单位并说明理由。

（四）承办。阅知性公文应当根据公文内容、要求和工作需要确定范围后分送。批办性公文应当提出拟办意见报本机关负责人批示或者转有关部门办理；需要两个以上部门办理的，应当明确主办部门。紧急公文应当明确办理时限。承办部门对交办的公文应当及时办理，有明确办理时限要求的应当在规定时限内办理完毕。

（五）传阅。根据领导批示和工作需要将公文及时送传阅对象阅知或者批示。办理公文传阅应当随时掌握公文去向，不得漏传、误传、延误。

（六）催办。及时了解掌握公文的办理进展情况，督促承办部门按期办结。紧急公文或者重要公文应当由专人负责催办。

（七）答复。公文的办理结果应当及时答复来文单位，并根据需要告知相关单位。

第二十五条　发文办理主要程序是：

（一）复核。已经发文机关负责人签批的公文，印发前应当对公文的审批手续、内容、文种、格式等进行复核；需作实质性修改的，应当报原签批人复审。

（二）登记。对复核后的公文，应当确定发文字号、分送范围和印制份数并详细记载。

（三）印制。公文印制必须确保质量和时效。涉密公文应当在符合保密要求的场所印制。

（四）核发。公文印制完毕，应当对公文的文字、格式和印刷质量进行检查后分发。

第二十六条　涉密公文应当通过机要交通、邮政机要通信、城市机要文件交换站或者收发件机关机要收发人员进行传递，通过密码电报或者符合国家保密规定的计算机信息系统进行传输。

第二十七条　需要归档的公文及有关材料，应当根据有关档案法律法规以及机关档案管理规定，及时收集齐全、整理归档。两个以上机关联合办理的公文，原件由主办机关归档，相关机关保存复制件。机关负责人兼任其他机关职务的，在履行所兼职务过程中形成的公文，由其兼职机关归档。

第七章　公文管理

第二十八条　各级党政机关应当建立健全本机关公文管理制度，确保管理严格规范，充分发挥公文效用。

第二十九条　党政机关公文由文秘部门或者专人统一管理。设立党委（党组）的县级以上单位应当建立机要保密室和机要阅文室，并按照有关保密规定配备工作人员和必要的安全保密设施设备。

第三十条　公文确定密级前，应当按照拟定的密级先行采取保密措施。确定密级后，应当按照所定密级严格管理。绝密级公文应当由专人管理。

公文的密级需要变更或者解除的，由原确定密级的机关或者其上级机关决定。

第三十一条　公文的印发传达范围应当按照发文机关的要求执行；需要变更的，应当经发文机关批准。

涉密公文公开发布前应当履行解密程序。公开发布的时间、形式和渠道，由发文机关确定。

经批准公开发布的公文，同发文机关正式印发的公文具有同等效力。

第三十二条　复制、汇编机密级、秘密级公文，应当符合有关规定并经本机关负责人批准。绝密级公文一般不得复制、汇编，确有工作需要的，应当经发文机关或者其上级机关批准。复制、汇编的公文视同原件管理。

复制件应当加盖复制机关戳记。翻印件应当注明翻印的机关名称、日期。汇编本的密级按照编入公文的最高密级标注。

第三十三条　公文的撤销和废止，由发文机关、上级机关或者权力机关根据职权范围和有关法律法规决定。公文被撤销的，视为自始无效；公文被废止的，视为自废止之日起失效。

第三十四条　涉密公文应当按照发文机关的要求和有关规定进行清退或者销毁。

第三十五条 不具备归档和保存价值的公文，经批准后可以销毁。销毁涉密公文必须严格按照有关规定履行审批登记手续，确保不丢失、不漏销。个人不得私自销毁、留存涉密公文。

第三十六条 机关合并时，全部公文应当随之合并管理；机关撤销时，需要归档的公文经整理后按照有关规定移交档案管理部门。

工作人员离岗离职时，所在机关应当督促其将暂存、借用的公文按照有关规定移交、清退。

第三十七条 新设立的机关应当向本级党委、政府的办公厅（室）提出发文立户申请。经审查符合条件的，列为发文单位，机关合并或者撤销时，相应进行调整。

第八章 附则

第三十八条 党政机关公文含电子公文。电子公文处理工作的具体办法另行制定。

第三十九条 法规、规章方面的公文，依照有关规定处理。外事方面的公文，依照外事主管部门的有关规定处理。

第四十条 其他机关和单位的公文处理工作，可以参照本条例执行。

第四十一条 本条例由中共中央办公厅、国务院办公厅负责解释。

第四十二条 本条例自 2012 年 7 月 1 日起施行。1996 年 5 月 3 日中共中央办公厅发布的《中国共产党机关公文处理条例》和 2000 年 8 月 24 日国务院发布的《国家行政机关公文处理办法》停止执行。

附录二

党政机关公文格式

（GB/T 9704-2012）

目次

前言

1 范围

2 规范性引用文件

3 术语和定义

4 公文用纸主要技术指标

5 公文用纸幅面尺寸及版面要求

5.1 幅面尺寸

5.2 版面

5.2.1 页边与版心尺寸

5.2.2 字体和字号

5.2.3 行数和字数

5.2.4 文字的颜色

6 印制装订要求

6.1 制版要求

6.2 印刷要求

6.3 装订要求

7 公文格式各要素编排规则

7.1 公文格式各要素的划分

7.2 版头

7.2.1 份号

7.2.2 密级和保密期限

7.2.3 紧急程度

7.2.4 发文机关标志

7.2.5 发文字号

7.2.6 签发人

7.2.7 版头中的分隔线

7.3 主体

7.3.1 标题

7.3.2 主送机关

7.3.3 正文

7.3.4 附件说明

7.3.5 发文机关署名、成文日期和印章

7.3.5.1 加盖印章的公文

7.3.5.2 不加盖印章的公文

7.3.5.3 加盖签发人签名章的公文

7.3.5.4 成文日期中的数字

7.3.5.5 特殊情况说明

7.3.6 附注

7.3.7 附件

7.4 版记

7.4.1 版记中的分隔线

7.4.2 抄送机关

7.4.3 印发机关和印发日期

7.5 页码

8 公文中的横排表格

9 公文中计量单位、标点符号和数字的用法

10 公文的特定格式

10.1 信函格式

10.2 命令（令）格式

10.3 纪要格式

11 式样

前　言

本标准按照GB/T 1.1—2009给出的规则起草。

本标准根据中共中央办公厅、国务院办公厅印发的《党政机关公文处理工作条例》的有关规定对GB/T 9704—1999《国家行政机关公文格式》进行修订。本标准相对GB/T 9704—1999主要作如下修订：

a）标准名称改为《党政机关公文格式》，标准英文名称也作相应修改；

b）适用范围扩展到各级党政机关制发的公文；

c）对标准结构进行适当调整；

d）对公文装订要求进行适当调整；

e）增加发文机关署名和页码两个公文格式要素，删除主题词格式要素，并对公文格式各要素的编排进行较大调整；

f）进一步细化特定格式公文的编排要求；

g）新增联合行文公文首页版式、信函格式首页、命令（令）格式首页版式等式样。

本标准中公文用语与《党政机关公文处理工作条例》中的用语一致。

本标准为第二次修订。

本标准由中共中央办公厅和国务院办公厅提出。

本标准由中国标准化研究院归口。

本标准起草单位：中国标准化研究院、中共中央办公厅秘书局、国务院办公厅秘书局、中国标准出版社。

本标准主要起草人：房庆、杨雯、郭道锋、孙维、马慧、张书杰、徐成华、范一乔、李玲。

本标准代替了 GB/T 9704—1999。

GB/T 9704—1999 的历次版本发布情况为：

——GB/T 9704—1988。

1　范围

本标准规定了党政机关公文通用的纸张要求、排版和印制装订要求、公文格式各要素的编排规则，并给出了公文的式样。

本标准适用于各级党政机关制发的公文。其他机关和单位的公文可以参照执行。

使用少数民族文字印制的公文，其用纸、幅面尺寸及版面、印制等要求按照本标准执行，其余可以参照本标准并按照有关规定执行。

2　规范性引用文件

下列文件对于本标准的应用是必不可少的。凡是注日期的引用文件，仅所注日期的版本适用于本标准。凡是不注日期的引用文件，其最新版本（包括所有的修改单）适用于本标准。

GB/T 148　印刷、书写和绘图纸幅面尺寸

GB 3100　国际单位制及其应用

GB 3101　有关量、单位和符号的一般原则

GB 3102（所有部分）量和单位

GB/T 15834　标点符号用法

GB/T 15835　出版物上数字用法

3 术语和定义

下列术语和定义适用于本标准。

3.1

字 word

标示公文中横向距离的长度单位。在本标准中,一字指一个汉字宽度的距离。

3.2

行 line

标示公文中纵向距离的长度单位。在本标准中,一行指一个汉字的高度加 3 号汉字高度的 7/8 的距离。

4 公文用纸主要技术指标

公文用纸一般使用纸张定量为 60 g/m² ~ 80 g/m² 的胶版印刷纸或复印纸。纸张白度 80% ~ 90%,横向耐折度 ≥ 15 次,不透明度 ≥ 85%,pH 值为 7.5 ~ 9.5。

5 公文用纸幅面尺寸及版面要求

5.1 幅面尺寸

公文用纸采用 GB/T 148 中规定的 A4 型纸,其成品幅面尺寸为:210 mm × 297 mm。

5.2 版面

5.2.1 页边与版心尺寸

公文用纸天头(上白边)为 37 mm ± 1 mm,公文用纸订口(左白边)为 28mm ± 1mm,版心尺寸为 156 mm × 225 mm。

5.2.2 字体和字号

如无特殊说明,公文格式各要素一般用 3 号仿宋体字。特定情况可以作适当调整。

5.2.3 行数和字数

一般每面排 22 行,每行排 28 个字,并撑满版心。特定情况可以作适当调整。

5.2.4 文字的颜色

如无特殊说明,公文中文字的颜色均为黑色。

6 印制装订要求

6.1 制版要求

版面干净无底灰,字迹清楚无断划,尺寸标准,版心不斜,误差不超过 1 mm。

6.2 印刷要求

双面印刷;页码套正,两面误差不超过 2 mm。黑色油墨应当达到色谱所标 BL100%,红色油墨应当达到色谱所标 Y80%、M80%。印品着墨实、均匀;字面不花、不白、无断划。

6.3 装订要求

公文应当左侧装订,不掉页,两页页码之间误差不超过 4 mm,裁切后的成品尺寸允许误差±2mm，四角成90°，无毛茬或缺损。

骑马订或平订的公文应当：

a）订位为两钉外订眼距版面上下边缘各70 mm处，允许误差±4mm；

b）无坏钉、漏钉、重钉，钉脚平伏牢固；

c）骑马订钉锯均订在折缝线上，平订钉锯与书脊间的距离为3mm～5mm。

包本装订公文的封皮（封面、书脊、封底）与书芯应吻合、包紧、包平、不脱落。

7 公文格式各要素编排规则

7.1 公文格式各要素的划分

本标准将版心内的公文格式各要素划分为版头、主体、版记三部分。公文首页红色分隔线以上的部分称为版头；公文首页红色分隔线（不含）以下、公文末页首条分隔线（不含）以上的部分称为主体；公文末页首条分隔线以下、末条分隔线以上的部分称为版记。

页码位于版心外。

7.2 版头

7.2.1 份号

如需标注份号，一般用6位3号阿拉伯数字，顶格编排在版心左上角第一行。

7.2.2 密级和保密期限

如需标注密级和保密期限，一般用3号黑体字，顶格编排在版心左上角第二行；保密期限中的数字用阿拉伯数字标注。

7.2.3 紧急程度

如需标注紧急程度，一般用3号黑体字，顶格编排在版心左上角；如需同时标注份号、密级和保密期限、紧急程度，按照份号、密级和保密期限、紧急程度的顺序自上而下分行排列。

7.2.4 发文机关标志

由发文机关全称或者规范化简称加"文件"二字组成，也可以使用发文机关全称或者规范化简称。

发文机关标志居中排布，上边缘至版心上边缘为35mm，推荐使用小标宋体字，颜色为红色，以醒目、美观、庄重为原则。

联合行文时，如需同时标注联署发文机关名称，一般应当将主办机关名称排列在前；如有"文件"二字，应当置于发文机关名称右侧，以联署发文机关名称为准上下居中排布。

7.2.5 发文字号

编排在发文机关标志下空二行位置，居中排布。年份、发文顺序号用阿拉伯数字标注；年份应标全称，用六角括号"〔 〕"括入；发文顺序号不加"第"字，不编虚位（即1

不编为01），在阿拉伯数字后加"号"字。

上行文的发文字号居左空一字编排，与最后一个签发人姓名处在同一行。

7.2.6 签发人

由"签发人"三字加全角冒号和签发人姓名组成，居右空一字，编排在发文机关标志下空二行位置。"签发人"三字用3号仿宋体字，签发人姓名用3号楷体字。

如有多个签发人，签发人姓名按照发文机关的排列顺序从左到右、自上而下依次均匀编排，一般每行排两个姓名，回行时与上一行第一个签发人姓名对齐。

7.2.7 版头中的分隔线

发文字号之下4 mm处居中印一条与版心等宽的红色分隔线。

7.3 主体

7.3.1 标题

一般用2号小标宋体字，编排于红色分隔线下空二行位置，分一行或多行居中排布；回行时，要做到词意完整，排列对称，长短适宜，间距恰当，标题排列应当使用梯形或菱形。

7.3.2 主送机关

编排于标题下空一行位置，居左顶格，回行时仍顶格，最后一个机关名称后标全角冒号。如主送机关名称过多导致公文首页不能显示正文时，应当将主送机关名称移至版记，标注方法见7.4.2。

7.3.3 正文

公文首页必须显示正文。一般用3号仿宋体字，编排于主送机关名称下一行，每个自然段左空二字，回行顶格。文中结构层次序数依次可以用"一、""（一）""1.""（1）"标注；一般第一层用黑体字、第二层用楷体字、第三层和第四层用仿宋体字标注。

7.3.4 附件说明

如有附件，在正文下空一行左空二字编排"附件"二字，后标全角冒号和附件名称。如有多个附件，使用阿拉伯数字标注附件顺序号（如"附件：1.××××××"）；附件名称后不加标点符号。附件名称较长需回行时，应当与上一行附件名称的首字对齐。

7.3.5 发文机关署名、成文日期和印章

7.3.5.1 加盖印章的公文

成文日期一般右空四字编排，印章用红色，不得出现空白印章。

单一机关行文时，一般在成文日期之上、以成文日期为准居中编排发文机关署名，印章端正、居中下压发文机关署名和成文日期，使发文机关署名和成文日期居印章中心偏下位置，印章顶端应当上距正文（或附件说明）一行之内。

联合行文时，一般将各发文机关署名按照发文机关顺序整齐排列在相应位置，并将印章一一对应、端正、居中下压发文机关署名，最后一个印章端正、居中下压发文机关

署名和成文日期，印章之间排列整齐、互不相交或相切，每排印章两端不得超出版心，首排印章顶端应当上距正文（或附件说明）一行之内。

7.3.5.2 不加盖印章的公文

单一机关行文时，在正文（或附件说明）下空一行右空二字编排发文机关署名，在发文机关署名下一行编排成文日期，首字比发文机关署名首字右移二字，如成文日期长于发文机关署名，应当使成文日期右空二字编排，并相应增加发文机关署名右空字数。

联合行文时，应当先编排主办机关署名，其余发文机关署名依次向下编排。

7.3.5.3 加盖签发人签名章的公文

单一机关制发的公文加盖签发人签名章时，在正文（或附件说明）下空二行右空四字加盖签发人签名章，签名章左空二字标注签发人职务，以签名章为准上下居中排布。在签发人签名章下空一行右空四字编排成文日期。

联合行文时，应当先编排主办机关签发人职务、签名章，其余机关签发人职务、签名章依次向下编排，与主办机关签发人职务、签名章上下对齐；每行只编排一个机关的签发人职务、签名章；签发人职务应当标注全称。

签名章一般用红色。

7.3.5.4 成文日期中的数字

用阿拉伯数字将年、月、日标全，年份应标全称，月、日不编虚位（即1不编为01）。

7.3.5.5 特殊情况说明

当公文排版后所剩空白处不能容下印章或签发人签名章、成文日期时，可以采取调整行距、字距的措施解决。

7.3.6 附注

如有附注，居左空二字加圆括号编排在成文日期下一行。

7.3.7 附件

附件应当另面编排，并在版记之前，与公文正文一起装订。"附件"二字及附件顺序号用3号黑体字顶格编排在版心左上角第一行。附件标题居中编排在版心第三行。附件顺序号和附件标题应当与附件说明的表述一致。附件格式要求同正文。

如附件与正文不能一起装订，应当在附件左上角第一行顶格编排公文的发文字号并在其后标注"附件"二字及附件顺序号。

7.4 版记

7.4.1 版记中的分隔线

版记中的分隔线与版心等宽，首条分隔线和末条分隔线用粗线（推荐高度为0.35 mm），中间的分隔线用细线（推荐高度为0.25 mm）。首条分隔线位于版记中第一个要素之上，末条分隔线与公文最后一面的版心下边缘重合。

7.4.2 抄送机关

如有抄送机关，一般用4号仿宋体字，在印发机关和印发日期之上一行、左右各空一字编排。"抄送"二字后加全角冒号和抄送机关名称，回行时与冒号后的首字对齐，最后一个抄送机关名称后标句号。

如需把主送机关移至版记，除将"抄送"二字改为"主送"外，编排方法同抄送机关。既有主送机关又有抄送机关时，应当将主送机关置于抄送机关之上一行，之间不加分隔线。

7.4.3 印发机关和印发日期

印发机关和印发日期一般用4号仿宋体字，编排在末条分隔线之上，印发机关左空一字，印发日期右空一字，用阿拉伯数字将年、月、日标全，年份应标全称，月、日不编虚位（即1不编为01），后加"印发"二字。

版记中如有其他要素，应当将其与印发机关和印发日期用一条细分隔线隔开。

7.5 页码

一般用4号半角宋体阿拉伯数字，编排在公文版心下边缘之下，数字左右各放一条一字线；一字线上距版心下边缘7 mm。单页码居右空一字，双页码居左空一字。公文的版记页前有空白页的，空白页和版记页均不编排页码。公文的附件与正文一起装订时，页码应当连续编排。

8 公文中的横排表格

A4纸型的表格横排时，页码位置与公文其他页码保持一致，单页码表头在订口一边，双页码表头在切口一边。

9 公文中计量单位、标点符号和数字的用法

公文中计量单位的用法应当符合GB 3100、GB 3101和GB 3102（所有部分），标点符号的用法应当符合GB/T 15834，数字用法应当符合GB/T 15835。

10 公文的特定格式

10.1 信函格式

发文机关标志使用发文机关全称或者规范化简称，居中排布，上边缘至上页边为30mm，推荐使用红色小标宋体字。联合行文时，使用主办机关标志。

发文机关标志下4 mm处印一条红色双线（上粗下细），距下页边20 mm处印一条红色双线（上细下粗），线长均为170 mm，居中排布。

如需标注份号、密级和保密期限、紧急程度，应当顶格居版心左边缘编排在第一条红色双线下，按照份号、密级和保密期限、紧急程度的顺序自上而下分行排列，第一个要素与该线的距离为3号汉字高度的7/8。

发文字号顶格居版心右边缘编排在第一条红色双线下，与该线的距离为3号汉字高

度的 7/8。

标题居中编排，与其上最后一个要素相距二行。

第二条红色双线上一行如有文字，与该线的距离为 3 号汉字高度的 7/8。

首页不显示页码。

版记不加印发机关和印发日期、分隔线，位于公文最后一面版心内最下方。

10.2 命令（令）格式

发文机关标志由发文机关全称加"命令"或"令"字组成，居中排布，上边缘至版心上边缘为 20 mm，推荐使用红色小标宋体字。

发文机关标志下空二行居中编排令号，令号下空二行编排正文。

签发人职务、签名章和成文日期的编排见 7.3.5.3。

10.3 纪要格式

纪要标志由"×××××纪要"组成，居中排布，上边缘至版心上边缘为 35 mm，推荐使用红色小标宋体字。

标注出席人员名单，一般用 3 号黑体字，在正文或附件说明下空一行左空二字编排"出席"二字，后标全角冒号，冒号后用 3 号仿宋体字标注出席人单位、姓名，回行时与冒号后的首字对齐。

标注请假和列席人员名单，除依次另起一行并将"出席"二字改为"请假"或"列席"外，编排方法同出席人员名单。

纪要格式可以根据实际制定。

11　式样

A4 型公文用纸页边及版心尺寸见图 1；公文首页版式见图 2；联合行文公文首页版式 1 见图 3；联合行文公文首页版式 2 见图 4；公文末页版式 1 见图 5；公文末页版式 2 见图 6；联合行文公文末页版式 1 见图 7；联合行文公文末页版式 2 见图 8；附件说明页版式见图 9；带附件公文末页版式见图 10；信函格式首页版式见图 11；命令（令）格式首页版式见图 12。

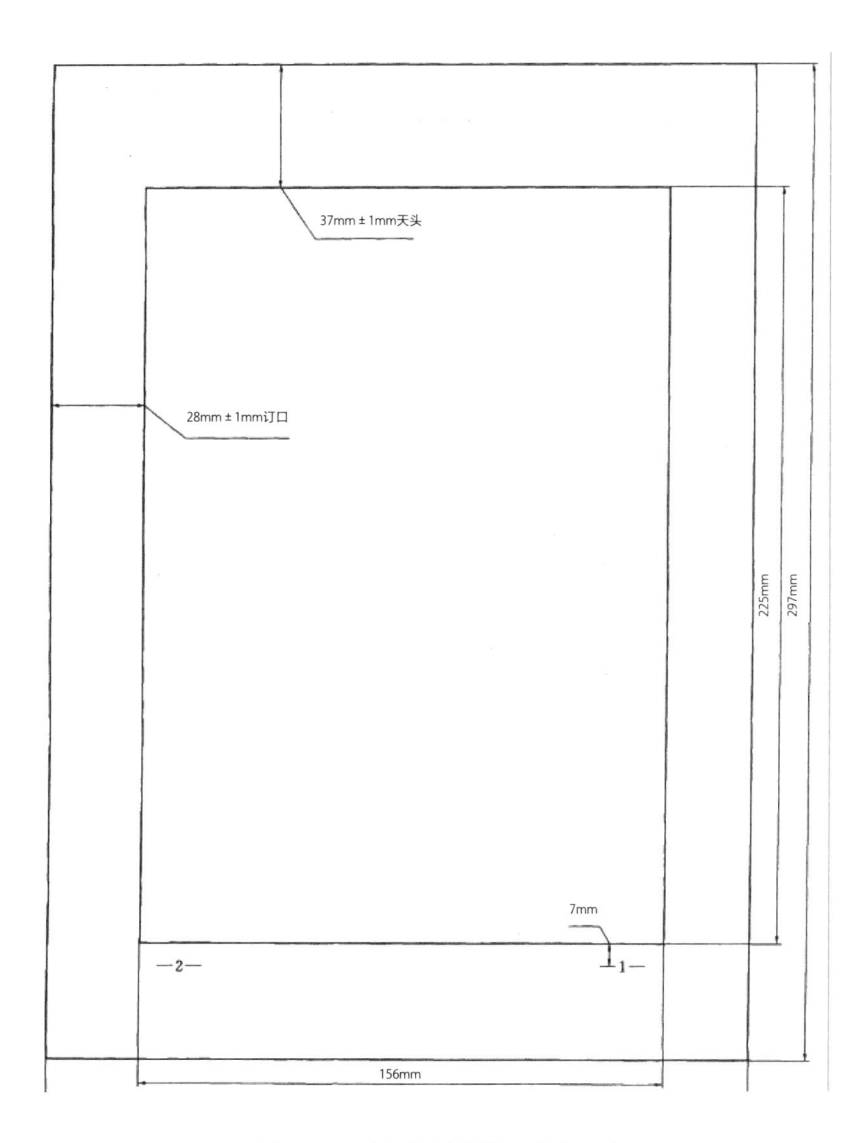

图1 A4 型公文用纸页边及版心尺寸

图2 公文首页版式

注：版心实线框仅为示意，在印制公文时并不印出。

```
000001
机密★1年
特急
```

×××××××
×　　×　　×　文件
××××××

×××〔2012〕10号

××××××关于×××××××的通知

××××××××：
　　×××××××××××××××××××××××××××××。
　　×××××××××××××××××××××××××××××
×××××××××××××××××××××××××××××××
×××××××××××××××××××××××××××××××
××××。
　　×××××××××××××××××××××××××××××

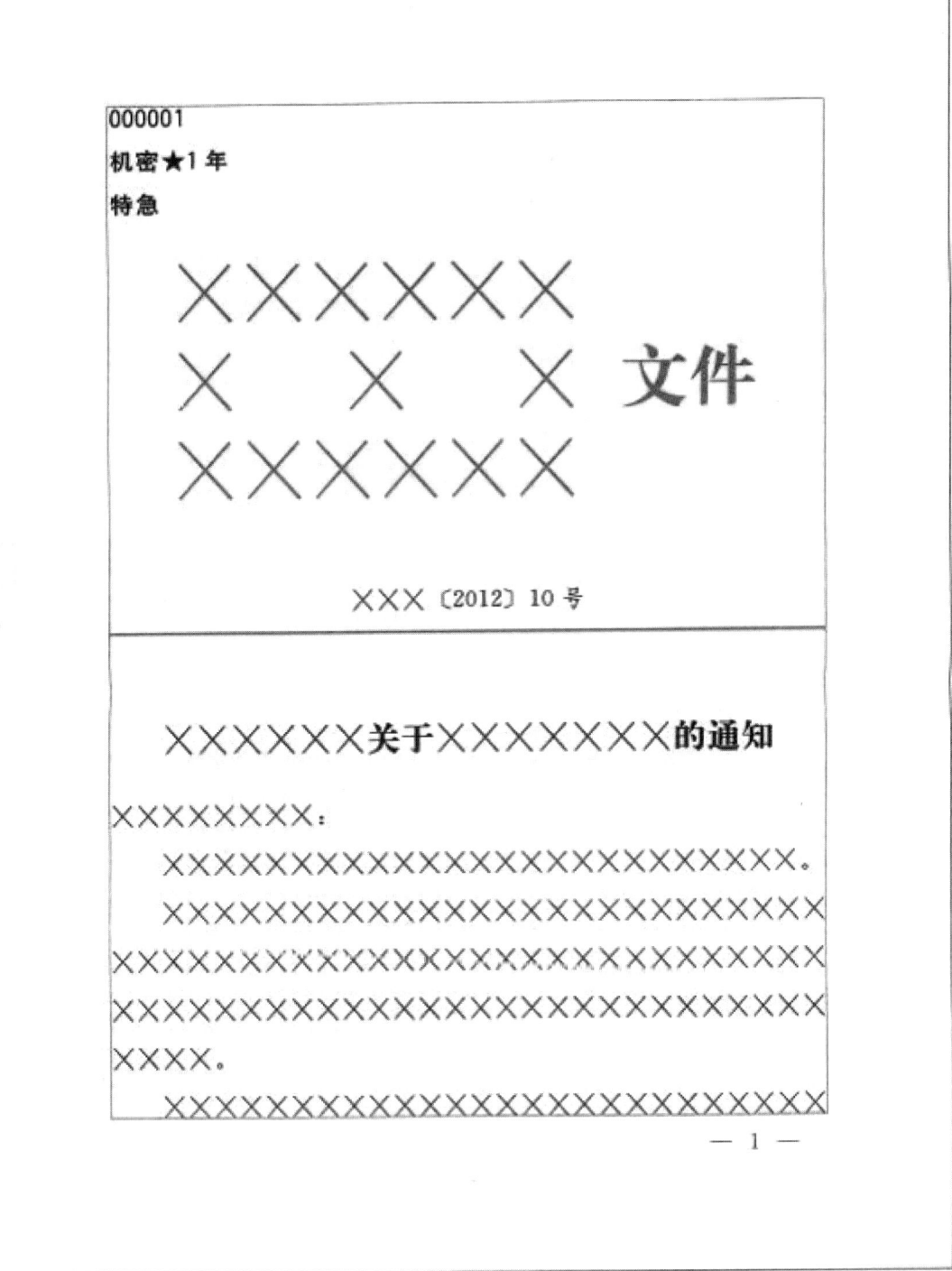

— 1 —

图3　联合行文公文首页版式1

注：版心实线框仅为示意，在印制公文时并不印出。

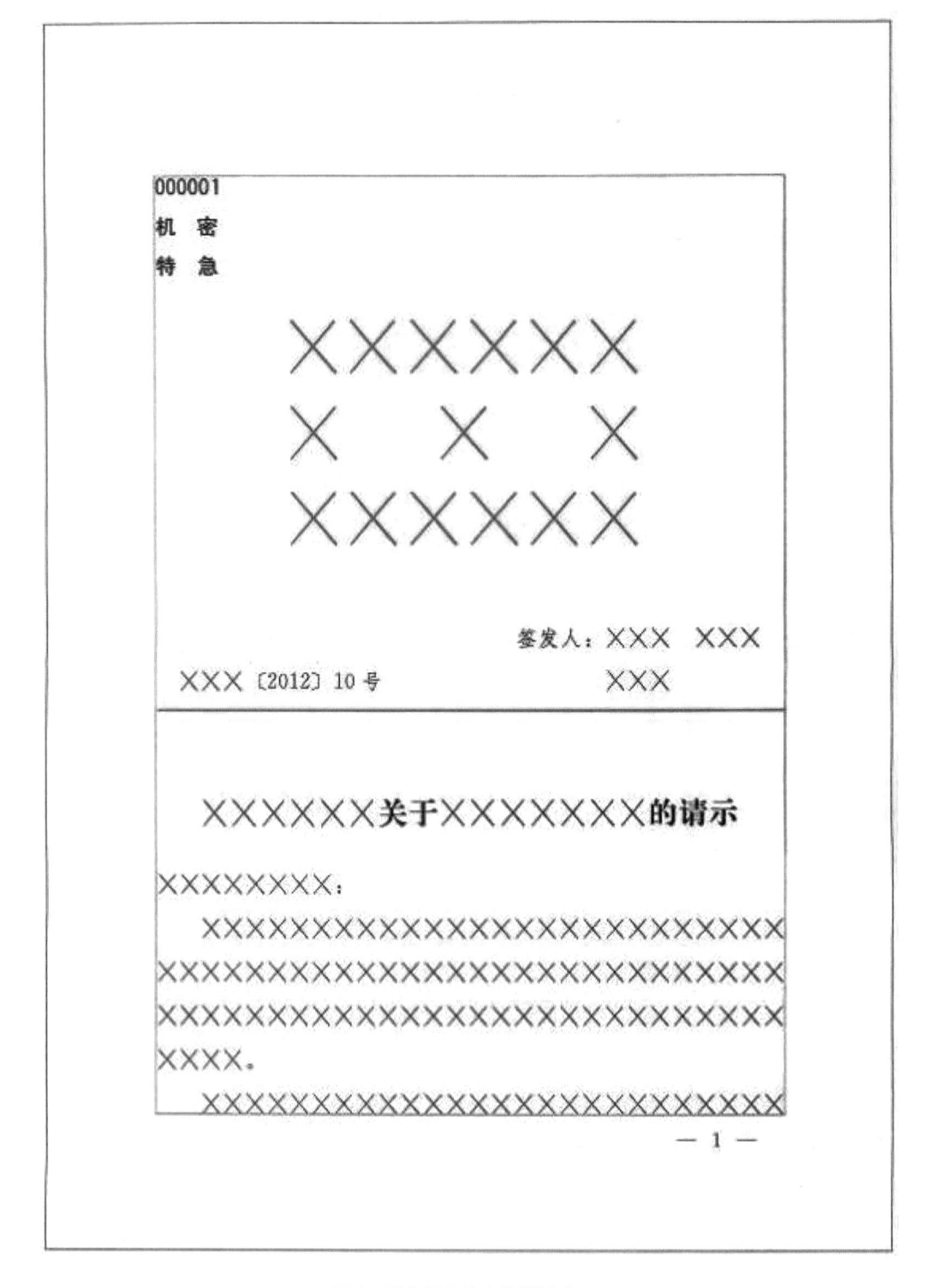

图 4　联合行文公文首页版式 2

注：版心实线框仅为示意，在印制公文时并不印出。

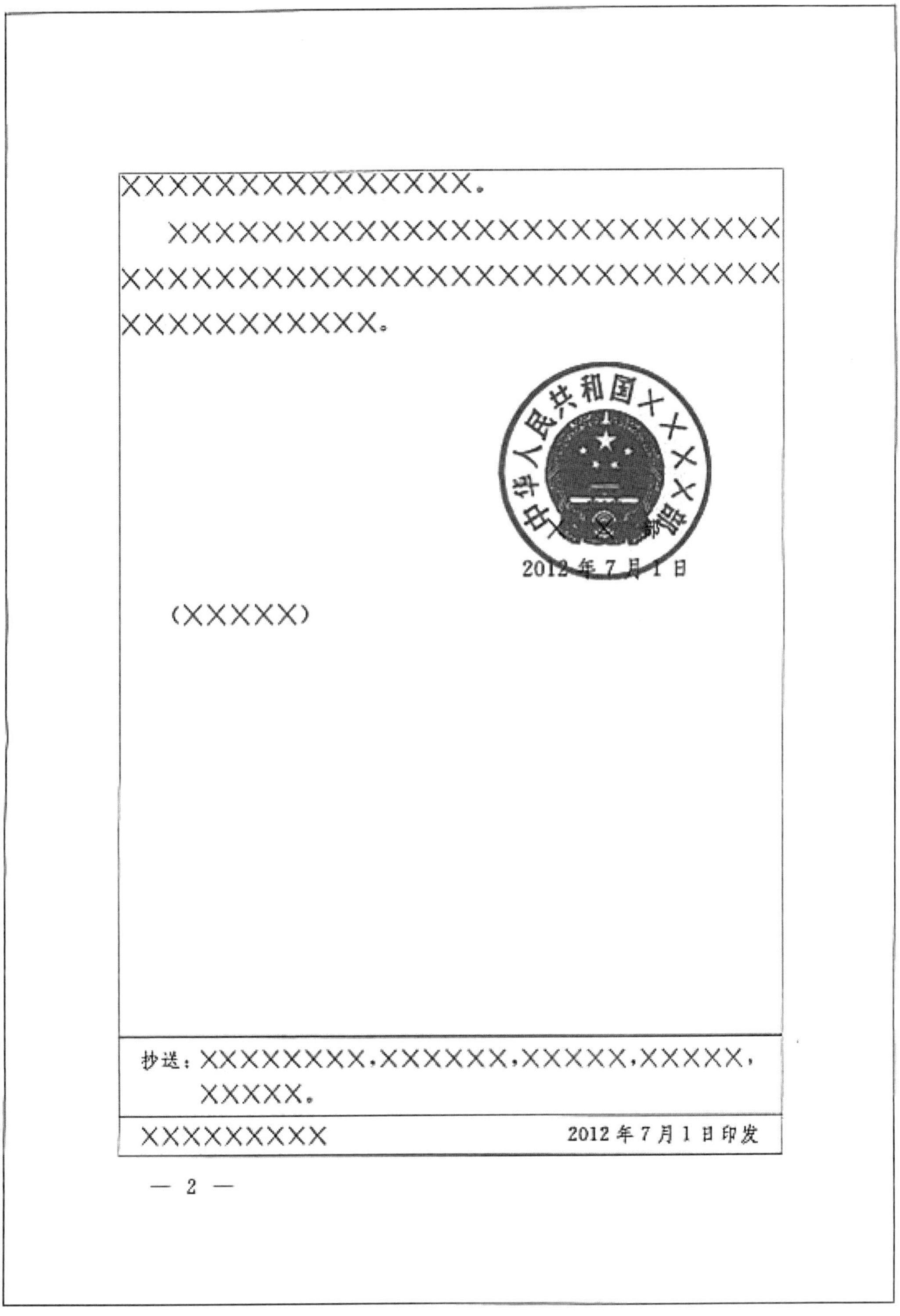

XXXXXXXXXXXXXXXX。

XXXXXXXXXXXXXXXXXXXXXXXXXXX
XXXXXXXXXXXXXXXXXXXXXXXXXXXXX
XXXXXXXXXXXX。

2012年7月1日

（XXXXX）

抄送：XXXXXXXX，XXXXXX，XXXXX，XXXXX，XXXXX。

XXXXXXXXX	2012年7月1日印发

— 2 —

图5　公文末页版式1

注：版心实线框仅为示意，在印制公文时并不印出。

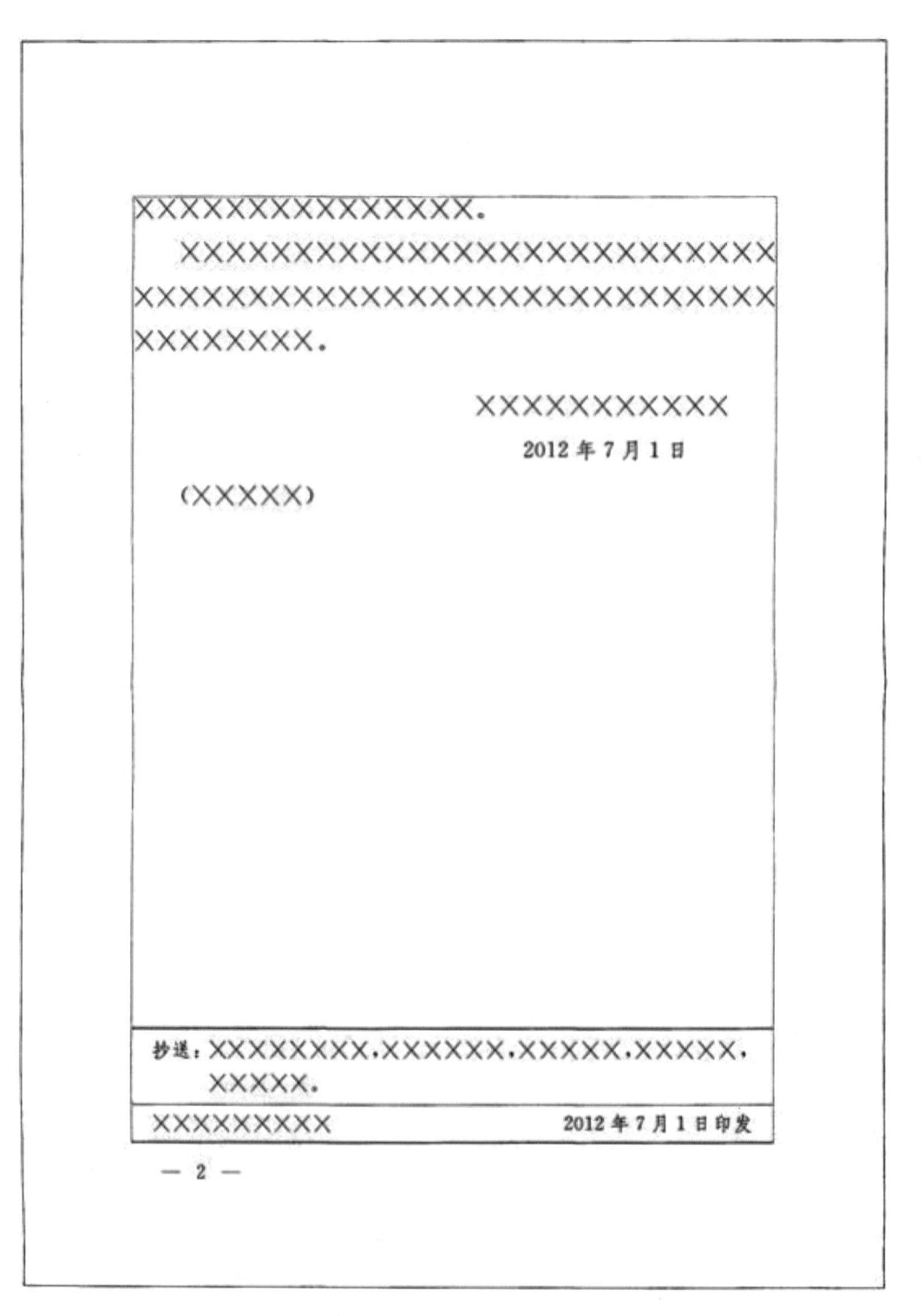

图6　公文末页版式2

注：版心实线框仅为示意，在印制公文时并不印出。

××××××××××××××××。
　　××××××××××××××××××××××
××××××××××××××××××××××
×××××××××。

(×××××)

抄送：××××××××，××××××，×××××，×××××，
　　×××××。

××××××××　　　　　　　　　　2012年7月1日印发

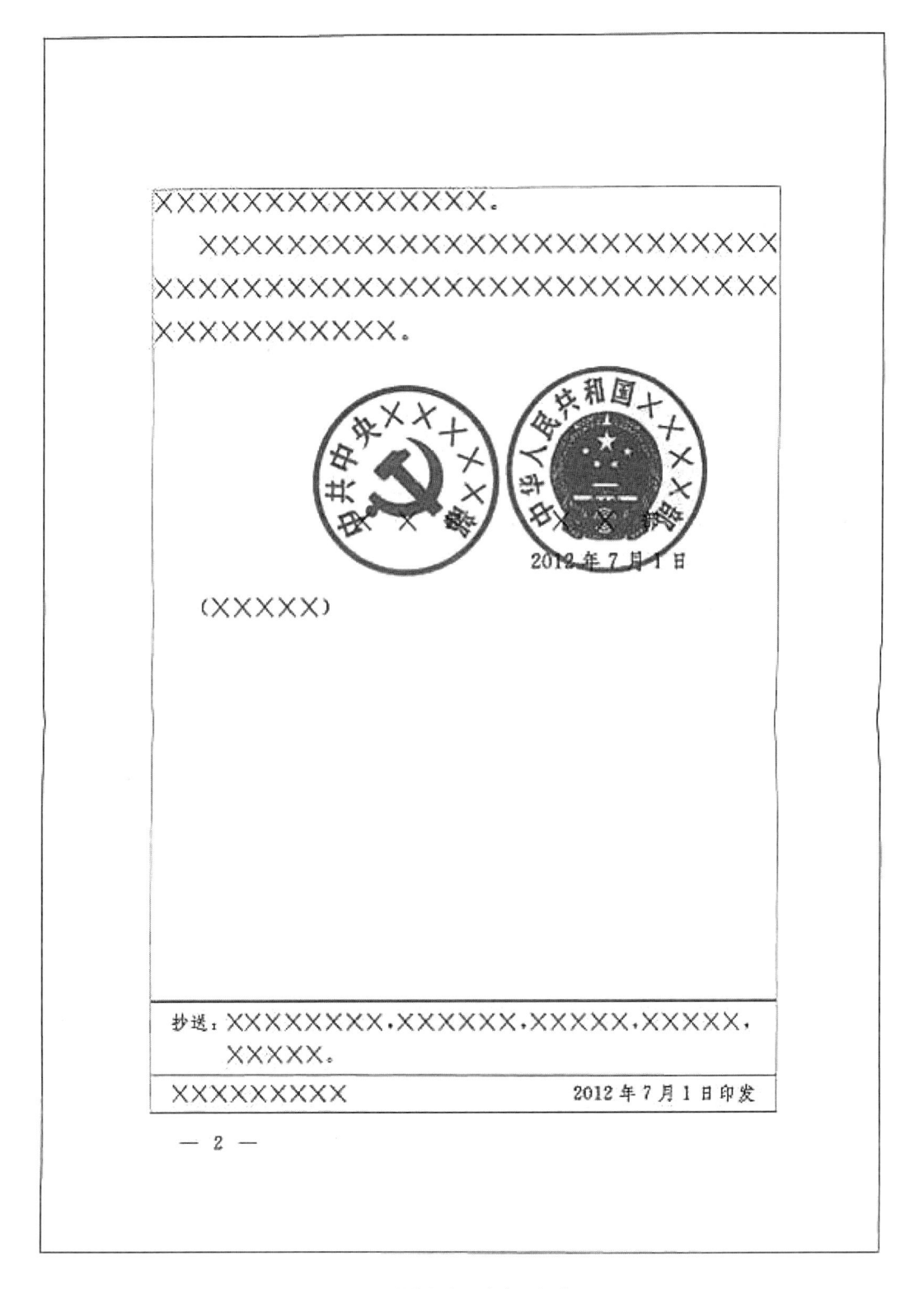

— 2 —

图7　联合行文公文末页版式1

注：版心实线框仅为示意，在印制公文时并不印出。

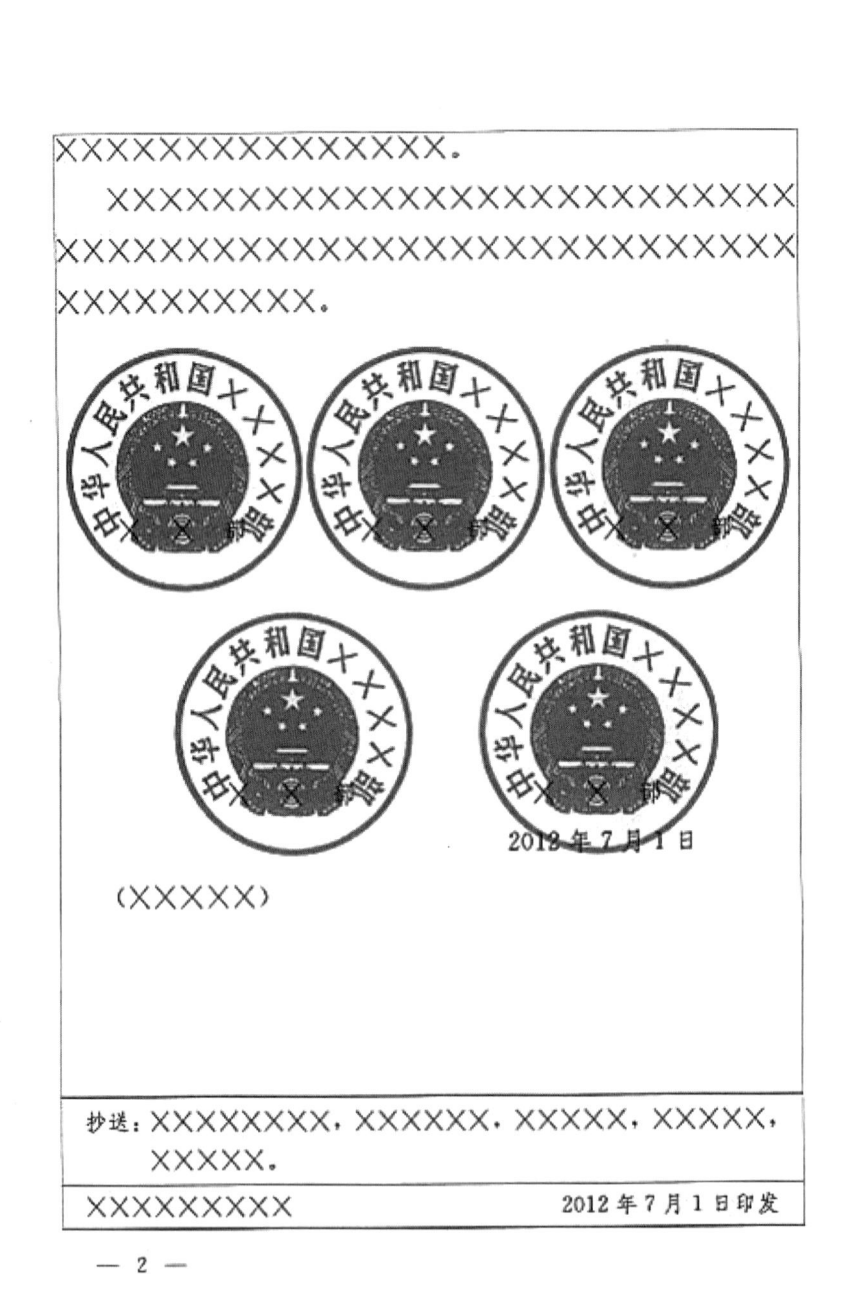

图8　联合行文公文末页版式2

注：版心实线框仅为示意，在印制公文时并不印出。

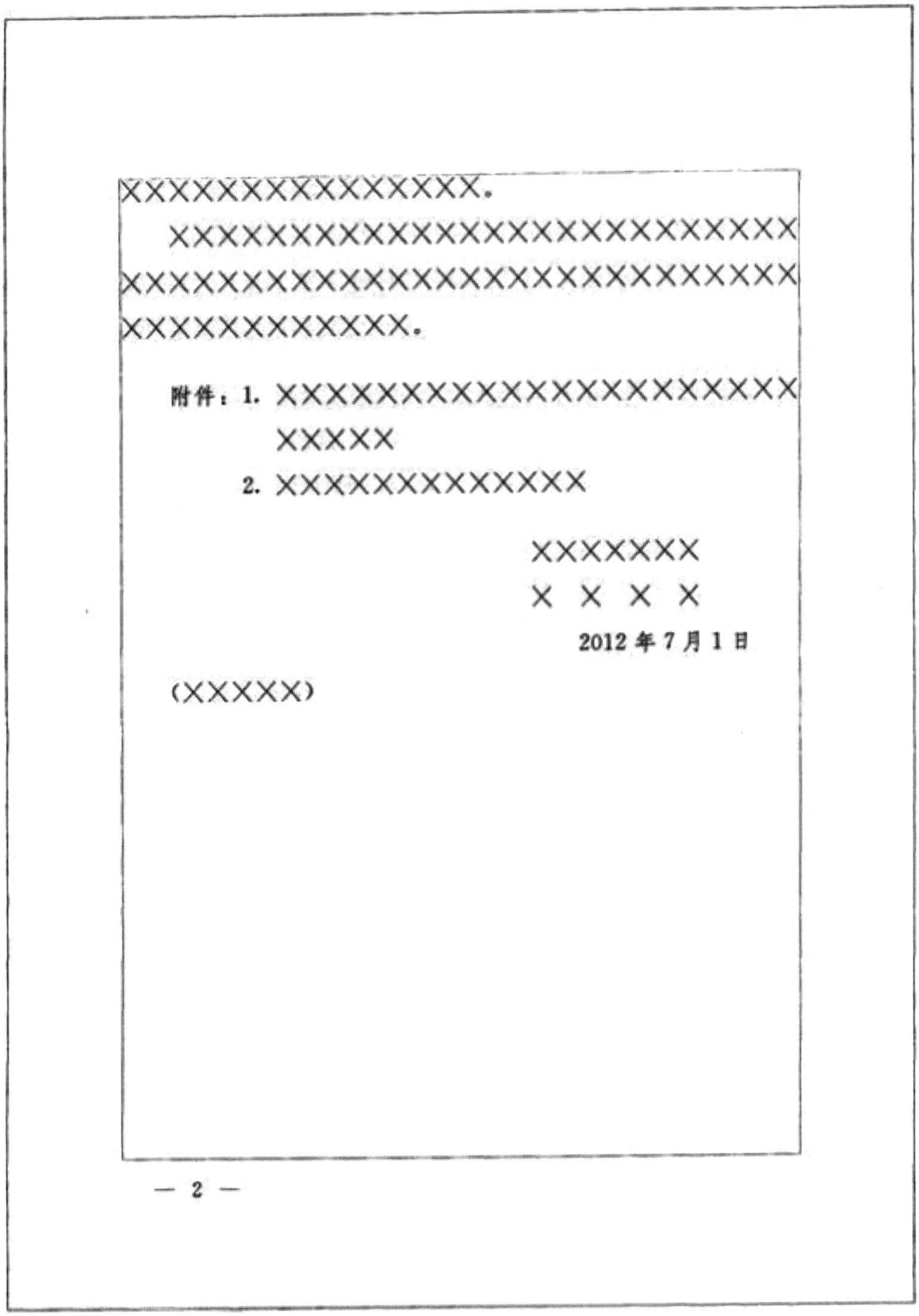

XXXXXXXXXXXXXXX。

XXXXXXXXXXXXXXXXXXXXXXXXXX
XXXXXXXXXXXXXXXXXXXXXXXXXXXX
XXXXXXXXXXXX。

附件：1. XXXXXXXXXXXXXXXXXXXXXX
XXXXX
2. XXXXXXXXXXXXX

XXXXXXX
X X X X
2012年7月1日

（XXXXX）

— 2 —

图9　附件说明页版式

注：版心实线框仅为示意，在印制公文时并不印出。

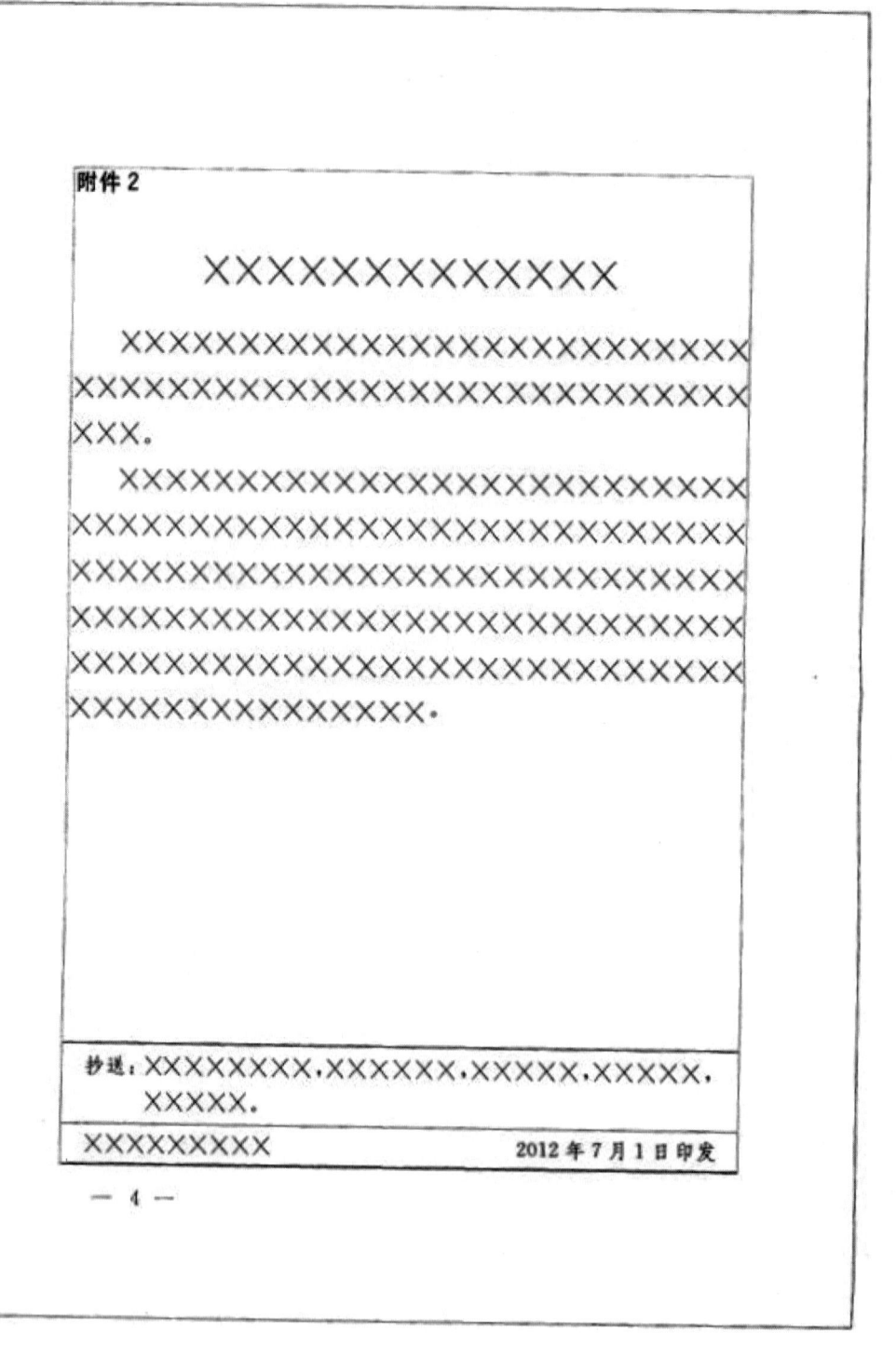

图10 带附件公文末页版式

注：版心实线框仅为示意，在印制公文时并不印出。

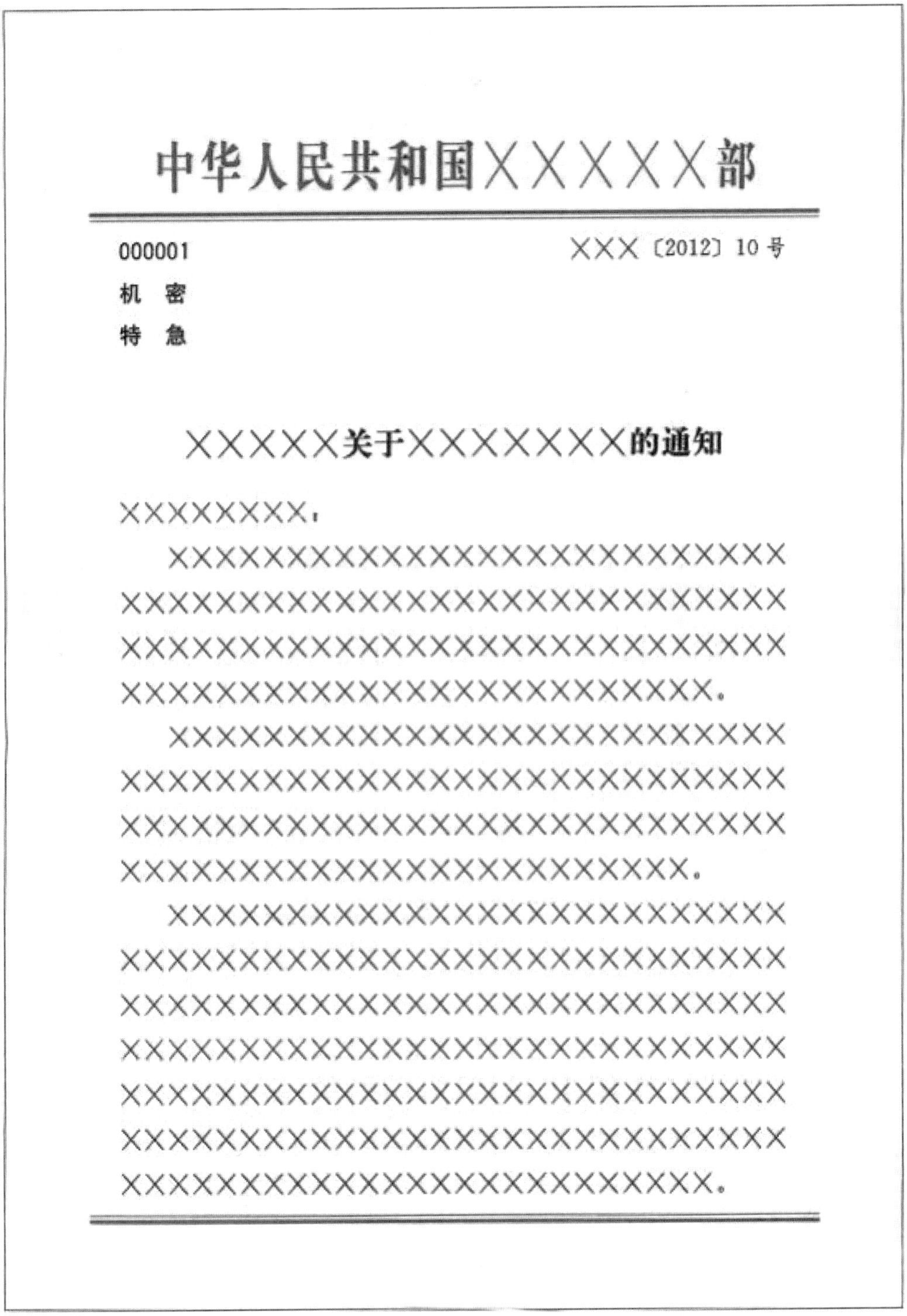

中华人民共和国✕✕✕✕✕部

000001　　　　　　　　　　　　　　✕✕✕〔2012〕10号
机　密
特　急

✕✕✕✕✕关于✕✕✕✕✕✕✕的通知

✕✕✕✕✕✕✕✕：

　　✕✕。

　　✕✕。

　　✕✕。

图 11　信函格式首页版式

注：版心实线框仅为示意，在印制公文时并不印出。

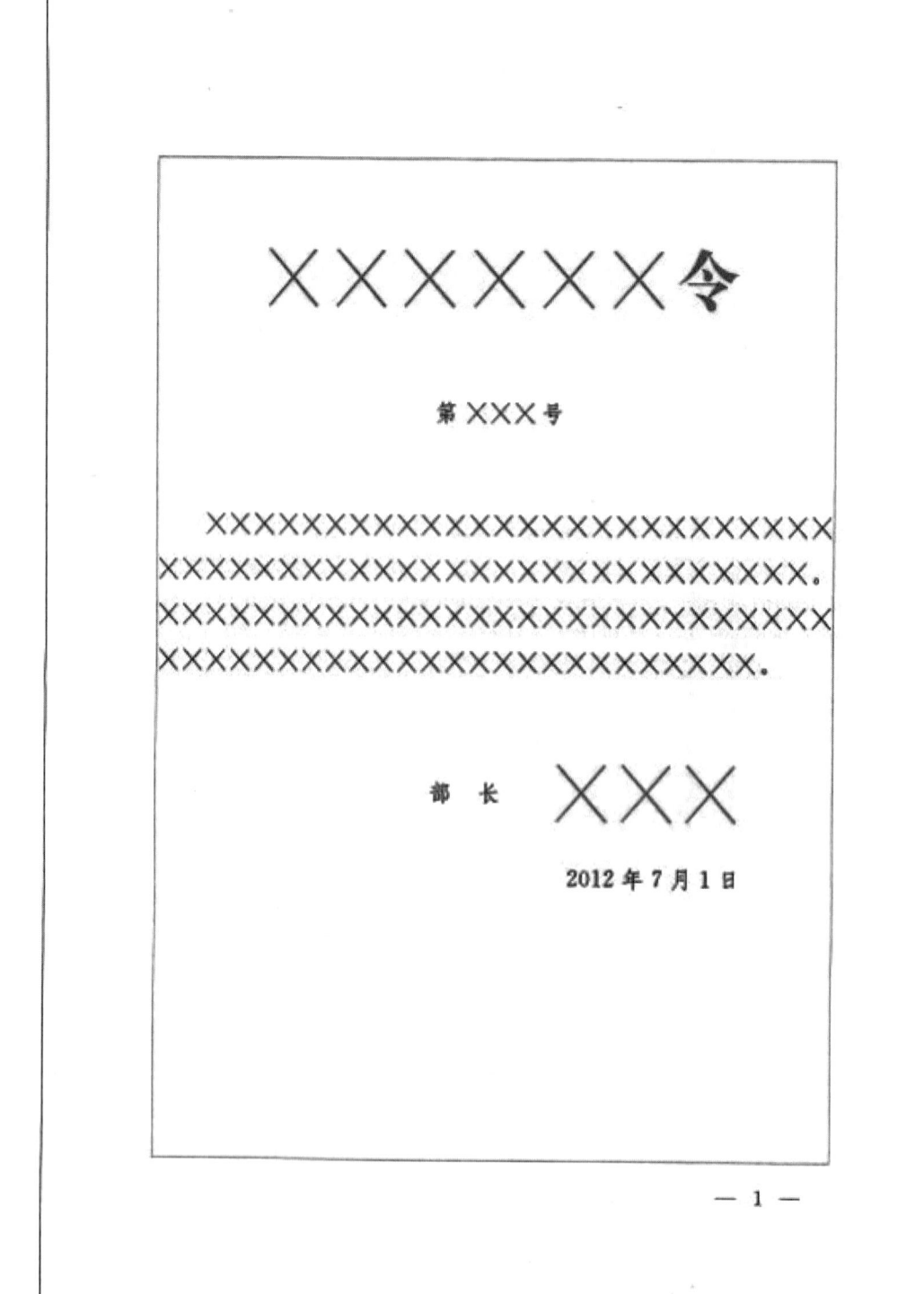

图 12　命令（令）格式首页版式

注：版心实线框仅为示意，在印制公文时并不印出。